[개정판]

청소년복지론

| 노병일 노대겸 공저 |

YOUTH WELFARE

양성원

일러두기

이 책을 읽는 독자분께 참고가 될까 해서, 몇 가지를 미리 일러두고자 한다.

① 이 책에서는 우리나라에서 실시하고 있는 청소년복지 프로그램의 현황을 자세히 제시하지 않았다. 왜냐하면 관련된 제도와 법이 자주 바뀌고 있기 때문이다.
그러므로 독자분께서 청소년복지와 관련해 최근 프로그램이나 법을 알고 싶을 경우, 관련된 기관의 홈페이지를 방문해서 신선한 자료를 직접 만나 보시기를 부탁드린다.

② 이 책에서 예상하는 독자는 청소년복지에 관심을 가진 분이다. 따라서 이 책에서 청소년복지와 관련된 많은 문제를 다루는 것이 좋을 것이다. 그러나 이 책은 '청소년지도사' 자격증을 준비하는 분도 주요한 독자로 삼고 있다. 그런데 '청소년지도사' 자격증과 관련된 과목들 중에는 『청소년문제와 보호』라는 과목이 포함되어 있다. 따라서 이 책에서 여러 가지 청소년문제에 대해 설명할 경우, 이 책의 내용과 『청소년문제와 보호』의 내용이 많이 겹치게 된다. 이런 탓에, 이 책에서는 모든 청소년문제를 다루지 않았다.
그러므로 다양한 청소년문제에 대해서는 별도로 발간한 『청소년문제와 보호』를 참고하시기를 부탁드린다.

③ 이 책에서 제시한 모든 국내 문헌과 국외 문헌은 이 책의 저자들이 '원본'을 직접 읽고 정리한 것이다. 원본을 직접 읽지 않고 인용한 것은 '재인용'이라고 표시하였다. 독자분께서 이 책의 일부를 인용할 경우, 이 책을 출처로 제시해 주시기를 부탁드린다. 특히 이 책에서 제시한 외국 학자나 기관의 주장 내용을 독자분께서 인용할 경우, 이 책에서 '재인용'하였음을 표시해 주시기를 부탁드린다.

④ 독자분께서 이 책의 본문에 더 잘 주목하게 하기 위해, 이 책에서는 인용한 문헌의 페이지를 제시하지 않았다. 그리고 보기 편하게 하기 위해, 이 책에서 참고한 문헌의 저자가 세 명 이하일 경우는 저자의 이름을 모두 표시하였다.

머리말(제2판)

청소년기는 인간의 발달 단계에서 아동기와 성인기의 중간에 있는 시기이다. 그러나 청소년기는 여러 가지 영역에서 변화가 크게 나타나는 시기이다. 따라서 청소년은 다양한 영역에서 빠르게 발달하고 있다. 하지만 청소년기에는 발달하는 정도가 영역마다 차이가 있기 때문에, 청소년기는 어려움을 많이 겪는 시기이기도 하다. 그러므로 청소년의 복리 수준을 높이기 위해서는 청소년과 청소년기에 대해 전체적으로 잘 이해할 필요가 있다. 이 책은 이와 같은 배경에서 몇 년 전에 세상에 처음 선보였다. 그러다가 이번에 새로 개정판(제2판)을 내게 되었다.

이 책은 크게 5부로 구성되어 있다. 각 부에서는 청소년 · 청소년기와 청소년복지에 대해 다루고 있다.

제1부에서는 청소년과 청소년복지의 일반적 측면에 대해 다루고 있다. 구체적으로 제1부의 경우, 청소년 · 청소년기의 정의와 중요성 및 역할, 청소년의 발달과 욕구, 청소년복지와 청소년복지 정책, 권리와 청소년복지에 대해 살펴보고 있다.

제2부에서는 가족 · 지역사회 · 학교와 청소년복지에 대해 다루고 있다. 구체적으로 제2부의 경우, 가족과 청소년복지, 지역사회와 청소년복지, 학교와 청소년복지에 대해 살펴보고 있다.

제3부에서는 특별한 상황에 있는 청소년을 위한 복지에 대해 다루고 있다. 구체적으로 제3부의 경우, 빈곤청소년 복지, 장애청소년 복지에 대해 살펴보고 있다.

제4부에서는 청소년의 문제 유발 영역에 대해 다루고 있다. 구체적으로 제4부의 경우, 성과 청소년복지, 정신건강과 청소년복지, 약물사용 및 자살과 청소년복지에 대해 살펴보고 있다.

제5부에서는 청소년복지의 전망과 과제에 대해 다루고 있다. 구체적으로 제5부의 경우, 청소년복지의 전망, 청소년복지의 일반적 과제와 구체적 과제에 대해 살펴보고 있다.

이번 개정판에서는 문장을 쉽게 고치고, 최근 자료로 보완하고, 일부 자료는 삭제하였다. 이 책을 마무리해서 마지막 마침표를 찍고 나니, 아쉬움과 부끄러움이 진하게 가슴에 메여 온다. 이 책에서 부족한 부분은 나중에 보완할 기회가 있을 때 채우겠다는 변명을 하면서, 아쉬움과 부끄러움을 살짝 가려 본다.

이 책이 세상에 모습을 보이기까지에는 많은 분의 도움이 있었다. 먼저, 이 책을 쓸 것을 처음으로 제안하시고 또한 내내 따뜻한 지원과 격려를 아끼지 않으신 양성원 사장님께 깊은 감사의 말씀을 드린다. 그리고 귀한 사진을 제공해 주신 간순옥 교수님과 홍정미 박사님과 유호석 박사님, 사진 싣는 것을 허락해 주신 엄미아 교수님과 오윤성 님, 의학 용어에 대해 자세히 설명해 주신 서재봉 박사님(가정의학과 전문의), 청소년 임신에 대해 구체적으로 설명해 주신 김명주 선생님(산부인과 전문의), 학교에 대해 설명해 주신 이재연 박사님, 작업을 할 수 있는 둥지를 마련해 주신 박미영 동그라미발달연구소 사회적 협동조합 이사장님에게 진한 고마움을 전한다.

마지막으로, 저자들을 옆에서 따뜻하게 감싸 주는 전영신 님과 감윤경 님, 저자들에게 행복 에너지를 듬뿍 넣어 주는 노건후 님에게 세상에서 하나뿐인 하트를 보낸다.

2024년 3월에

노병일 · 노대겸

차 례

PART 2 가족 · 지역사회 · 학교와 청소년복지

PART 3 특별한 상황에 있는 청소년을 위한 복지

PART 4 청소년의 문제 유발 영역

PART 1

청소년과 청소년복지에 대한 일반적 측면

Chapter 01

청소년 · 청소년기의 정의와 중요성 및 역할

CONTENTS

1. 청소년과 청소년기의 정의

1) 청소년의 정의

청소년과 관련해 우선적으로 등장하는 문제는 청소년에 대해 정의하는 것이다. 일반사전에서는 청소년을 청소년기와 연관시켜서 정의하는 경우가 많다. 예를 들어 유명한 영어사전의 경우, 청소년은 "성인으로 발달하고 있는 어린 사람"이라고 정의하고 있다(Merriam-Webster Dictionary, 2024). 그리고 또 다른 유명한 영어사전의 경우, 청소년은 "아동에서 성인으로 발달하는 과정에 있는 어린 사람"이라고 정의하고 있다(Oxford Dictionary, 2024).

그러나 국가의 법과 국제조직에서는 청소년을 나이에 근거해 정의하는 경우가 많다. 이런 예를 구체적으로 제시하면 다음과 같다(국가법령정보센터, 2024; World Health Organization, 2017).

① 세계보건기구(WHO)의 경우, 청소년은 10~19세에 있는 사람이라고 본다.
② 우리나라 「청소년 보호법」의 경우, 청소년은 만 19세 미만인 사람이라고 본다.

한편, 아동에 대해서는 18세 미만의 사람이라고 정의하는 경우가 많다(노병일, 2020b). 그러나 청소년에 대해서는 실제 법에서 나이가 통일되어 있지 않은 편이다. 예를 들어 우리나라의 경우, 청소년과 관련된 법에서 청소년에 대한 나이는 통일되어 있지 않다. 이런 예를 몇 가지 제시하면 다음과 같다(국가법령정보센터, 2024).

① 「청소년 보호법」에 따르면, 청소년은 만 19세 미만인 사람을 가리킨다.
② 「청소년 기본법」에 따르면, 청소년은 9세 이상 24세 이하의 사람을 가리킨다.
③ 「아동·청소년의 성보호에 관한 법률」에 따르면, 아동·청소년은 19세 미만의 사람을 가리킨다.

정리하건대, 청소년에 해당하는 나이에 대해서는 학자나 기관이나 법 사이에 의견이 일치하지 않고 있다(노병일, 2022c).[1)]

청소년 나이에 대한 안내문: 청소년의 나이에 대해서는 학자나 기관이나 법 사이에 의견이 일치하지 않는다. [출처: 저자 촬영]

1) 청소년에 해당하는 나이에 대해서는 뒤에서 자세히 설명한다.

2) 청소년기의 정의

(1) '청소년기' 용어의 등장

말할 것도 없이, 청소년은 청소년기에 있는 사람을 말한다. 따라서 청소년을 잘 이해하기 위해서는 청소년기에 대해서도 잘 이해할 필요가 있다. 실제로 청소년에 해당하는 나이를 구체적으로 정하기 어려운 탓에, 일부 학자나 기관이나 사전에서는 '청소년기'에 대해서만 정의하고 있다.[2)]

청소년기(adolescence)라는 영어 표현은 라틴어의 'adolescere'에서 나온 것으로 알려져 있다. 라틴어의 adolescere는 성장해서 성인이 된다는 것을 의미하고 있다. 따라서 청소년기라는 영어 용어는 '성장한다'는 뜻을 지니고 있다(Hashmi, 2013; Moghaddam, Bahreini, Abbasi, Fazli & Saeidi, 2016). 결국, 청소년기라는 용어는 성장하는 시기라는 의미를 포함하고 있다.

청소년기라는 용어는 20세기 초에 홀(Hall)이 처음으로 제시한 것으로 알려져 있다. 따라서 최근 들어서야 청소년기를 별도의 발달 단계로 인식하였음을 알 수 있다. 그러므로 청소년기라는 개념은 산업이 발달한 이후의 사회에서 나타난 것으로 보인다(de Anda & Franke, 2011; Oswalt, 2019).

(2) 청소년기에 대한 정의

청소년기라는 용어는 단순해서, 일부러 정의할 필요가 없어 보이기도 한다. 그럼에도 불구하고 여러 학자와 기관은 청소년기에 대해 정의해 왔다. 그동안 청소년기에 대해 정의한 것을 몇 가지 제시하면 다음과 같다(Barker, 2003; American Academy of Pediatrics, 2015; World Health Organization, 2017; Csikszentmihalyi, 2019).

① 미국 전국사회복지사협회(NASW)에서 발간한 사전에 따르면, 청소년기는 삶의 단계에서 아동기와 성인기 사이에 있는 시기를 말한다.

---

2) 여기에 대해서는 앞에서 이미 설명한 바 있다.

② 세계보건기구에 따르면, 청소년기는 인간이 성장하고 발달하는 기간에서 아동기 이후부터 성인기 이전까지의 시기를 말한다.
③ 미국 소아과학회에 따르면, 청소년기는 사춘기부터 성인기까지의 시기를 말한다.
④ 브리태니커(Britannica) 백과사전에 따르면, 청소년기는 아동기와 성인기 사이에서 성장하고 발달하는 중간 단계를 말한다.

정리하건대, 청소년기는 아동기에서 성인기로 나아가는 중간 시기라고 볼 수 있다.

3) 청소년 · 청소년기의 정의와 관련된 문제점

(1) 청소년 · 청소년기에 대한 정의의 어려움

청소년 · 청소년기에 대한 정의가 간단해 보이지만, 청소년 · 청소년기에 대해 분명하게 정의하는 것은 쉬운 일이 아니다. 이런 점은 일부 국제조직에서도 인정하고 있다. 예를 들어 어느 유엔(UN) 기관의 경우, 청소년에 대해 쉽게 정의하기 어렵다는 점을 인정하고 있다(United Nations, 2016).

(2) 청소년기에 해당하는 나이

청소년이나 청소년기에 대해 정의하고자 할 때 편리한 방법의 하나는, 나이를 기준으로 정의하는 것이다. 이 경우, 편리한 방법은 청소년이나 청소년기에 해당하는 법적 나이를 정하는 것이다.

이런 측면에서, 어느 유엔 기관에서는 국가가 청소년과 관련해 법적 최저 나이를 정할 것을 권고하고 있다. 이 경우, 법적 최저 나이는 청소년은 보호받을 권리가 있다는 점, 청소년에게 가장 유리하여야 한다는 점, 청소년의 발달하는 능력을 존중하여야 한다는 점을 고려해 정하도록 되어 있다(United Nations, 2016).

이에 따라서, 많은 국가에서는 청소년과 관련된 법에서 기준 나이를 제시하고 있다.

이때 청소년이나 청소년기와 관련해 많이 제시하는 기준 나이는 19세이다. 이런 예를 구체적으로 제시하면 다음과 같다(국가법령정보센터, 2024; Global Coalition to End Child Poverty, 2017).

① 우리나라의 「청소년 보호법」에서는 청소년에 해당하는 기준 나이는 19세라고 본다.
② 유엔 기관에서는 청소년기를 10세부터 19세까지의 시기라고 보는 경우가 많다.

그러나 일반적 나이에만 주목할 경우, 청소년이나 청소년기를 대략적으로만 알 수 있다(Moghaddam et al., 2016). 이런 탓에, 특정한 나이를 정해서 청소년이나 청소년기에 대해 정의하는 것은 문제가 있을 수 있다.

(3) 청소년 · 청소년기와 10대

청소년기는 10대 시기와 가장 크게 관련되어 있다. 따라서 주위에서는 10대라는 용어를 자주 사용하고 있다. 실제로 미국에서는 청소년기가 약 12~13세에 시작한다고 보는 경우가 많다. 또한 예전에는 사춘기는[3] 10대와 관련이 있다고 인식해 왔다(Hussey, 2011; Moghaddam et al., 2016). 이런 탓에, 청소년기는 10대와 바로 관련되는 것으로 인식하는 경우가 많다.

그러나 청소년기가 반드시 10대에만 관련되는 것은 아니다. 왜냐하면 청소년기에 나타나는 특징이 10대 이전에 시작할 수도 있고, 또는 청소년기가 10대 이후에도 계속될 수 있기 때문이다. 예를 들어, 오늘날에는 사춘기가 10대 이전에 시작하는 경우도 적지 않다. 그리고 청소년에 대한 일부 정의에서는 10대가 아닌 사람도 청소년에 포함시키고 있다. 예를 들어 홀의 경우, 청소년기는 12세에 시작해서 22~25세까지 계속되는 시기라고 본 바 있다(노병일, 2022c; Moghaddam et al., 2016).

그러므로 10대는 청소년에 해당하지만, 청소년기가 10대에만 해당한다고 볼 수는 없다.

3) 사춘기에 대해서는 뒤에서 자세히 설명한다. 일반적으로 사춘기에 청소년기가 시작하는 것으로 알려져 있다.

(4) 청소년과 아동의 나이 구분

여러 국가의 법과 국제 문서에서 아동과 청소년에 대해 정의한 바에 따르면, 아동과 청소년은 겹치는 부분이 많다. 예를 들어, 미국의 법과 유엔 아동권리협약에서는 아동을 18세 미만의 사람으로 보고 있다(노병일, 2020b). 아동을 이렇게 정의할 경우, 많은 아동은 청소년에도 해당하고 있다.

이런 상황은 우리나라에서도 마찬가지이다. 우리나라의 법에서 아동과 청소년의 나이를 제시한 것을 정리하면 〈표 1-1〉과 같다. 〈표 1-1〉에서 알 수 있듯이, 우리나라의 법체계에서는 아동과 청소년이 서로 겹치는 부분이 많다.

〈표 1-1〉 우리나라의 법에 나타난 아동과 청소년의 나이

법	관련된 명칭	해당하는 나이
아동복지법	아동	18세 미만
청소년 기본법	청소년	9세 이상 24세 이하
청소년 보호법	청소년	19세 미만
아동 · 청소년의 성보호에 관한 법률	아동 · 청소년	19세 미만
소년법	소년	19세 미만
근로기준법	연소자	18세 미만

출처: 국가법령정보센터(2024).

그러나 일반인의 경우, 아동은 초등학교에 다니는 나이에 해당하는 사람이고, 청소년은 중학교나 고등학교에 다니는 나이에 해당하는 사람이라고 보는 경향이 있다(노병일, 2020b).[4)]

4) 이 책에서는 아동과 청소년을 대체로 이렇게 구분하면서 청소년에 대해 설명한다.

Points

- 법과 국제조직에서는 청소년을 나이에 근거해 정의하는 경우가 많다. 그러나 청소년의 나이에 대해서는 의견이 일치하지 않는 편이다.
- '청소년기'는 성장하는 시기라는 의미를 포함한다. 일반적으로 청소년기는 아동기에서 성인기로 변화하는 중간 시기를 말한다.
- 청소년 · 청소년기에 대해 분명하게 정의하는 것은 쉽지 않다. 많은 국가의 법에서 청소년에 대한 기준 나이를 제시하지만, 특정한 나이를 정해서 청소년 · 청소년기에 대해 정의하는 것은 문제가 될 수 있다. 10대는 청소년에 해당하지만, 청소년기는 10대에만 해당한다고 볼 수는 없다. 국가의 법과 국제 문서에서 아동과 청소년은 겹치는 부분이 많다.

2. 청소년기의 구분과 청소년 · 청소년기와 관련해 고려할 점

1) 청소년기의 구분

청소년이 발달하는 기간은 매우 길다. 따라서 청소년기를 몇 단계로 구분할 수 있다. 일반적으로 청소년기는 다음과 같이 세 단계로 구분하는 경우가 많다(American Academy of Pediatrics, 2015; Oswalt, 2019). 다만, 각 단계에 해당하는 청소년의 나이에 대해서는 학자나 기관마다 다소 차이가 나고 있다.

① 초기 청소년기(early adolescence)가 있다. 초기 청소년기는 일반적으로 11세부터 14세까지의 시기를 말한다.

② 중기 청소년기(middle adolescence)가 있다. 중기 청소년기는 일반적으로 15세부터 17세까지의 시기를 말한다.

③ 후기 청소년기(late adolescence)가 있다. 후기 청소년기는 일반적으로 18세부터 21세까지의 시기를 말한다.

때에 따라서 유엔 기관에서는 청소년기를 다음과 같이 두 단계로 구분하고 있다(Global Coalition to End Child Poverty, 2017).

① 매우 어린 청소년과 관련된 시기가 있다. 이 시기는 10세부터 14세까지의 시기를 말한다.

② 더 나이든 청소년과 관련된 시기가 있다. 이 시기는 15세부터 19세까지의 시기를 말한다.

그리고 일부 학자의 경우, 아동기와 초기 청소년기 사이에 별도의 발달 단계를 제시하고 있다(Oswalt, 2019).

관광지를 구경하는 청소년들: '청소년기'는 몇 단계로 구분할 수 있다. [출처: 인도에서 저자 촬영]

2) 청소년 · 청소년기와 관련해 고려할 점

(1) 성별에 따른 청소년기 기준

앞에서 보듯이, 청소년기를 명확하게 정하는 것은 쉬운 일이 아니다. 그렇지만 여성의 경우, 생리를 처음으로 시작하는 것은 청소년기로 들어가는 것을 비교적 분명하게 보여 주는 생물학적 기준이 될 수 있다. 그러나 남성의 경우, 청소년기로 들어가는 것을 보여 주는 분명한 생물학적 기준은 없는 편이다.

그리고 남성과 여성 모두의 경우, 청소년기가 언제 끝나는지를 보여 주는 기준은 분명하게 정하기 어려운 편이다(de Anda & Franke, 2011).

(2) 개인에 따른 차이

당연하게도 청소년마다 개인적으로 차이가 나고 있다. 예를 들어, 모든 청소년이 동일한 나이에 청소년기에 들어갔다가 동일한 나이에 청소년기를 나오는 것은 아니다. 또한 모든 청소년이 청소년기에 행동을 똑같은 방식으로 하는 것은 아니다(American Academy of Pediatrics, 2015).

(3) 문화와 시대에 따른 차이

모든 사회에서는 아동과 성인 사이에 차이가 있다는 점을 인정하고 있다. 그러나 아동기에서 성인기로 변화하는 것을 인식하는 방식은, 문화에 따라 차이가 나고 있고 또한 시대에 따라 차이가 나고 있다.

그리고 청소년기가 얼마나 계속되고 또한 청소년기의 중요한 특징을 무엇으로 볼 것인가에 대해서는, 문화에 따라 차이가 나고 있고 또한 시대에 따라 차이가 나고 있다(Moghaddam et al., 2016; World Health Organization, 2017).

Points

- 청소년기는 초기 청소년기, 중기 청소년기, 후기 청소년기로 구분하는 경우가 많다.
- 여성에게는 생리를 처음 시작하는 것이 청소년기로 들어가는 것을 비교적 분명하게 보여 주는 생물학적 기준이 될 수 있으나, 남성에게는 청소년기로 들어가는 것을 보여 주는 분명한 생물학적 기준은 없는 편이다.
- 아동기에서 성인기로의 변화에 대한 인식, 청소년기의 지속 기간, 청소년기의 중요한 특징에 대해서는 문화와 시대에 따라 차이가 난다.

3. 사춘기

1) 사춘기의 중요성

청소년기와 밀접하게 관련되는 시기는 사춘기(puberty)이다. 청소년기의 경우, 사춘기가 시작함과 더불어 청소년이 가지는 특성이 잘 나타나고 있다(노병일, 2022c). 실제로, 사춘기가 시작하는 것은 아동기에서 벗어나서 청소년기가 되는 것을 보여 주고 있다. 따라서 청소년기는 사춘기에 시작해서 법적으로 성인이 되는 나이에 끝난다고 인식하는 경우가 많다(Moghaddam et al., 2016; World Health Organization, 2017; Global Coalition to End Child Poverty, 2017). 이런 탓에, 사춘기는 청소년기가 시작하는 것과 관련해 매우 중요한 의미를 지니고 있다.

또한 사춘기는 인간이 성적으로(sexually) 발달하는 과정에서 매우 중요한 시기이다. 따라서 사춘기에는 청소년에게 성과 관련된 특징이 많이 나타나고 있다.[5)]

그러므로 모든 문화에서는 사춘기를 공식적 · 비공식적으로 인정하고 있다(de Anda & Franke, 2011).

5) 사춘기의 성적 발달에 대해서는 청소년의 발달을 다루는 장(제2장)에서 자세히 설명한다.

2) 사춘기의 정의

일반적으로 사춘기는 처음으로 성적으로 번식할 수 있는 시기를 말한다(Merriam-Webster Dictionary, 2024). 여러 학자와 기관도 사춘기를 이와 같은 식으로 인식하고 있다. 그동안 사춘기에 대해 정의한 것을 몇 가지 제시하면 다음과 같다(de Anda & Franke, 2011; American Academy of Pediatrics, 2015; National Institute of Child Health and Human Development, 2019; Wikipedia, 2024c).

① 안다와 프랭키(de Anda & Franke)의 경우, 사춘기는 성적으로 성숙하는 것과 관련된 생물학적 변화와 심리적 변화가 나타나는 시기라고 본다.

② 미국 소아과학회의 경우, 사춘기는 청소년기에 생물학적으로 변화하는 시기라고 본다.

③ 미국 국립 아동건강 · 인간발달 연구원의 경우, 사춘기는 삶에서 남성과 여성이 성적으로 성숙하는 시기라고 본다.

④ 위키피디아(Wikipedia) 백과사전의 경우, 사춘기는 아동의 신체가 성인의 신체로 성숙해서 성적으로 번식할 수 있게끔 변화하는 과정이라고 본다.

정리하건대, 사춘기는 성적으로 성숙하고 이에 따라 생물학적 · 심리적으로 변화하는 시기라고 볼 수 있다.

3) 사춘기가 나타나는 나이

(1) 일반적 나이

일반적으로 볼 때, 사춘기가 시작하고 끝나는 나이는 남성과 여성 사이에 차이가 나고 있다. 일반적으로 여성은 사춘기를 10~11세에 시작하는 경우가 많고, 남성은 사춘기를 11~12세에 시작하는 경우가 많다. 그리고 여성은 사춘기를 15~17세에 끝내는 경우가 많고, 남성은 사춘기를 16~17세에 끝내는 경우가 많다(Wikipedia, 2024c).

하지만 사춘기가 시작하고 끝나는 정확한 나이에 대해서는 학자나 기관마다 차이가 날 수 있다. 예를 들어 어느 기관의 경우, 사춘기는 여성은 10~14세에 나타나는 경향이 있고, 남성은 12~16세에 나타나는 경향이 있다고 보고 있다(National Institute of Child Health and Human Development, 2019).

단체로 여행하는 여성청소년들: 사춘기가 시작하고 끝나는 나이는 남성과 여성 사이에 차이가 난다. [출처: 일본에서 저자 촬영]

(2) 조숙한 사춘기와 지체된 사춘기

사춘기는 모든 청소년에게 일정한 나이에 나타나고 있지 않다. 따라서 일부 청소년에게는 사춘기에 나타나는 특징이 일반적 나이보다 더 일찍 나타나거나 더 늦게 나타날 수도 있다.

사춘기에 나타나는 특징이 일반적 나이보다 더 일찍 나타나는 것을 '조숙한 사춘기(precocious puberty)'라고 부르고 있다. 조숙한 사춘기의 특징은 일반 사춘기의 특징과 비슷하다. 그러나 조숙한 사춘기에는 일반 사춘기의 특징이 더 이른 나이에 나타나고 있다. 일반적으로 조숙한 사춘기의 경우, 일반 사춘기의 특징이 여성청소년에게는 8세 이전에 나타나고 남성청소년에게는 9세 이전에 나타나는 것으로 알려져 있다(National Institute of Child Health and Human Development, 2016).

사춘기에 나타나는 특징이 일반적 나이보다 더 늦게 나타나는 것을 '지체된 사춘기(delayed puberty)'라고 부르고 있다.

Points

- 사춘기는 청소년기가 시작하는 것과 관련해 매우 중요한 의미를 지닌다.
- 사춘기는 성적으로 성숙하고 이에 따라 생물학적 · 심리적으로 변화하는 시기이다.
- 사춘기가 시작하고 끝나는 나이는 남성과 여성 사이에 차이가 난다. 일부 청소년에게는 사춘기에 나타나는 특징이 일반적 나이보다 더 일찍 나타나거나 더 늦게 나타날 수 있다.

4. 청소년에 대한 관심의 필요성과 현실

1) 청소년에 대한 관심의 필요성[6)]

사회에서 청소년은 중요한 존재이다. 따라서 국가와 사회는 청소년에 대해 관심을 가질 필요가 있다. 국가와 사회가 청소년에 대해 관심을 가져야 하는 중요한 이유는 청소년은 독특한 시기에 사는 존재, 미래에 쓸모 있는 존재, 어려움을 겪는 존재이기 때문이다.

6) 청소년에 대해 관심이 필요한 이유는 청소년복지가 필요한 이유와도 관련되고 있다. 청소년복지가 필요한 이유에 대해서는 청소년복지의 필요성을 다루는 장(제3장)에서 자세히 설명한다.

(1) 독특한 시기에 사는 존재

청소년기는 인간의 발달 단계에서 독특한 시기라고 보는 경우가 많다. 예를 들어 홀의[7] 경우, 청소년기는 청소년기 이전 시기 및 청소년기 이후 시기와는 동떨어진 독특한 시기라고 보고 있다. 즉, 홀의 경우, 청소년기는 아동기와도 질적 · 양적으로 다른 시기이고, 성인기와도 질적 · 양적으로 다른 시기라고 보고 있다.

홀에 따르면, 청소년기에는 신체적으로 크게 변화하고 있고,[8] 청소년기는 아동기 및 성인기와 연속적인 시기가 아니다. 이 때문에 홀은 청소년기를 '질풍노도(疾風怒濤, Sturm und Drang)'의[9] 시기라고 부르고 있다(de Anda & Franke, 2011).

그러므로 청소년은 인간의 발달 단계에서 독특한 시기에 살아가는 존재이기 때문에, 국가와 사회는 청소년에게 관심을 가질 필요가 있다.

(2) 미래에 쓸모 있는 존재

청소년기는 자신의 능력을 크게 보여 줄 수 있는 시기이다. 이렇게 되는 이유를 몇 가지 제시하면 다음과 같다(Global Coalition to End Child Poverty, 2017).

① 청소년기에는 생물학적 · 사회적으로 빠르게 변화하고 있기 때문이다.
② 청소년기에는 새로운 책임을 지는 상황을 겪기 때문이다.
③ 청소년기에는 더 넓은 사람들과 교류하기 때문이다.
④ 청소년기에는 사회적으로 기대하는 것과 사회의 규정이 점점 중요해지기 때문이다.

청소년기가 앞에서와 같은 특성을 지니기 때문에, 청소년은 미래에 쓸모 있는 인물이 될 수 있다. 물론, 아동도 미래에 쓸모 있는 인물이 될 수 있다. 그러나 아동이 사회에 쓸모 있게 이바지하기 위해서는 청소년기를 거쳐야 하므로 시간이 꽤 걸릴 수밖에

---

7) 일반적으로 홀은 청소년기와 관련된 심리학 분야의 아버지라고 보는 경우가 많다.
8) 청소년기의 신체적 변화에 대해서는 청소년의 발달을 다루는 장(제2장)에서 자세히 설명한다.
9) 질풍노도는 "몹시 빠르게 부는 바람과 무섭게 소용돌이치는 물결"을 말한다(국립국어원 표준국어대사전, 2024).

없다. 하지만 아동에 비해서, 청소년은 청소년기를 마치고 나면 사회에 더 빨리 직접 이바지할 수 있게 된다.

청소년이 사회의 미래임을 알리는 안내문: 청소년은 미래에 쓸모 있는 인물이 될 수 있다.
[출처: 저자 촬영]

그러므로 청소년은 미래에 사회를 위해 쓸모 있게 이바지할 수 있는 존재이기 때문에, 국가와 사회는 청소년에게 관심을 가질 필요가 있다.

(3) 어려움을 겪는 존재

청소년기는 여러 영역에서 빠르게 변화하는 시기이다. 그러나 청소년은 신체적으로는 성숙하지만, 여기에 걸맞게 판단하거나 합리적으로 생각하지 못하는 경우가 많다.[10] 그 결과, 청소년은 다음과 같은 상황에 놓이는 경우가 많다(노병일, 2022c).

① 청소년은 겉으로 보기에는 신체적으로 성숙한 성인처럼 보일 수 있다. 그러나 청소년은 완전히 성숙한 성인처럼 생각하고 행동하지 못할 수 있다.

② 청소년은 건강 상태가 좋고, 재빠르고, 어려움에 잘 대처하는 경우가 많다. 그러나 청소년기에는 사망하는 비율도 높은 편이다.[11] 따라서 청소년은 예측하지 못하는 측면을 지닐 수 있다.

그러므로 청소년기는 취약한 시기이다(Global Coalition to End Child Poverty, 2017). 이에 따라서 청소년은 여러 영역에서 다양한 어려움을 겪을 수 있다. 이렇게 될 경우, 청소년은 잘못된 상황에 놓일 가능성이 크다.

위기청소년

청소년 중에서 특히 취약한 청소년은 '위기청소년'이라고 부를 수 있다. 우리나라의 「청소년복지 지원법」에 따르면, 위기청소년은 가정에 문제가 있거나, 학업을 잘하지 못하거나, 사회 적응에 어려움을 겪는 등 조화롭고 건강한 성장과 생활에 필요한 조건을 갖추지 못한 청소년을 말한다(국가법령정보센터, 2024).

또한 청소년기는 살면서 경험한 것이 상대적으로 적은 시기이다. 이런 탓에, 청소년은 자신이 새로 배운 지식을 특이하게 적용할 수 있고, 이에 따라서 제대로 생각하지 않은 채 행동할 수 있다(American Academy of Pediatrics, 2015). 이렇게 될 경우, 청소년은 잘못된 상황에 놓일 가능성이 크다.

물론, 아동도 여러 영역에서 어려운 상황에 놓일 가능성이 크다. 그리고 아동이 잘못된 상황에 놓이는 것은 아동 개인과 가족에게뿐만 아니라 사회에도 부정적으로 크게

10) 청소년의 성숙과 발달에 대해서는 청소년의 발달을 다루는 장(제2장)에서 자세히 설명한다.

11) 청소년기에 사망하는 것은 행동과 감정을 통제하는 문제와 관련되는 경우가 많다.

영향을 미치고 있다(노병일, 2020b). 하지만 청소년이 취약한 상황에 놓이는 것은, 아동보다도 더 빠르고 더 심각하게 청소년 개인과 가족과 사회에 부정적으로 영향을 미칠 가능성이 크다. 또한 청소년문제에 따른 비용은 엄청나기 때문에, 청소년이 겪는 어려움은 가족과 사회에 매우 큰 비용을 유발할 수 있다.

그러므로 청소년은 여러 가지 어려움을 겪을 가능성이 큰 존재이기 때문에, 국가와 사회는 청소년에게 관심을 가질 필요가 있다.

2) 청소년의 현실

청소년은 건강한 집단이라고 보는 경우가 많다. 그러나 현실은 반드시 그렇지만은 않다. 이런 예를 구체적으로 제시하면 다음과 같다(노병일, 2022c; Moghaddam et al., 2016).

① 청소년들 중에는 사고, 자살, 폭력, 임신, 기타 질병 때문에 어린 나이에 사망하는 청소년이 적지 않다.

② 청소년들 중에는 계속해서 건강이 좋지 않거나 장애를 겪는 청소년이 적지 않다.

또한 성인이 되었을 때 나타나는 심각한 질병들 중에는, 질병의 근본적인 원인이 청소년기에 있는 경우가 많다. 예를 들어, 청소년이 다음과 같은 상태에 있는 것은, 청소년이 나중에 성인이 되었을 때 질병에 걸리게 되거나 일찍 사망하게 되는 요인이 될 수 있다(Moghaddam et al., 2016).

① 담배를 피운다.

② 성병에 전염된다.

③ 식사를 제대로 하지 않는다.

④ 운동을 제대로 하지 않는다.

그리고 사회에서 청소년에 대해 긍정적으로 인식하는 경우도 많지만, 사회에서는 이에 못지않게 청소년에 대해 부정적으로 인식하는 경우도 적지 않다. 이와 관련해 청소년에 대해 편견을 가지는 경우도 많다(Hashmi, 2013). 이런 현실은 청소년의 발달에 따른 특성과 관련되고 있다.

한편, 우리나라의 경우, 청소년의 삶의 질은 높지 않은 것으로 나타나고 있다. 무엇보다도 우리나라에서는 대학교 입학과 관련된 부담이 매우 크기 때문에, 청소년은 행복하다고 느끼기 어려울 수 있다.

Points

- 청소년은 인간의 발달 단계에서 독특한 시기에 살고, 미래에 사회를 위해 쓸모 있게 이바지할 수 있고, 여러 어려움을 겪을 가능성이 크기 때문에, 국가와 사회는 청소년에게 관심을 가질 필요가 있다.
- 청소년은 건강한 집단이라고 보는 경우가 많으나, 현실은 반드시 그렇지 않다. 사회에서 청소년에 대해 부정적으로 인식하는 경우도 적지 않다.

5. 청소년의 복지 관련 위치와 역할

1) 청소년의 복지 관련 위치

모든 사회구성원은 사회에서 복지 영역과 여러 가지 방식으로 관련되고 있다. 일반적으로 볼 때 사회구성원이 복지 영역과 관련되는 위치를 복지자원을 받는 대상자로서의 위치, 복지자원을 제공하는 사람으로서의 위치, 복지와 관련된 것에 영향을 미치는 사람으로서의 위치로 구분할 수 있다(노병일, 2021a).

이런 위치들은 청소년에게도 그대로 적용할 수 있다. 이렇게 할 경우, 청소년은 복지대상자로서의 청소년, 복지제공자로서의 청소년, 영향을 미치는 사람으로서의 청소년으로 구분할 수 있다.

(1) 복지대상자로서의 청소년

청소년은 국가와 사회에서 제공하는 복지자원의 대상자가 될 수 있다. 예를 들어 모든 청소년의 경우, 국가와 사회에서 제공하는 복지자원의 대상자가 될 수 있다. 이런 복지자원의 예로 국가에서 비용을 받지 않고 제공하는 교육서비스가 있다.

그리고 일부 청소년의 경우, 국가와 사회에서 특정한 청소년집단에게 제공하는 복지자원의 대상자가 될 수 있다. 예를 들어 빈곤청소년의 경우, 국가나 복지기관이 빈곤가족에게 제공하는 복지자원을 받을 수 있다.

(2) 복지제공자로서의 청소년

청소년은 사회에서 복지자원을 제공할 수 있다. 이것은 청소년이 복지자원을 제공하는 존재로 사회에 참여하는 것을 의미하고 있다. 예를 들어, 청소년은 빈곤한 아동의 학습 활동을 도와줄 수 있다. 또한 청소년은 지역사회에 거주하는 노인을 위한 자원봉사 활동을 통해서 노인에게 복지서비스를 제공할 수 있다.

(3) 영향을 미치는 사람으로서의 청소년

청소년은 집단이나 조직을 형성해서 청소년복지나 일반 사회복지와 관련된 정책이나 제도에 영향을 미칠 수 있다. 예를 들어, 청소년은 집단이나 조직을 형성해, 청소년의 복리 수준을 높이는 정책이나 프로그램을 개선하거나 실시해 달라고 국가에 건의하거나 요구할 수 있다. 그리고 더 나아가서 청소년은 집단이나 조직을 형성해, 모든 국민의 복지 수준을 높이는 정책이나 프로그램을 개선하거나 실시해 달라고 국가에 건의하거나 요구할 수 있다.

청소년의 중요성

유엔 사무총장에 따르면, 인간에게는 청소년의 끊임없는 에너지와 아이디어와 기여가 어디에서나 필요하다. 따라서 오늘날에는 정의롭고 지속할 수 있는 세상을 만드는 작업을 매일 청소년과 함께할 필요가 있다(United Nations, 2024).

유명한 성당을 찾아온 청소년들: 청소년은 청소년복지와 관련된 정책 · 제도에 영향을 미칠 수 있다.
[출처: 스페인에서 저자 촬영]

2) 청소년의 역할

앞에서 보듯이, 청소년은 복지자원을 제공하고 복지와 관련된 정책과 프로그램에 영향을 미칠 수 있는 존재이다. 따라서 청소년은 사회에서 주요한 자원이고 또한 사회를 변화시킬 수 있는 주요한 인물이다. 이런 탓에, 청소년은 여러 가지 역할을 하면서 자신의 가족과 지역사회와 국가의 복리에 긍정적으로 이바지할 수 있다.

그리고 청소년은 정치적 영역에 관여할 수 있는 능력과 정치가 투명한지를 따져 볼 수 있는 능력을 가지고 있다. 이에 따라서 세계적으로 청소년은 다양한 영역에서 여러 가지 역할을 할 수 있다. 오늘날, 청소년이 이와 관련해 할 수 있는 역할을 몇 가지 제시하면 다음과 같다(United Nations, 2016).

① 건강 및 교육과 관련해 조직적으로 활동한다.

② 가족을 지지한다.

③ 또래를 교육한다.

④ 지역사회를 발달시킨다.

⑤ 창의적 예술 활동을 한다.

또한 오늘날에는 디지털 매체와 사회적 매체를 많이 사용하고 있다. 오늘날, 디지털 매체와 사회적 매체는 청소년이 자신을 교육하고 문화적 네트워크와 사회적 네트워크를 형성하는 데 점점 중요해지고 있다(United Nations, 2016). 따라서 청소년은 이와 관련해 나름의 중요한 역할을 할 수 있다.

Points

- 청소년은 국가 · 사회에서 제공하는 복지자원의 대상자가 될 수 있고, 복지자원을 제공할 수 있고, 복지정책 · 제도에 영향을 미칠 수 있다.
- 청소년은 여러 역할을 하면서 가족 · 지역사회 · 국가의 복리에 긍정적으로 이바지할 수 있다. 또한 청소년은 오늘날과 같은 디지털 시대에 중요한 역할을 할 수 있다.

Chapter

02

청소년의 발달과 욕구

CONTENTS

1. 청소년 발달의 정의와 중요성 및 영향 요인과 특징

1) 청소년 발달의 정의

청소년기는 인생의 단계에서 중요하게 변화하는 시기의 하나이다. 따라서 청소년기는 인간이 중요하게 발달하는 시기이다. 일반적으로 발달(development)은 사람이나 물체가 성장하거나 변화해서 더 나은 상태가 되는 과정을 말한다(Cambridge English Dictionary, 2024). 그리고 인간 발달은 인간이 자라면서 성숙해 가는 과정을 말한다(노병일, 2017).

그러므로 앞에서의 정의에 근거할 때, 청소년 발달(adolescent development)은 청소년이 인간으로서 성장하거나 변화해서 더 성숙해 나아가는 과정이라고 볼 수 있다.

2) 청소년 발달의 중요성

청소년이 잘 발달하는 정도는 청소년의 건강에 영향을 미치고 있다. 또한 청소년이 잘 발달하는 정도는 청소년이 현재 생각하고 행동하는 방식에 영향을 미치고 있다(Moghaddam et al., 2016). 이런 탓에, 청소년 발달은 청소년의 '현재' 상황과 관련해 중요하다.

청소년이 잘 발달하는 정도는 삶의 전체에 걸쳐서 건강에 영향을 미치고 있다. 따라서 청소년이 잘 발달하는 정도는 청소년기의 건강에 영향을 미칠 뿐만 아니라, 나중에 성인이 되었을 때의 건강에도 영향을 미치고 있다(Moghaddam et al., 2016). 특히, 청소년 발달은 청소년이 성인기를 준비하는 데 크게 도움이 되고 있다. 왜냐하면 청소년이 발달하면서 겪는 다양한 경험은 청소년이 나중에 성인이 되어 살아가는 데 좋은 디딤돌이 되기 때문이다.

이런 탓에, 청소년 발달은 청소년의 '미래' 상황과 관련해서도 중요하다.

3) 청소년 발달에 영향을 미치는 요인

청소년의 개인적 요인과 청소년의 외부에 있는 요인 모두는 청소년이 성장하고 변화해 성숙하는 데 영향을 미치고 있다(Moghaddam et al., 2016). 이 경우, 청소년의 외부에 있는 요인으로 가족 수준의 요인, 또래 · 친구 수준의 요인, 지역사회 수준의 요인, 국가 수준의 요인을 들 수 있다. 다양한 수준에서 존재하는 이런 요인들은 청소년 발달에 여러 가지 방식으로 영향을 미치고 있다.

일부 요인은 청소년 발달에 특히 유리할 수 있다. 이런 요인은 청소년이 더 융통성 있게 헤쳐 나가면서 건강하게 발달하는 데 도움을 주고 있다. 이런 요인을 몇 가지 제시하면 다음과 같다(United Nations, 2016).

① 자신의 삶에서 중요한 성인과 오래 유지되는 관계를 맺고, 이런 중요한 성인으로부터 지지를 받는다.
② 참여할 기회가 있고, 결정을 내릴 기회가 있다.
③ 문제를 해결하는 능력과 대처하는 능력이 있다.
④ 지역사회의 환경이 좋다.
⑤ 주위에서 개성을 존중한다.
⑥ 친구관계를 형성하고 유지할 기회가 있다.

4) 청소년 발달의 특징

청소년기는 매우 빠르게 변화하는 시기이다. 따라서 청소년 발달은 빠르게 진행하고 있다. 사실, 청소년기는 인간의 발달 단계 중에서 발달이 가장 빠르게 진행하는 단계에 속하고 있다(Moghaddam et al., 2016).

그리고 청소년기에는 다양한 영역에서 발달하고 있다.[1)] 따라서 청소년은 다양한 경험을 하고 있다. 이런 경험을 몇 가지 제시하면 다음과 같다(Global Coalition to End Child

1) 청소년이 다양한 영역에서 발달하는 것에 대해서는 뒤에서 자세히 설명한다.

Poverty, 2017).

① 새로운 학교에 다닌다.

② 일과 관련해 책임을 더 진다.

③ 대학에 다닌다.

④ 일자리를 찾거나, 유급 일자리에서 일한다.

Points

- 청소년 발달은 청소년이 인간으로서 성장하거나 변화해서 더 성숙해 나아가는 과정이다.
- 청소년 발달은 청소년의 현재와 미래 상황과 관련해 중요하다.
- 다양한 수준에서 존재하는 여러 요인은 청소년 발달에 영향을 미친다.
- 청소년은 빠르고 다양하게 발달한다.

2. 청소년의 영역별 발달

청소년기에는 여러 가지로 변화하고 있다. 청소년기에 나타나는 여러 가지 변화는 청소년이 발달하고 있음을 보여 주고 있다. 이에 따라서 청소년기에는 다양한 영역에서 크게 발달하고 있다. 이 경우, 무엇보다도 청소년기에는 생물학적으로 발달하고 있다. 이와 더불어 청소년기에는 심리적 · 사회적 · 인지적 · 도덕적 · 성적으로 발달하고 있다(American Academy of Pediatrics, 2015; World Health Organization, 2017; Global Coalition to End Child Poverty, 2017).

이런 탓에, 청소년 발달은 생물학적 발달, 심리적 발달, 사회적 발달, 인지적 발달, 도덕적 발달, 성적 발달로 영역을 나누어 살펴볼 수 있다.

1) 생물학적 발달

청소년 발달의 많은 부분은 청소년기에 경험하는 생물학적 변화 때문에 나타나고 있다. 청소년의 생물학적 발달은 신체적 발달과 신경적 발달로 나누어 살펴볼 수 있다.

(1) 신체적 발달

(가) 신체적 발달의 내용

청소년기는 신체적으로 변화하는 시기이다. 따라서 청소년은 신체적 영역에서 발달하고 있다. 무엇보다도 청소년기는 신체적 영역에서 빠르게 변화하는 시기이다. 따라서 청소년은 신체적으로 빠르게 발달하고 있다.

청소년은 다양한 신체적 영역에서 발달하고 있다. 청소년의 신체적 발달에 대해 구체적으로 제시하면 다음과 같다(de Anda & Franke, 2011).

① 키가 커진다. 사실, 청소년이 겪는 여러 가지 신체적 변화 중에서 가장 두드러진 것의 하나는 키가 크는 것이다. 그러나 청소년기에 키가 크는 기간은 성별에 따라 크게 차이가 난다.

② 몸무게가 변한다. 이때 남성청소년은 여성청소년보다 몸무게가 더 나가는 경우가 많다.

③ 엉덩이와 어깨가 더 넓어진다. 그러나 남성청소년과 여성청소년 사이에는 다음과 같은 차이가 있다.

㉠ 남성청소년의 경우, 어깨가 엉덩이보다 더 넓어진다.

㉡ 여성청소년의 경우, 엉덩이가 어깨보다 더 넓어진다.

④ 피부의 결과 지방분이 변한다. 그리고 여성청소년은 피부 아래의 지방이 많아진다.

⑤ 남성청소년과 여성청소년 모두 목소리가 서서히 변한다.

활발한 청소년들: 청소년은 다양한 신체적 영역에서 발달한다. [출처: 이탈리아에서 저자 촬영]

(나) 신체적 발달이 미치는 영향의 성별에 따른 차이

청소년의 신체적 발달은 청소년의 심리와 행동에 영향을 미치고 있다. 그러나 청소년의 신체적 발달이 청소년의 심리와 행동에 미치는 영향은 성별에 따라 차이가 날 수 있다.

우선, 남성청소년의 경우, 청소년기에 신체적으로 일찍 성숙하는 것은 청소년에게 긍정적으로 영향을 미치는 경우가 많다. 왜냐하면 늦게 성숙하는 청소년에 비해서, 일찍 성숙하는 청소년은 다음과 같은 특징을 지니는 것으로 알려져 있기 때문이다(de Anda & Franke, 2011).

① 덜 긴장하고 더 안정되어 있다.

② 자신을 더 가치 있는 존재로 인식한다.

③ 남에게 덜 의존한다.

④ 또래에게 인기가 더 있다.

그러나 여성청소년이 겪는 상황은 남성청소년이 겪는 상황과 반대되는 경우가 많다. 따라서 여성청소년이 일찍 성숙하는 것은 자신에 대해 부정적으로 평가하는 식으로 작용할 수 있다. 예를 들어, 여성청소년이 일찍 성숙할 경우, 여성청소년은 다음과 같은 상황에 놓일 수 있다(de Anda & Franke, 2011).

① 외로워한다.

② 자기가 중심이 되어 추진하는 정도(즉, 주도성)가 줄어든다.

③ 또래와 관계를 잘 맺지 못한다.

그리고 여성청소년이 자신의 몸무게에 대해 크게 신경을 쓸 경우, 행동과 관련된 문제가 더 나타날 수 있다. 이와 관련된 예를 몇 가지 제시하면 다음과 같다(de Anda & Franke, 2011).

① 다이어트를 심하게 한다.

② 다이어트를 위한 약이나 기타 약을 사용한다.

③ 성형을 해서 신체의 모양을 바꾼다.

④ 먹는 데 어려움을 크게 겪는다.

빨라지는 신체적 발달

선진국의 경우, 청소년이 신체적으로 성숙하는 시기가 계속해서 더 빨라지고 있다. 이런 경향을 특히 잘 보여 주는 것으로 다음과 같은 점을 들 수 있다(de Anda & Franke, 2011).

① 생리를 처음으로 시작하는 시기가 더 빨라진다.

② 키가 크는 속도가 더 빨라지고, 완전한 성인이 되었을 때 키가 더 커진다.

(2) 신경적 발달

청소년기는 신경적으로 변화하는 시기이다. 따라서 청소년은 신경적(neuronal) 영역에서 발달하고 있다. 청소년이 신경적 영역에서 발달하는 것은 호르몬이 변화하는 것과 관련되고 있다. 그러나 청소년의 신경이 발달하는 것이 호르몬의 변화와 항상 관련되는 것은 아니다(Moghaddam et al., 2016).

청소년이 신경적 영역에서 발달하는 것을 구체적으로 제시하면 다음과 같다(Moghaddam et al., 2016).

① 뇌와 관련된 영역이 발달한다. 이 경우, 뇌와 관련된 영역은 구체적으로 다음과 같은 것과 관련된다.
 ㉠ 즐거움을 찾는다.
 ㉡ 정서적으로 반응한다.
 ㉢ 제대로 잔다.

② 실천에 옮기는 일을 하는 영역이 발달한다. 이 경우, 실천에 옮기는 일을 하는 영역은 구체적으로 다음과 같은 것과 관련된다.
 ㉠ 결정을 내린다.
 ㉡ 조직한다.
 ㉢ 충동을 통제한다.
 ㉣ 미래를 계획한다.

청소년의 뇌 발달에 긍정적으로 영향을 미치는 요인

청소년에게 다음과 같이 할 경우, 청소년의 뇌가 잘 발달할 수 있는 것으로 알려져 있다(National Center for Children on Poverty, 2017).

① 예방에 주목하며 개입한다.
② 사회적으로 지지한다.
③ 더 잘 회복하게 한다.
④ 사회생활을 잘하는 데 도움을 주는 능력을 키워 준다.

2) 심리적 발달

청소년기는 심리적으로 변화하는 시기이다. 따라서 청소년은 심리적 영역에서 발달하고 있다. 특히 청소년기는 심리적으로 커다란 변화가 나타나는 시기이다(Source, 2019). 따라서 청소년은 심리적 발달을 크게 경험하고 있다.

(1) 학자들의 견해

그동안 여러 학자들은 청소년의 심리적 발달에 대해 설명해 왔다. 일부 학자들이 청소년의 심리적 발달에 대해 설명한 것을 제시하면 다음과 같다(노병일, 2020b; de Anda & Franke, 2011; Augustyn, 2023).

① 정신분석이론을 따르는 학자들의 경우, 청소년기에 발달하는 과정은 오이디푸스 콤플렉스(Oedipus complex)를[2] 다시 경험하거나 또는 오이디푸스 콤플렉스를 겪기 전의 갈등을 다시 경험함으로써 더 어린 시절의 발달 단계를 다시 반복하는 것이라고 본다. 특히 정신분석학자인 프로이드(Freud)에 따르면, 성적으로 성숙해서 출산할 수 있게 되는 식으로 신체적으로 변하기 때문에, 청소년은 성기 단계에 이르게 된다. 프로이드의 경우, 이전 단계인 잠복 단계에서는 심리학적으로 균형을 이루는데, 성기 단계에서는 이런 균형이 없어질 수 있다고 본다.

② 에릭슨(Erikson)의 경우, 발달은 연속적인 단계를 거쳐서 진행하는 것으로 본다. 에릭슨에 따르면, 각 단계에서는 나름의 구체적 위기를 경험한다. 에릭슨의 경우, 정체성을 형성하는 것은 삶의 전체에 걸쳐서 계속되는 과정이라고 본다. 그러나 에릭슨은 이런 정체성은 청소년기에 나름의 위기를 유발한다고 본다.

---

2) 정신분석 이론에 따르면, 오이디푸스 콤플렉스는 자신과 반대되는 성별의 부모와는 친하게 지내고 자신과 같은 성별의 부모에 대해서는 경쟁심을 느끼는 것을 말한다(Augustyn, 2023). 구체적으로 오이디푸스 콤플렉스는 "아들이 어머니를 차지하고자 하는 욕망에 근거한 생각 · 원망 · 감정의 복합체"를 말한다(국립국어원 표준국어대사전, 2024).

에릭슨이 보는 청소년 발달

에릭슨은 인간이 발달하는 단계를 여덟 단계로 구분하는데, 이 중에서 청소년기는 다섯째 단계에 해당하고 있다. 에릭슨에 따르면, 청소년기에 겪는 심리적·사회적 위기는 정체성을 가지는지 또는 역할에서 혼란을 느끼는지와 관련되고 있다.

에릭슨의 경우, 다음과 같은 것은 청소년기의 중요한 특징에 속한다고 보고 있다(노병일, 2020b).

① 사회적으로 주로 교류하는 대상은 또래이고, 이성 사이의 친구관계를 통해서 사회적 교류를 많이 한다.

② 정체성과 관련해 어려움을 겪는다.

③ 사회학습이론을 따르는 학자들의 경우, 청소년기는 행동, 사람들 사이의 관계, 자신에 대한 평가는 크게 계속 유지하면서 아동기에서 벗어나서 새롭게 발달하는 시기라고 본다.

(2) 주요한 심리적 발달 영역: 정체성 형성

청소년은 자신의 정체성을 찾기 위해 노력하고 있다. 일반적으로 정체성은 특정한 사람이나 집단이 다른 사람이나 집단과 차이 나게 되는 특징이나 믿음과 같은 것을 말한다(The Britannica Dictionary, 2024).

청소년의 경우, 한편으로는 사회에서 바라는 바를 따르려고 하면서, 다른 한편으로는 부모 및 또래와는 독립적으로 개인적인 정체성을 형성하려고 하고 있다. 그러나 자신이 어떤 존재인지 파악하고자 하는 과정에서, 청소년은 일반 성인이 보기에 이상한 행동을 하는 경우가 많다(Barker, 2003; Maxey & Beckert, 2017).

청소년이 정체성을 형성하는 데 영향을 미치는 요인은 많다. 이런 여러 가지 요인은, 청소년이 정체성을 형성하는 과정에 긍정적으로 영향을 미칠 수도 있고 부정적으로 영향을 미칠 수도 있다(Hashmi, 2013).

3) 사회적 발달

청소년기는 사회적으로 변화하는 시기이다. 따라서 청소년은 사회적 영역에서 발달하고 있다.

공연을 기다리는 청소년들: 청소년은 사회적 영역에서 발달한다. [출처: 저자 촬영]

아동은 가족 주위에서 주로 생활하고 있다. 그러나 아동이 청소년기에 이르면, 사회적으로 교류하는 범위가 넓어지게 된다. 따라서 청소년은 자신과 같은 성별의 사람들, 자신과 다른 성별의 사람들, 자신과 다른 사회집단에 속하는 사람들, 자신과 다른 인종집단에 속하는 사람들, 기타 중요한 성인과 관계를 맺는 방향으로 나아가고 있다. 이 경우, 중요한 성인의 예로 청소년 자신이 좋아하는 교사나 코치가 있다. 그리고 결국에 가서, 청소년은 사랑에 빠지고 낭만적인 관계를 형성할 수 있는 능력을 갖추게 된다 (American Academy of Pediatrics, 2015).

또래와의 교류

애착이론을 따르는 학자들의 경우, 청소년기에 나타나는 인간관계의 특징과 발달에 대해 주목하고 있다. 애착이론에 따르면, 부모에 대한 애착은 또래에 대한 애착의 토대가 되고 있다. 다만 일부 청소년의 경우, 부모와의 애착이 부족한 것을 보충하기 위해서 또래에 대한 애착을 가지려고 하는 측면이 있다(de Anda & Franke, 2011).

한편, 청소년의 사회적 발달은 청소년의 심리적 발달과 관련되고 있다. 예를 들어, 사람들 사이의 관계는 청소년이 자기 나름의 정체성을 형성하는 데 중요한 역할을 하고 있다(de Anda & Franke, 2011).

4) 인지적 발달

청소년기는 인지적으로 변화하는 시기이다. 따라서 청소년은 인지적 영역에서 발달하고 있다.

(1) 피아제의 견해

그동안 여러 학자들은 청소년의 인지적 발달에 대해 설명해 왔다. 이 중에서 인지적 발달에 대해 크게 주목한 학자로 피아제(Piaget)를 꼽을 수 있다. 피아제의 경우, 인지적 발달은 양적 · 질적으로 더 복잡한 사고 과정을 통해서 나타난다고 보고 있다(de Anda & Franke, 2011).

피아제에 따르면, 청소년은 자신이 생각하는 바를 분석하고 나름의 관점을 형성할 수 있게 된다. 이것을 구체적으로 살펴보면 다음과 같다(de Anda & Franke, 2011).

① 청소년은 한번 시도해 본 후에 고치는 것을 반복하는 식으로 단순하게 생각하지 않게 된다. 그 대신에, 청소년은 문제를 해결하는 것과 관련된 여러 가지 요인들

사이에 나타날 수 있는 모든 관계를 고려할 수 있게 된다.

② 청소년은 여러 가지 요인은 그대로 둔 상태에서 한 가지 요인만을 변화시키는 방식을 취하면서, 가능한 방안을 체계적으로 시도해 볼 수 있게 된다.

(2) 초기 청소년기와 후기 청소년기의 인지적 발달

(가) 초기 청소년기의 인지적 발달

초기 청소년기에 대부분의 청소년은 자기 주위에 있는 세상을 여전히 구체적으로 이해하고 있다. 따라서 초기 청소년기의 청소년은 자기 주위의 세상을 옳거나 그르다고 인식하거나, 또는 멋지거나 두렵다고 인식하는 경향이 있다.

그러나 초기 청소년기의 청소년은 현재를 넘어서 미래까지 바라보는 경우가 드물다. 이런 탓에, 초기 청소년기의 청소년은 자신의 행동이 장기적으로 미치는 결과에 대해서는 인식하지 못하는 경우가 많다(American Academy of Pediatrics, 2015).

(나) 후기 청소년기의 인지적 발달

후기 청소년기에 이르면 전기 청소년기와는 상황이 달라진다. 무엇보다도 후기 청소년기에 이르면, 청소년은 다음과 같이 되는 경우가 많다(American Academy of Pediatrics, 2015).

① 상황의 미묘한 점과 생각의 미묘한 점을 깨닫는다.

② 미래까지 생각한다.

그리고 후기 청소년기에 이르면, 청소년은 다음과 같은 것을 할 수 있는 능력을 더 갖추게 된다(American Academy of Pediatrics, 2015).

① 복잡한 문제를 해결한다.

② 다른 사람이 생각하는 것을 이해한다.

안내인의 설명을 듣고 있는 청소년들: 후기 청소년기에는 복잡한 문제를 해결하는 능력이 더 커진다.
[출처: 인도에서 저자 촬영]

5) 도덕적 발달

청소년기는 도덕적으로 변화하는 시기이다. 따라서 청소년은 도덕적 영역에서 발달하고 있다.

그동안 여러 학자들은 청소년의 도덕적 발달에 대해 설명해 왔다. 일부 학자들이 청소년의 도덕적 발달에 대해 설명한 것을 제시하면 다음과 같다(de Anda & Franke, 2011).

① 에릭슨의 경우, 청소년은 정체성을 형성하는 과정에 있다고 본다.[3] 에릭슨에 따르면, 아동기에는 구체적으로 도덕을 배운다. 그러나 청소년기에는 정체성을 형

3) 이에 대해서는 앞에서 설명한 바 있다.

성하는 데 도움을 주는 도덕적 이념을 추구하는 방향으로 나아간다.

② 사회학습이론을 따르는 학자들의 경우, 여러 가지 환경적 요인이 도덕과 관련된 가치와 판단과 행동에 영향을 미친다고 본다. 사회학습이론에 따르면, 여러 가지 상황과 관점을 경험함으로써, 청소년은 도덕적으로 판단하여야 하는 다양한 상황에서 어떤 요인이 중요한지를 배우게 된다.

6) 성적 발달[4)]

청소년기는 성적으로 변화하는 시기이다. 따라서 청소년은 성적 영역에서 발달하고 있다.

청소년기에는 생각하고 인식하고 반응하는 것이 성적 측면과 관련되고 있다. 청소년의 경우, 마음속에서 나타나는 요인, 사회적 요인, 문화적 요인, 생물학적 요인이 서로 영향을 주고받으면서 성적으로 발달하고 있다. 청소년이 성적으로 발달할 경우, 청소년은 성인의 모습을 갖추게 된다(de Anda & Franke, 2011; Kar, Choudhury & Singh, 2015).

Points

- 청소년은 다양한 신체적 영역에서 발달한다. 청소년의 신체적 발달이 청소년의 심리 · 행동에 미치는 영향은 성별에 따라 다를 수 있다.
- 청소년은 신경적 영역에서 발달한다.
- 청소년은 심리적 영역에서 발달한다. 특히, 청소년은 자신의 정체성을 찾기 위해 노력한다.
- 청소년은 사회적 영역에서 발달한다.
- 청소년은 인지적 영역에서 발달한다.
- 청소년은 도덕적 영역에서 발달한다.
- 청소년은 성적 영역에서 발달한다.

4) 청소년의 성적 활동에 대해서는 성과 청소년복지를 다루는 장(제10장)에서 자세히 설명한다.

3. 청소년 발달과 관련해 고려할 점

1) 개인과 영역에 따른 차이

모든 청소년에게 여러 가지 변화가 공통적으로 나타나고 있다. 하지만 이런 변화가 나타나는 시기와 이렇게 변화하는 속도는 청소년 개인마다 차이가 나고 있다(Moghaddam et al., 2016).

그리고 청소년기에 변화하고 이에 따라 발달하는 것은 영역에 따라 차이가 나고 있다. 예를 들어, 청소년기에는 생물학적으로 발달하는 것이 심리적 · 사회적으로 발달하는 것보다 더 먼저 나타나고 있다(Moghaddam et al., 2016).

또한 대부분의 청소년기 동안에, 청소년 개인은 다른 발달 영역에서보다는 특정한 발달 영역에서 더 잘할 수 있다. 예를 들어, 어떤 청소년은 신체적으로는 젊은 성인과 비슷할 수 있다. 그렇지만 이런 청소년은 아동과 매우 비슷하게 행동할 수 있다. 왜냐하면 신체적 발달은 초기 청소년기부터 이루어지기 시작하지만, 심리적 · 사회적 · 인지적 발달은 후기 청소년기가 되어서야 제대로 이루어지기 때문이다(American Academy of Pediatrics, 2015).

2) 청소년 발달과 관련된 연구

청소년 발달에 대해 연구하는 학자들의 경우, 청소년기는 삶의 많은 영역에서 크게 발달하는 시기라는 점에 대해서는 의견이 서로 일치하고 있다. 또한 청소년이 생물학적으로 발달하는 것에 대한 연구의 결과는 서로 일치하는 편이다(de Anda & Franke, 2011).

그러나 청소년이 생물학적 영역 이외의 영역에서 발달하는 것에 대한 연구의 결과는 서로 일치하지 않는 편이다. 그리고 청소년 발달에 대해 연구하는 학자들의 경우, 다음과 같은 측면에 대해서는 의견이 서로 일치하고 있지 않다(de Anda & Franke, 2011).

① 청소년의 발달이 청소년기 이전 시기의 발달에 연속해서 이루어지고 또한 청소년

기 이후의 시기에도 연속해서 이루어지는지와 관련된 측면이 있다.

② 청소년기가 혼란과 스트레스를 겪는 시기인지, 아니면 비교적 사건이 없는 평온한 시기인지와 관련된 측면이 있다.

③ 청소년기 동안에 청소년 발달과 관련해 특정한 과제나 문제를 경험·해결하는 것이 청소년에게 중요한 것인지와 관련된 측면이 있다.

④ 내부 요인과 외부 요인 중에서 어느 요인이 청소년 발달에 더 중요하게 영향을 미치는지와 관련된 측면이 있다.

⑤ 내부 변화와 외부 변화에 대해서 청소년이 특별하게 반응하는 것이 있는지와 관련된 측면이 있다.

Points

- 청소년에게 변화가 나타나는 시기와 속도는 개인마다 차이가 난다. 청소년기에 변화·발달하는 것은 영역에 따라 차이가 난다.
- 청소년 발달을 연구하는 학자들은 일부 측면에 대해서는 의견이 서로 일치하지 않는다.

4. 사춘기 청소년의 발달

1) 사춘기 청소년 발달의 중요성

사춘기에 청소년기가 시작하는 경우가 많다.[5] 따라서 사춘기 청소년의 발달과 관련된 특징은 초기 청소년기에 있는 청소년의 모습을 많이 보여 주고 있다.

5) 여기에 대해서는 사춘기를 다루는 장(제1장)에서 이미 설명한 바 있다.

청소년기 이전의 어린 시기에는 청소년기보다 더 빠른 속도로 성장하고 있다. 그러나 사춘기에 변화하는 정도와 변화하는 속도는 아동기보다는 청소년기에 더 중요한 의미를 지니고 있다. 왜냐하면 사춘기의 청소년은 자신이 경험하고 있는 변화에 대해 아동보다 더 잘 알고 있기 때문이다(de Anda & Franke, 2011).

2) 사춘기 청소년의 신체적 발달

사춘기 청소년은 생물학적 영역 중에서 신체적으로 크게 변화하고 있다. 따라서 사춘기 청소년은 신체적 영역에서 크게 발달하고 있다.

무엇보다도, 사춘기에는 남성청소년과 여성청소년 모두 키가 빠르게 크고 있다. 이 경우, 키가 빠르게 크는 것은 2~3년 동안 계속되고 있다. 이에 따라 청소년의 키는 성인의 키와 더 비슷해지고 있다. 그리고 사춘기가 끝나면 청소년의 키는 성인의 키와 같아지게 된다. 더불어 사춘기에는 남성청소년과 여성청소년 모두에게서 여드름이 나타날 수 있다(National Institute of Child Health and Human Development, 2019).

그러나 어떤 특징은 사춘기에 남성청소년과 여성청소년에게 다르게 나타날 수 있다. 예를 들어 일반적인 여성청소년의 경우, 사춘기에 다음과 같은 특징이 나타나고 있다 (National Institute of Child Health and Human Development, 2016).

① 성기와 기타 신체 부위에서 털이 난다.

② 가슴이 커진다.

③ 생리를 시작한다.[6)]

그리고 일반적인 남성청소년의 경우, 사춘기에 다음과 같은 특징이 나타나고 있다 (National Institute of Child Health and Human Development, 2016).

① 성기, 기타 신체 부위, 얼굴에서 털이 난다.

② 고환과[7)] 성기가 커진다.

6) 그러나 생리를 처음 시작하는 나이는 개인과 국가와 인종에 따라 차이가 나고 있다(de Anda & Franke, 2011).

③ 근육이 발달한다.

④ 목소리가 굵어진다.

3) 사춘기와 또래

사춘기에는 또래가 특히 더 중요한 역할을 하는 경우가 많다. 사춘기에 또래가 더 중요해지는 이유의 하나는, 사춘기에 사회적 · 정서적 · 신경적으로 발달하기 때문이다. 무엇보다도, 사춘기에는 자기보다 나이가 적거나 많은 청소년보다는 또래에게 맞추려는 경우가 많기 때문이다(Blum, Lai, Martinez & Jessee, 2022).

Points

- 사춘기 청소년의 발달과 관련된 특징은 초기 청소년기에 있는 청소년의 모습을 많이 보여 준다.
- 사춘기 청소년은 신체적 영역에서 크게 발달한다.
- 사춘기에는 또래가 특히 중요한 역할을 한다.

5. 청소년의 욕구

일반적으로 욕구(need)는 필요한 것이나 부족한 것을 말한다. 그러나 인간의 발달과 관련시켜 볼 경우, 욕구는 인간이 건강하게 생존하고 성장하는 데 필요한 것을 의미하고 있다(노병일, 2017).

청소년의 욕구는 인간이 가지는 기본적 욕구와 청소년만이 가지는 특별한 욕구로 구분할 수 있다.

7) 고환은 정자를 만들고 남성호르몬을 내보내는 신체기관을 말한다(국립국어원 표준국어대사전, 2024).

1) 기본적 욕구

청소년의 기본적 욕구는 모든 인간이 가지고 있는 일반적 욕구를 말한다. 인간의 기본적 욕구와 관련해 오늘날에 가장 폭넓게 사용하는 이론을 제시한 사람은 매슬로우(Maslow)이다.

매슬로우의 경우, 생존에 중요한 정도와 인간에게 동기를 주는 힘의 정도를 기준으로 해서, 욕구를 피라미드 구조로 제시하고 있다. 그러므로 매슬로우에 따르면, 인간의 욕구는 단계적으로 이루어져 있다.

매슬로우가 제시하는 욕구 단계(hierarchy)에서 가장 낮은 수준의 욕구는 생리적(physiological) 욕구이다. 생리적 욕구는 신체적으로 생존하는 데 기본적으로 필요한 욕구를 말한다. 그 다음으로 높은 수준의 욕구는 안전(safety)의 욕구, 애정과 소속(love and belonging)의 욕구, 존중(esteem)의 욕구의 순으로 되어 있다. 그리고 가장 높은 수준의 욕구는 자아실현(self-actualization)의 욕구이다(노병일, 2017).

매슬로우의 욕구 단계를 간단히 정리하면 〈표 2-1〉과 같다.

〈표 2-1〉 매슬로우가 제시하는 욕구 단계

욕구의 수준	욕구의 형태	욕구의 예
높음	자아실현의 욕구	창의성, 문제 해결
↑	존중의 욕구	자아존중감, 자신감
↕	애정과 소속의 욕구	친구관계, 가족관계
↓	안전의 욕구	신체의 안전, 가족의 안전
낮음	생리적 욕구	음식 먹기, 물 마시기, 잠자기

출처: 노병일(2020b).

매슬로우가 제시하는 이런 욕구는 청소년에게도 그대로 적용되고 있다. 따라서 청소년은 기본적으로 생리적 욕구, 안전의 욕구, 애정과 소속의 욕구, 존중의 욕구, 자아실현의 욕구를 가지고 있다.

2) 청소년 고유의 욕구

청소년기는 아동기와 성인기 사이에 있는 시기이므로, 청소년은 이에 따른 구체적 욕구를 가지고 있다(Laski, 2015). 따라서 청소년은 나름의 특별한 욕구를 가지고 있다.

청소년의 욕구와 관련된 영역

청소년은 여러 영역에서 청소년 나름의 욕구를 가지고 있다. 청소년이 욕구를 충족할 필요가 있는 영역의 예로 정신건강과 관련된 영역, 성과 관련된 영역, 약물을 사용하는 것과 관련된 영역, 폭력을 휘두르고 위험한 행동을 하는 것과 관련된 영역, 영양 및 비만과 관련된 영역이 있다(National Center for Children on Poverty, 2017).

청소년이 가지는 독특한 욕구는 청소년의 발달과 밀접하게 관련되어 있다. 청소년이 크게 충족하고자 하는 주요한 욕구로 정체성에 대한 욕구, 교류에 대한 욕구, 독립에 대한 욕구를 들 수 있다.

(1) 정체성에 대한 욕구

청소년기에는 자신의 존재에 대해 관심을 많이 가지고 있다. 이런 탓에, 청소년은 자기 자신이 독특한 존재라고 인식하려는 경향이 특히 강하다. 따라서 청소년은 정체성을 형성하고 유지하고자 하는 욕구를 가지고 있다.

(2) 교류에 대한 욕구

청소년기는 부모나 기타 가족구성원에게 의존하는 상황에서 벗어나서 다른 사람과 어울리고 싶어 하는 시기이다. 이런 탓에, 청소년은 가족구성원 이외의 다른 사람과 교류하려는 경향이 특히 강하다. 따라서 청소년은 가족구성원 이외의 다른 사람과 교류하고자 하는 욕구를 가지고 있다.

체육 행사에서 교류하는 청소년들: 청소년은 가족구성원 이외의 다른 사람과 교류하려는 욕구를 가진다.
[출처: 저자 촬영]

(3) 독립에 대한 욕구

청소년기는 아동기에서 벗어나는 시기이다. 이런 탓에, 청소년은 부모나 기타 성인에게 의지하는 상황에서 벗어나서 자율적으로 생활하려는 경향이 특히 강하다. 따라서 청소년은 독립하고자 하는 욕구를 가지고 있다.

Points

- 청소년은 기본적으로 생리적 욕구, 안전 욕구, 애정 · 소속 욕구, 존중 욕구, 자아실현 욕구를 가진다.
- 청소년은 나름의 특별한 욕구를 가진다. 청소년이 크게 충족하고자 하는 욕구의 예로 정체성 욕구, 교류 욕구, 독립 욕구가 있다.

Chapter

03

청소년복지와 청소년복지 정책

C O N T E N T S

1. 청소년복지의 정의

일반적으로 복지는 '잘 있는 상태'를 말한다(노병일, 2017). 따라서 청소년복지는 청소년이 잘 있는 상태를 일컫는다고 볼 수 있다.

그러나 일부 기관과 법에서는 청소년복지에 대해 더 구체적으로 정의하고 있다. 이런 예를 구체적으로 제시하면 다음과 같다(국가법령정보센터, 2024; Semantic Scholar, 2018).

① 미국 국립보건원의 경우, 청소년복지(adolescent welfare)는 청소년의 건강과 복리를 개선하기 위해서 지역사회나 조직이 체계적으로 노력하는 것이라고 본다.

② 우리나라 「청소년 기본법」의 경우, 청소년복지는 "청소년이 정상적인 삶을 누릴 수 있는 기본적인 여건을 조성하고 조화롭게 성장 · 발달할 수 있도록 제공되는 사회적 · 경제적 지원"이라고 본다.

정리하건대, 청소년복지는 청소년의 건강과 복리 수준을 높여서 청소년의 삶의 질을 높이기 위한 모든 활동과 조치라고 볼 수 있다.

청소년복리

때에 따라서는 '청소년복리(adolescent well-being)'라는 용어도 사용하고 있다. 일반적으로 청소년복리는 청소년이 잘 발달하고 자신의 능력을 완전히 펼칠 수 있는 것을 말한다.

그러나 더 넓게 볼 경우, 청소년복리는 청소년이 안전하고 건강한 관계에서 발달할 수 있는 지지와 신뢰와 자원을 가지고 있는 것을 말한다(Ross et al., 2020).

Points

- 청소년복지는 청소년의 건강 · 복리 수준을 높여서 청소년의 삶의 질을 높이기 위한 모든 활동과 조치이다.
- 청소년복리는 청소년이 안전하고 건강한 관계에서 발달할 수 있는 지지와 신뢰와 자원을 가지는 것이다.

2. 청소년복지의 필요성과 목적 및 특징

1) 청소년복지의 필요성

(1) 일반적 필요성

청소년은 사회를 구성하는 중요한 집단이다. 따라서 사회의 모든 구성원의 복리 수준을 높이는 것이 필요한 것처럼, 청소년의 복리 수준을 높이는 것도 당연히 필요하다. 이런 측면에서 볼 때, 청소년복지가 당연히 필요하다.

또한 청소년에게는 성인기로 잘 나아가도록 준비하는 것이 중요하다. 이때, 청소년을 적절하게 지지하고 청소년에게 투자하는 것은, 청소년이 성인기로 잘 나아가는 데 도움이 될 수 있다. 특히 일부 영역의 경우, 청소년에게 효과적으로 개입하는 것은 청소년이 초기에 겪은 어려움을 줄여 줄 수 있다(Global Coalition to End Child Poverty, 2017).

그리고 청소년은 정규적 유급 일자리에서 일하고 있지 않은 경우가 많다. 따라서 청소년은 자기 스스로 독립적인 생활을 하는 데 필요한 경제적 자원을 충분히 가지고 있지 않은 경우가 많다. 또한 청소년은 아직 성인이 아니기 때문에 권력을 크게 가지고 있지 않은 경우가 많다. 따라서 청소년 권리는 잘 지켜지지 않을 수 있다.

그러므로 청소년을 보호하고 청소년이 성인기로 잘 나아가게 하고 청소년이 자기 나름의 권리를 누리게 하기 위해서, 청소년복지가 필요하다.

(2) 구체적 필요성

(가) 취약한 청소년의 욕구 관련

청소년기는 취약한 시기이다. 이렇게 되는 이유는, 청소년기에 겪는 어려움 탓에 청소년은 다음과 같은 상황에 놓일 수 있기 때문이다(Global Coalition to End Child Poverty, 2017).

① 겪고 있는 어려움이 더 심각해진다.

② 새로운 어려움을 겪는다.

모든 청소년이 앞에서 제시한 어려움을 이겨 낼 수 있는 것은 아니므로, 취약한 청소년은 항상 존재할 수밖에 없다. 이런 청소년에게는 전문적인 서비스를 제공할 필요가 있다.

특히 일부 청소년은 취약한 가족 환경이나 취약한 지역사회 환경에서 성장할 수 있다. 예를 들어, 일부 청소년은 가족 상황이 매우 안정되지 않은 상태에서 자랄 수 있다. 이런 상황에서는, 취약한 청소년이 놓인 구체적 상황에 맞는 서비스를 제공할 필요가 있다.

그러므로 취약한 청소년이 건전하게 성장하도록 해 주기 위해서, 취약한 청소년의 욕구를 충족해 주는 청소년복지가 필요하다.

인간이 겪는 취약한 상황을 나타내는 조각: 취약한 청소년의 욕구를 충족해 주기 위해 청소년복지가 필요하다. [출처: 전영신 님(작가) 제공]

취약한 청소년에 대한 지원

우리나라에서는 매우 취약한 청소년을 위기청소년이라고 부르고 있다.[1] 우리나라의 법에서는 위기청소년을 위한 복지에 관심을 많이 가지고 있다. 예를 들어, 우리나라의 「청소년복지 지원법」에 따르면, 국가와 지방자치단체는 "위기청소년에게 효율적이고 적합한 지원을 하기 위하여[,] 위기청소년의 가족 및 보호자에 대한 상담 및 교육을 실시할 수 있다"(국가법령정보센터, 2024).

또한 국가와 지방자치단체는 위기청소년에게 필요한 사회적 · 경제적 지원(특별 지원)을 할 수 있다. 특별 지원에는 생활 지원, 학업 지원, 의료 지원, 직업훈련 지원, 청소년활동 지원 등이 있다. 특별 지원은 물품이나 서비스의 형태로 제공하도록 되어 있다. 다만, 위기청소년의 지원에 반드시 필요하다고 인정될 때는 금전의 형태로 제공할 수 있다(국가법령정보센터, 2024).

(나) 미래의 생산적 자원 관련

사회를 제대로 유지하기 위해서는 사회에 쓸모 있는 인물이 계속 존재하여야 한다. 청소년은 미래에 사회에서 쓸모 있게 일할 사람이다. 그러므로 청소년이 미래에 쓸모 있는 존재로 성장하도록 도와주기 위해서, 청소년복지가 필요하다.

또한 청소년이 정서적 영역, 건강 영역, 성적 활동과 관련된 영역, 교육 영역, 기술 영역 등에서 나름대로 튼튼하게 성장하는 것은, 청소년 개인이 적절하게 발달하는 데 크게 영향을 미치고 있다. 그러나 청소년이 건전하게 성장하는 것은 미래에 사회와 경제가 발달하는 데도 크게 영향을 미치고 있다(United Nations, 2016). 그러므로 미래에 사회와 경제가 잘 발달하기 위해서, 청소년복지가 필요하다.

(다) 빠른 변화에 따른 문제 관련

청소년기는 인간의 삶의 단계에서 가장 빠르게 변하면서 발달하는 시기이다.[2] 따라서 청소년은 여러 가지 문제를 겪을 가능성이 있다.

청소년이 겪는 다양한 문제는 청소년 개인에게 영향을 미칠 뿐만 아니라, 청소년의

1) 위기청소년의 정의에 대해서는 청소년에 대한 관심의 필요성을 다루는 장(제1장)에서 이미 설명한 바 있다.
2) 여기에 대해서는 청소년의 발달을 다루는 장(제2장)에서 이미 설명한 바 있다.

가족, 또래, 지역사회, 전체 사회에도 부정적으로 크게 영향을 미치게 된다. 이런 탓에, 청소년이 겪는 여러 가지 문제는 사회적 성격을 지니게 된다. 그리고 청소년이 겪는 문제가 당장은 크게 영향을 미치지 않을 때도, 이런 문제는 많은 시간이 흐른 후에 여러 수준에서 심각하게 영향을 미칠 수 있다(노병일, 2022b). 또한 청소년이 겪는 문제 때문에 청소년의 가족과 사회는 경제적으로 크게 부담할 수도 있다.

그러므로 현재의 청소년문제를 해결하고 미래에 발생할 청소년문제를 예방하기 위해서, 청소년복지가 필요하다.

2) 청소년복지의 목적

(1) 기본적 목적

청소년복지의 필요성에 대한 설명에서 알 수 있듯이, 청소년복지에서 추구하는 목적에는 여러 가지가 있을 수 있다. 그러나 어떤 목적은 기본적으로 추구할 필요가 있다.

청소년복지에서 기본적으로 추구하는 목적으로 다음과 같은 것을 제시할 수 있다(Council of Europe, 2024).

① 청소년의 기본적 권리를 보장하고, 청소년을 보호한다.

② 개인적으로 취약하거나 사회적으로 취약한 청소년을 보살피고 보호한다.

(2) 구체적 목적

청소년복지에서는 기본적 목적 이외에도 다양한 목적을 구체적으로 추구하고 있다. 어느 국가의 경우, 청소년과 관련된 복지사업의 목적으로 다음과 같은 것을 제시하고 있다(National Youth Council of Ireland, 2010). 이것은 청소년복지에서 추구하는 구체적 목적이라고 볼 수 있다.

① 청소년이 자신을 가치 있는 존재로 인식하게 하고, 자신감을 가지게 한다.

② 청소년이 개인적 관계와 사회적 관계를 잘 맺을 수 있는 능력을 갖추게 한다.

③ 청소년에게 가치가 있고 도전적인 새로운 경험을 제공한다.

④ 청소년이 지식을 얻고 새로운 기술을 개발할 기회를 갖게 한다.

⑤ 청소년이 위험 상황과 이에 따른 결과를 잘 인식하고, 관련된 정보에 근거해 적절한 결정을 내리고, 여기에서 내린 결정에 대해 책임질 수 있는 능력을 갖추게 한다.

⑥ 청소년이 사회에 대해 잘 알게 하는 데 도움을 주고, 청소년이 사회에서 공동체 의식을 가지게 한다.

⑦ 청소년이 자신의 삶에 영향을 미치는 결정을 내리는 데 자신의 의견을 제시하게 한다.

⑧ 청소년이 사회에 적극적으로 참여하는 시민의 역할을 더 잘하게 한다.

⑨ 청소년이 바라는 것을 사회가 반영하게 한다.

3) 청소년복지의 특징

청소년기는 인간의 발달 단계에서 독특한 단계에 속하기 때문에, 청소년복지는 여러 가지 특징을 지니고 있다. 우선, 청소년복지의 경우, 취약한 청소년이 겪는 어려움을 자신이 극복하도록 도와줌으로써 청소년들 사이의 사회적 격차와 경제적 격차를 줄이는 데 특히 주목하고 있다. 또한 청소년복지의 경우, 가족과 교육기관이 청소년을 교육하고 청소년이 사회에서 잘 적응하도록 도와주는 데 주목하고 있다(Council of Europe, 2024).

Points

- 청소년을 보호하고 청소년이 성인기로 잘 나아가게 하고, 청소년이 나름의 권리를 누리게 하기 위해 청소년복지가 필요하다. 또한 취약한 청소년의 욕구를 충족하고, 청소년이 미래에 쓸모 있는 존재로 성장하도록 도와주고, 청소년문제를 해결 · 예방하기 위해 청소년복지가 필요하다.
- 청소년복지에서 추구하는 기본적 목적의 예로 청소년의 기본적 권리를 보장하고, 취약한 청소년을 보살피는 것이 있다. 청소년복지에서는 기본적 목적 이외에도 다양한 목적을 추구한다.
- 청소년복지에서는 청소년들 사이의 사회적 · 경제적 격차를 줄이고, 가족 · 교육기관이 청소년 교육과 청소년의 사회 적응을 도와주는 데 관심을 가진다.

3. 청소년복지의 모델과 지수

1) 청소년복지의 모델

(1) 잔여적 · 제도적 청소년복지 모델

청소년복지를 이해하기 위한 모델에는 여러 가지가 있을 수 있다. 그러나 청소년복지는 사회복지의 한 분야이기 때문에, 사회복지에 대한 모델을 청소년복지에 대한 모델에 그대로 적용할 수 있다.

사회복지와 관련해 가장 많이 사용하는 모델은 윌렌스키(Wilensky)와 르보(Lebeaux)가 제시한 모델이다(노병일, 2021a; Wilensky & Lebeaux, 1965). 윌렌스키와 르보의 경우, 사회복지에 대해 인식하는 것과 관련된 모델을 잔여적(residual) 모델과[3] 제도적(institutional) 모델로 구분하고 있다. 따라서 이를 바탕으로 삼아 청소년복지의 모델을 잔여적 청소년복지 모델과 제도적 청소년복지 모델로 구분할 수 있다.

(가) 잔여적 청소년복지 모델

잔여적 사회복지 모델의 경우, 가족과 시장이 역할을 제대로 하지 못할 때만 사회복지 제도가 관여하여야 한다고 보고 있다(노병일, 2021a). 따라서 잔여적 청소년복지 모델에서는, 청소년복지는 가족과 시장이 욕구를 충족하지 못하는 청소년을 돕고자 하는 활동이라고 보고 있다. 그러므로 잔여적 청소년복지 모델의 경우, 취약한 청소년에게 우선 관심을 가지고 있다. 당연하게도 잔여적 청소년복지 모델은 청소년복지를 좁게 보는 관점과 관련되고 있다.

3) '잔여적'은 대부분의 것이 없어진 후 남는 것을 말한다(Cambridge Dictionary, 2024).

(나) 제도적 청소년복지 모델

제도적 사회복지 모델의 경우, 시민의 기본적 욕구를 충족하는 사회복지 프로그램은 경제에 중요하다고 보고 있다. 따라서 제도적 사회복지 모델에서는, 사회복지는 현대 산업사회에서 기본적으로 필요하다고 보고 있다(노병일, 2021a).

이런 탓에, 제도적 청소년복지 모델의 경우, 청소년복지는 청소년 개인과 청소년집단이 만족할 만한 생활 수준을 누리는 것을 도와주는 조직적인 복지체계라고 보고 있다. 따라서 제도적 청소년복지 모델에서는 복지자원을 청소년이 위급한 상태에 있을 때만 제공하지 않고 있다. 그러므로 제도적 청소년복지 모델에서는 모든 청소년에게 관심을 가지고 있다. 당연하게도 제도적 청소년복지 모델은 청소년복지를 넓게 보는 관점과 관련되고 있다.

모든 층의 청소년이 함께 참여한 문화 활동: 제도적 청소년복지 모델에서는 모든 청소년에게 관심을 가진다.
[출처: 홍정미 님 제공]

청소년복지의 형태

청소년복지의 모델을 잔여적 청소년복지 모델과 제도적 청소년복지 모델로 구분하는 것은 청소년복지의 형태를 구분하는 데 도움이 될 수 있다. 예를 들어, 앞에서 제시한 잔여적 · 제도적 청소년복지 모델을 바탕으로 삼을 경우, 청소년복지의 형태를 다음과 같이 두 가지로 구분할 수 있다(노혁, 2010; 노병일, 2021a).

① 소극적 측면에서의 청소년복지가 있다. 이것은 사회에 적응하지 못하는 청소년에게 사회구성원으로서 정당하게 생활하는 능력을 갖추고, 더 나아가서 신체적 · 심리적 · 사회적으로 자립하는 능력을 갖추도록 도와주는 복지를 말한다. 소극적 측면에서의 청소년복지는 잔여적 청소년복지 모델에 근거한 청소년복지라고 볼 수 있다.

② 적극적 측면에서의 청소년복지가 있다. 이것은 모든 청소년이 인간답게 생활하는 데 필요한 권리와 책임을 갖게 함으로써, 청소년이 인간다운 삶을 살고 자신의 능력을 개발하도록 도와주는 복지를 말한다. 적극적 측면에서의 청소년복지는 제도적 청소년복지 모델에 근거한 청소년복지라고 볼 수 있다.

(2) 긍정적 청소년 발달 모델

긍정적 청소년 발달 모델은 청소년복지와 관련해 좋은 모델이 될 수 있다. 긍정적 청소년 모델은 다음과 같은 특징을 지니는 접근방식을 말한다(U.S. Department of Health & Human Services, 2024b).

① 청소년이 생산적이고 건설적인 방식으로 지역사회, 학교, 조직, 또래집단, 가족에 관여하게 한다.

② 청소년의 장점을 인정하고, 좋은 곳에 사용하고, 더 가지게 한다.

③ 청소년에게 긍정적 결과가 더 나타나게 하기 위해 다음과 같이 한다.

㉠ 청소년에게 기회를 제공한다.

㉡ 청소년이 좋은 관계를 형성하게 한다.

㉢ 청소년이 지도자의 능력을 더 가지는 데 필요한 지원을 한다.

긍정적 청소년 발달 모델은 청소년은 해결이 필요한 문제로 가득 찬 존재가 아니라 능력으로 가득 찬 존재라고 보는 관점이다. 따라서 긍정적 청소년 발달 모델에서는 청소년은 문제가 아니라 자원이라고 보고 있다. 또한 긍정적 청소년 발달 모델에서는, 모든 청소년은 성장하고 변화할 수 있는 능력을 가진다고 보고 있다.

긍정적 청소년 발달 모델의 경우, 청소년이 자신이 사는 지역사회와 더 관계를 맺게 하고 또한 지역사회에 더 이바지하는 기회를 갖는 데 주목하고 있다. 따라서 긍정적 청소년 발달 모델에서는 청소년이 사회의 가치를 따르는 성인과 함께 교류하는 기회를 제공하는 경우가 많다. 이렇게 할 경우, 청소년은 사회의 좋은 가치를 더 배우게 된다. 긍정적 청소년 발달 모델은 취약하고 서비스를 제대로 받지 못하는 청소년을 대상으로 활동할 때 특히 효과가 있다(Blum et al., 2022; U.S. Department of Health & Human Services, 2024b).

2) 청소년복지 지수

청소년의 복지 상태를 나타내기 위해서는 어떤 측정치가 필요할 수 있다. 이런 측정치가 있을 경우, 어느 국가의 청소년복지 상태를 전체적으로 알 수 있다. 그리고 더 나아가서, 이런 측정치를 가지고 여러 국가들의 청소년복지 상태를 비교할 수 있다(노병일, 1998).

이런 측정치의 하나가 청소년복지 지수(youth welfare index)이다.[4] 청소년복지 지수는 청소년의 상태를 요약해 측정한 것을 말한다. 청소년복지 지수는 시간이 지나면서 청소년의 복리 수준이 어떻게 되고 있는지를 보여 주고 있다.

청소년복지 지수는 청소년의 상태를 나타내는 여러 가지 구체적인 지표에서[5] 얻어진 결과들을 모아서 만든 것이다. 청소년복지 지수는 청소년의 사회적 · 경제적 상황과 삶의 질을 살펴보는 데 도움이 되고 있다. 청소년복지와 관련된 정책을 결정하는 사람과 청소년복지 전문가의 경우, 청소년이 더 나은 생활을 하도록 도와주고자 할 때 청소

4) 일반적으로 지수는 어떤 특성을 나타내는 것을 두 개 이상 모아 놓은 것을 말한다(노병일, 2023).

5) 지표는 어떤 특성을 나타내는 것을 말한다.

년복지 지수를 쓸모 있게 사용할 수 있다(Chaaban, 2014).

Points

- 잔여적 청소년복지 모델에 따르면, 청소년복지는 가족 · 시장이 욕구를 충족하지 못하는 청소년을 도우려는 활동이다. 따라서 잔여적 청소년복지 모델은 청소년복지를 좁게 보는 관점과 관련된다. 제도적 청소년복지 모델에 따르면, 청소년복지는 청소년 개인 · 집단이 만족스러운 생활 수준을 누리도록 도와주는 조직적인 복지체계이다. 따라서 제도적 청소년복지 모델은 청소년복지를 넓게 보는 관점과 관련된다.
- 긍정적 청소년 발달 모델은 청소년은 문제로 가득 찬 존재가 아니라 능력으로 가득 찬 존재라고 보는 관점이다.
- 청소년복지 지수는 청소년의 상태를 요약해 측정한 것이다. 이것은 청소년의 사회적 · 경제적 상황과 삶의 질을 살펴보는 데 도움이 된다.

4. 청소년복지의 개입 수준과 전문가의 역할

1) 청소년복지의 개입 수준

청소년복지에서 개입하는 수준은 미시적(micro) 수준과 거시적(macro) 수준으로 구분할 수 있다. 개입 수준을 미시적 수준과 거시적 수준으로 구분하는 것은 사회복지 영역에서 전통적으로 많이 사용하는 방식이다(노병일, 2021a).

미시적 수준의 개입은 청소년 개인을 대상으로 활동하는 것을 말한다. 청소년복지에서 미시적 수준에서 개입하는 예로, 청소년이 잘 적응하며 생활하는 데 부정적으로 영향을 미치는 개인적 행동에 대해 개입하는 것이 있다.

거시적 수준의 개입은 조직과 지역사회를 대상으로 활동하거나, 법과 사회정책을 변화시키고자 활동하는 것을 말한다. 청소년복지에서 거시적 수준에서 개입하는 예로, 청소년과 관련된 조직을 새로 만들어 청소년의 복리 수준을 높이는 활동을 하는 것이 있다(노병일, 2024).

2) 청소년복지 전문가의 역할

청소년복지에서 활동하는 전문가는 여러 가지 역할을 할 수 있다. 이런 역할은 미시적 수준에서의 역할일 수도 있고 거시적 수준에서의 역할일 수도 있다. 청소년복지 전문가가 하는 역할을 몇 가지 제시하면 다음과 같다(Council of Europe, 2024).

① 청소년에게 정보를 제공한다.
② 청소년을 지지한다.
③ 청소년에게 도움이 되는 이야기를 해 준다.
④ 청소년을 물질적으로 도와준다.
⑤ 청소년을 교육한다.
⑥ 청소년을 보호한다.
⑦ 청소년에게 직접 개입한다.
⑧ 청소년이 무엇을 하지 못하도록 제한한다.

Points

- 미시적 수준의 개입은 청소년 개인을 대상으로 활동하는 것이고, 거시적 수준의 개입은 조직 · 지역사회를 대상으로 활동하거나 법 · 사회정책을 변화시키고자 활동하는 것이다.
- 청소년복지 전문가는 여러 역할을 할 수 있다.

5. 청소년복지 정책

1) 청소년복지 정책의 정의와 중요성

(1) 청소년복지 정책의 정의

일반적으로 정책은 목적을 이루기 위해 실시하는 행동에 대한 원칙이나 지침이나 절차나 계획을 말한다(노병일, 2021a). 따라서 청소년복지 정책은 청소년의 복리 수준을 높이기 위해 실시하는 행동에 대한 원칙이나 지침이나 절차나 계획이라고 볼 수 있다.

그러나 간단하게 볼 때, 정책은 사회구성원의 기본적 욕구를 충족하려는 조치나 방식을 의미하는 경우가 많다(노병일, 2021a). 따라서 이런 측면에서 볼 경우, 청소년복지 정책은 청소년이 가진 기본적 욕구를 충족하려는 조치나 방식을 일컫는다.

(2) 청소년복지 정책의 중요성

청소년복지 정책은 청소년의 현재와 미래의 삶에 긍정적으로 영향을 미치고 있다. 따라서 청소년복지 정책은 중요하다. 예를 들어, 효과적인 청소년복지 정책을 잘 설계해 실시할 경우, 청소년복지 정책은 청소년에게 다음과 같이 영향을 미칠 수 있다(Global Coalition to End Child Poverty, 2017).

① 청소년의 현재 삶이 더 나아진다.
② 청소년이 성인기로 더 잘 성장한다.
③ 청소년의 미래 삶이 더 나아진다.

이런 탓에, 청소년복지 정책은 청소년의 복리 수준을 높이는 데 있어 중요한 역할을 하고 있다.

2) 청소년복지 정책의 주체[6)]

일반적으로 청소년복지 정책의 주요한 주체로 정부(국가), 지방자치단체, 공공복지 기관, 민간복지 기관을 들 수 있다. 이런 주체 모두는 청소년복지를 위해서 자원을 분배하는 역할을 하고 있다(노병일, 2021a).

말할 것도 없이, 청소년복지 정책에서 가장 중요한 역할을 하는 주체는 정부이다. 정부는 공적 권력을 가지고 있다. 따라서 가치가 있는 자원을 청소년복지를 위해 분배하는 활동을 정부만이 정당하게 할 수 있는 경우가 많다.

정부 제3청사: 정부는 청소년복지 정책에서 가장 중요한 역할을 하는 주체이다. [출처: 저자 촬영]

6) 일반적으로 주체는 어떤 행동을 실천하는 개인이나 조직을 말한다.

그리고 정부 이외에 민간 영역도 청소년복지 정책의 주체가 될 수 있다. 청소년복지와 관련된 민간 영역의 예로 가족과 친척, 시장, 종교 기관, 영리를 추구하지 않는 민간 기관, 기업이 있다(노병일, 2021a).

3) 청소년복지 정책을 설계하는 데 지침이 되는 원칙

일부 원칙은 청소년복지 정책을 설계하고자 할 때 지침이 될 수 있다. 청소년에게 적절한 복지정책을 설계하는 데 지침이 되는 원칙을 몇 가지 제시하면 다음과 같다(Global Coalition to End Child Poverty, 2017).

① 청소년이 긍정적으로 발달하는 것을 추구하는 접근방식을 취한다.

② 정책을 설계하고 실시하는 데 청소년을 포함시키고, 문제를 해결하는 데 청소년을 포함시킨다.

③ 청소년에게 어울리게 한다. 이 경우, 청소년에게 어울리는 정책은 다음과 같은 특성을 지닐 필요가 있다.

㉠ 청소년이 편하게 이용할 수 있다.

㉡ 청소년에게 융통성이 있다.

㉢ 청소년을 존중한다.

㉣ 청소년의 비밀을 보장한다.

④ 남성과 여성 사이의 불평등에 주목하고, 남성청소년과 여성청소년 모두가 권리를 더 누리게 한다.

⑤ 가정과 지역사회에서 청소년을 고려하게 한다.

⑥ 청소년을 안전하게 한다. 즉, 청소년에게 부정적으로 미치는 영향을 없애거나 줄인다.

⑦ 청소년에게 조기[7] 개입하고, 여러 영역에서 꾸준히 개입한다. 이 경우, 영양이

7) 조기는 이른 시기를 말한다.

있는 음식을 제공하고, 사회적으로 보호하고, 제때 학교에 다니게 하는 방식으로 조기 개입하는 것은, 청소년이 발달하는 데 도움을 준다.

⑧ 취약한 청소년의 욕구를 충족한다.

4) 청소년복지 정책의 대상과 복지자원과 전달 및 재정

정책을 따져 보고자 할 때는 정책의 여러 측면에 주목할 수 있다. 사회복지 정책의 내용을 분석하는 접근방식에서는, 사회복지 정책을 대상, 복지자원, 전달, 재정이라는 네 가지 측면에서 따져 보는 경우가 많다.[8] 사회복지 정책의 이런 측면은 청소년복지 정책에도 그대로 적용할 수 있다.

(1) 청소년복지 정책의 대상 측면

청소년복지 정책의 대상 측면은 청소년복지 정책에서 실시하는 프로그램이나 제도의 대상과 관련되고 있다. 일반적으로 대상은 정책을 실시할 때 복리 수준이 높아지는 사람을 말한다(노병일, 2021a).

청소년복지 정책에서 대상을 정하는 것은 복지자원을 받기 위한 자격 조건과 관련되고 있다. 사회복지 정책에서는 복지자원을 받을 수 있는 자격과 관련된 원칙을 보편주의와 선별주의의 원칙에서 찾는 경우가 많다. 따라서 청소년복지 정책의 대상을 보편주의 원칙과 선별주의 원칙에 근거해서 살펴볼 수 있다.

(가) 보편주의 원칙

보편주의는 기본적 권리로서 모든 사람이 복지자원을 받을 수 있게 하는 것을 말한다(노병일, 2021a). 따라서 보편주의 원칙에서는 모든 사람을 사회복지 정책의 대상으로

---

8) 여기에 대한 원래의 표현은 '할당(allocation)', '급여(provision)', '전달(delivery)', '재정(finance)'이다(노병일, 2021a; Gilbert & Terrell, 2014). 그러나 본 장에서는 쉽게 이해하도록 하기 위해 '대상', '복지자원', '전달', '재정'으로 바꾸어 표현한다.

삼고 있다. 그러므로 보편주의 원칙에 근거한 청소년복지 정책의 경우, 모든 청소년을 대상으로 삼고 있다. 이런 탓에, 보편주의 원칙에 따른 청소년복지 정책에서는, 취약한 청소년뿐만 아니라 일반 청소년도 주요한 대상이 되고 있다.

(나) 선별주의 원칙

선별주의는 개인적 욕구에 근거해서 복지자원을 받을 수 있게 하는 것을 말한다(노병일, 2021a). 따라서 선별주의 원칙에서는 특정한 욕구를 충족할 필요가 있는 사람을 사회복지 정책의 대상으로 삼고 있다. 그러므로 선별주의 원칙에 근거한 청소년복지 정책의 경우, 특정한 욕구를 충족할 필요가 있는 청소년을 주요한 대상으로 삼고 있다. 이런 탓에, 선별주의 원칙에 따른 청소년복지 정책에서는, 취약한 청소년이 주요한 대상이 되고 있다.

(2) 청소년복지 정책의 복지자원 측면

청소년복지 정책의 복지자원 측면은 대상에게 제공하는 복지자원의 형태와 관련되고 있다. 청소년복지 정책에서 제공하는 복지자원의 형태에는 여러 가지가 있을 수 있다. 청소년복지 정책에서 제공하는 복지자원의 형태를 몇 가지 제시하면 다음과 같다(노병일, 2021a).

① 현금이 있다. 이 경우, 청소년복지 정책의 대상에게 현금으로 제공한다.

② 현물이 있다.[9] 이 경우, 청소년복지 정책의 대상에게 물품으로 제공한다. 이런 예로, 청소년에게 학교에서 필요한 물품을 제공하는 것이 있다.

③ 사회서비스가 있다. 이 경우, 청소년복지 정책의 대상에게 사회서비스로 제공한다. 이런 예로, 청소년에게 상담서비스를 제공하는 것이 있다.

9) 현물은 물품을 말한다.

사회서비스 안내: 사회서비스는 복지자원의 주요한 형태에 속한다. [출처: 스페인에서 저자 촬영]

④ 바우처(voucher)가 있다. 이 경우, 청소년복지 정책의 대상에게 바우처로 제공한다. 바우처는 특정한 물품이나 서비스를 구하는 데만 사용할 수 있는 증서나 쿠폰과 같은 것을 말한다. 이런 예로, 청소년에게 책을 구할 수 있는 도서상품권을 제공하는 것이 있다.

⑤ 기회가 있다. 이 경우, 청소년복지 정책의 대상에게 어떤 것을 할 기회를 제공한다. 이런 예로, 경제적으로 어려운 청소년에게 대학에 갈 기회를 제공하는 것이 있다.

⑥ 권력이 있다. 이 경우, 청소년복지 정책의 대상에게 권력을 제공한다. 이런 예로, 청소년이 청소년복지와 관련된 위원회에 참여하게 하는 것이 있다. 이때 해당 청소년은 위원회에서 청소년의 복리와 관련된 결정을 내리는 데 영향을 미칠 수 있다.

(3) 청소년복지 정책의 전달 측면

청소년복지 정책의 전달 측면은 복지자원을 이용자(대상)에게 전달해 주는 것과 관련되고 있다(노병일, 2021a). 따라서 청소년복지 정책의 전달 측면은 청소년복지의 행정과 직접 관련된다고 볼 수 있다.

청소년복지 정책에서 복지자원을 전달하는 방법에는 여러 가지가 있을 수 있다. 이 중에서 정부와 민간 영역 사이에 역할을 나누는 데 주목할 경우, 복지자원을 전달하는 방법을 다음과 같이 구분할 수 있다(송근원 · 김태성, 1995).

① 완전히 중앙정부가 맡는 방법이 있다.

② 완전히 지방정부가 맡는 방법이 있다.

③ 중앙정부와 지방정부가 함께 맡는 방법이 있다.

④ 정부와 민간 영역이 함께 맡는 방법이 있다.

⑤ 순전히 민간 영역이 맡는 방법이 있다.

(4) 청소년복지 정책의 재정 측면

청소년복지 정책의 재정 측면은 청소년복지 정책을 실시하는 데 필요한 자금을 확보하는 것과 관련되고 있다. 청소년복지 정책을 실시하는 데 필요한 자금을 확보하는 방법에는 여러 가지가 있을 수 있다. 청소년복지 정책에 필요한 자금을 확보하는 방법을 몇 가지 제시하면 다음과 같다(노병일, 2021a).

① 공공 영역에서 자금을 확보하는 방법이 있다. 일반적으로 공공 영역의 자금은 세금과 관련되고 있다.

② 민간 영역에서 자금을 확보하는 방법이 있다. 민간 영역의 자금으로 다음과 같은 것이 있다.

㉠ 이용자 비용(user fee)이 있다. 이용자 비용은 청소년이 복지자원을 이용할 때 내는 비용을 말한다.

㉡ 자발적 기부(voluntary giving)가 있다. 자발적 기부는 강제성이 없는 기부금을 말

한다. 이런 기부금은 청소년복지를 위해 사용할 수 있다.

ⓒ 기업복지(occupational welfare)가 있다. 일반적으로 기업복지는 기업이 주도하면서 근로자와 그 가족에게 제공하는 복지를 말한다. 기업은 근로자의 청소년 자녀를 위한 복지자원에 대한 비용을 부담할 수 있다.

ⓔ 가족 내 이전(intrafamily transfer)과 가족 간 이전(interfamily transfer)이 있다. 가족 내 이전은 가족구성원이 자신의 다른 가족구성원에게 복지자원을 제공하는 것을 말한다. 이런 예로, 부모가 청소년 자녀에게 복지자원을 제공하는 것이 있다. 가족 간 이전은 어느 가족이 다른 가족에게 복지자원을 제공하는 것을 말한다. 이런 예로, 큰아버지 가족이 작은아버지 가족의 청소년 자녀에게 복지자원을 제공하는 것이 있다.

5) 청소년복지 정책과 관련해 고려할 점

일반적으로 정책에서는 넓은 영역을 다루고 있다(노병일, 2021a). 이것은 특정 분야를 다루는 복지정책에서도 마찬가지이다. 따라서 청소년복지를 다루는 정책에서는 앞에서 제시한 것보다 더 넓은 영역에도 관심을 가지고 있다.

예를 들어 청소년복지 정책의 경우, 청소년이 민주주의 사회에서 이바지하는 인물이 되도록 하는 데도 주목하고 있다. 특히 청소년복지 정책의 경우, 청소년이 일반 사회와 유급 일자리에서 적극적인 역할을 할 수 있도록 하는 데도 관심을 가지고 있다(Council of Europe, 2024).

청소년복지 시설

때에 따라서는 가정이 아니라 시설에서 청소년을 돌보고 서비스를 제공하고 있다. 이런 시설을 '청소년복지 시설'이라고 부르고 있다. 청소년복지 시설은 청소년복지 정책과 이에 따른 법에 근거해 조직하는 경우가 많다. 청소년복지 시설의 형태는 법에 제시되어 있다.

우리나라의 「청소년복지 지원법」에 따르면, 청소년복지 시설에는 다음과 같은 것이 있다(국가법령정보센터, 2024).

① 청소년 쉼터가 있다. 청소년 쉼터는 "가정 밖 청소년에 대하여 가정 · 학교 · 사회로 복귀하여 생활할 수 있도록 일정 기간 보호하면서 상담 · 주거 · 학업 등을 지원하는 시설"을 말한다.

② 청소년 자립지원관이 있다. 청소년 자립지원관은 "일정 기간 청소년 쉼터 또는 청소년 회복지원시설의 지원을 받았는데도 가정 · 학교 · 사회로 복귀하여 생활할 수 없는 청소년에게 자립하여 생활할 수 있는 능력과 여건을 갖추도록 지원하는 시설"을 말한다.

③ 청소년 치료재활센터가 있다. 청소년 치료재활센터는 "학습 · 정서 · 행동상의 장애를 가진 청소년을 대상으로 정상적인 성장과 생활을 할 수 있도록 해당 청소년에게 적합한 치료 · 교육 및 재활을 종합적으로 지원하는 거주형 시설"을 말한다.

④ 청소년 회복지원시설이 있다. 청소년 회복지원시설은 「소년법」에 따른 "감호 위탁 처분을[10] 받은 청소년에 대하여 보호자를 대신하여 그 청소년을 보호할 수 있는 자가 상담 · 주거 · 학업 · 자립 등 서비스를 제공하는 시설"을 말한다.

10) 감호 위탁 처분은 시설에 수용하도록 명령하는 것을 말한다(대한민국 전자민원센터, 2024).

Points

- 청소년복지 정책은 청소년의 기본적 욕구를 충족하려는 조치나 방식이다. 청소년복지 정책은 청소년의 복리 수준을 높이는 데 중요한 역할을 한다.
- 청소년복지 정책의 주요한 주체로 정부, 지방자치단체, 공공복지 기관, 민간복지 기관이 있다. 이런 주체는 청소년복지를 위해 자원을 분배하는 역할을 한다.
- 일부 원칙은 청소년복지 정책을 설계할 때 지침이 될 수 있다.
- 보편주의에 근거한 청소년복지 정책에서는 모든 청소년을 대상으로 삼고, 선별주의에 근거한 청소년복지 정책에서는 특정한 욕구를 충족할 필요가 있는 청소년을 주요 대상으로 삼는다.
- 청소년복지 정책에서 제공하는 복지자원의 형태로 현금, 현물, 사회서비스, 바우처, 기회, 권력이 있다.
- 청소년복지 정책의 전달 측면은 청소년복지의 행정과 직접 관련된다.
- 청소년복지 정책에 필요한 자금을 확보하는 방법으로 공공 영역에서 확보하는 방법과 민간 영역에서 확보하는 방법이 있다. 민간 영역의 자금으로 이용자 비용, 자발적 기부, 기업복지, 가족 내 이전과 가족 간 이전이 있다.

Chapter 04

권리와 청소년복지

CONTENTS

1. 청소년 권리에 대한 관심의 필요성

청소년기는 건강과 발달 영역에서 충족할 욕구가 있는 시기이다. 그러나 청소년은 아직 완전하게 성숙하지 않은 존재이고, 사회에서 많은 힘을 가지고 있지 않은 존재이다. 이런 상황에서 필요한 것이 청소년 권리(right of adolescent)이다.

청소년 권리는 청소년이 자신의 욕구를 충족하는 데 도움을 주고 있다. 그리고 더 나아가서, 청소년 권리는 청소년이 건전하게 발달해서 사회에 긍정적으로 이바지하는 데 도움을 주고 있다. 이런 탓에, 청소년이 청소년 권리를 누리지 못하는 것은 청소년 개인과 사회에 부정적으로 영향을 미칠 수밖에 없다.

하지만 오늘날의 청소년은 자신의 권리를 누리지 못하는 경우가 많다. 이에 따라서, 오늘날에 청소년은 자신의 욕구를 충족하지 못하고 제대로 대우받지 못하는 경우가 많다. 그러므로 오늘날에 청소년에게 정당한 권리를 보장해 주는 것은 무엇보다도 중요하다.

한편, 청소년 권리는 인권(human right)이기도 하다. 왜냐하면 청소년은 인간으로서의 권리를 당연히 가지고 있기 때문이다.

인권에 속하는 청소년 권리는 청소년의 복리와 직접 관련되고 있다. 이런 탓에, 청소년복지는 청소년이 청소년 권리를 누리도록 해 주는 활동이라고 볼 수 있다. 근본적으로 볼 때, 청소년복지는 청소년이 자신의 권리를 현실에서 직접 누리도록 해 주는 것과 밀접하게 관련되고 있다. 사실, 청소년복지는 청소년이 청소년 권리를 제대로 누리지 못하기 때문에 등장한 측면도 많다.

그러므로 청소년복지에서는 청소년이 인간으로서 누려야 할 권리에 대해 관심을 가질 필요가 있다. 그리고 청소년복지에서는 이런 청소년 권리를 모든 청소년이 누리도록 하는 데 주목할 필요가 있다. 이것은 취약한 청소년에게 특히 그렇다.

Points

- 오늘날에는 청소년이 욕구를 충족하지 못하고 제대로 대우받지 못하는 경우가 많으므로, 청소년에게 정당한 권리를 보장해 주는 것이 중요하다.
- 인권에 속하는 청소년 권리는 청소년의 복리와 직접 관련된다.
- 청소년복지에서는 청소년의 권리에 대해 크게 관심을 가질 필요가 있다.

2. 청소년의 권리와 인권

1) 청소년의 권리

(1) 청소년 권리의 정의

일반적으로 권리는 인간이 가지거나 얻거나 실행하는 것이 도덕적으로나 법적으로 허용되거나 허용되어야 하는 것을 말한다(The Britannica Dictionary, 2024). 따라서 청소년 권리는 청소년이 가지거나 얻거나 실행하는 것이 도덕적으로나 법적으로 허용되거나 허용되어야 하는 것이라고 볼 수 있다.

(2) 청소년 권리의 형태

일반적으로 청소년 권리는 다음과 같은 두 가지 측면을 포함한다고 볼 수 있다(Staller, 2011).

① 도덕적(moral) 권리가 있다. 도덕적 권리는 나이와는 상관이 없는 기본적 인권을 말한다.

② 법적(legal) 권리가 있다. 법적 권리는 특정한 나이나 특정한 성숙 단계에 이르렀기 때문에 누리는 권리를 말한다.

더불어 청소년은 다음과 같은 권리를 가지고 있다(노병일, 2018).

① 성인에게 적용하는 것과 똑같은 기본적인 일반적 인권이 있다.

② 청소년기의 욕구와 관련된 특별한 권리가 있다.

(3) 청소년 권리의 중요성

청소년 권리에 대해 관심이 적은 것은 청소년이 크게 불만을 크게 가지는 것, 자해하거나 자살하는 것, 사회의 가치에 어긋나는 행동을 하는 것, 정신건강문제를 겪는 것, 신체적 건강문제를 겪는 것과 관련되고 있다(Bhabha, 2016). 따라서 청소년 권리는 청소년이 건강하게 발달하는 데 바탕이 되고 있다. 또한 청소년 권리는 청소년이 자신의 능력을 펼치는 데 있어 버팀목이 되고 있다.

이런 탓에, 청소년 권리는 청소년에게 여러 측면에서 중요한 의미를 지니고 있다.

2) 청소년의 인권

(1) 청소년 인권의 정의와 중요성

일반적으로 인권은 모든 인간이 본래부터 가지고 있는 권리를 말한다(United Nations, 2018). 따라서 청소년 인권은 청소년이 인간으로서 본래부터 가지고 있는 권리라고 볼 수 있다. 이 경우, 모든 청소년은 성별, 종교, 국적, 인종, 언어, 기타 상태와 관련 없이 이런 권리를 누릴 수 있도록 되어 있다.

인권은 모든 인간은 본래부터 근본적 권리를 누릴 수 있다는 가정에 근거하고 있다. 세상에 있는 어떤 세력도 이런 근본적 권리를 빼앗을 수 없다(Ben-Arieh & Kosher, 2014). 따라서 청소년 인권은 청소년이 인간으로서 귀한 존재라는 것을 보장해 주므로 중요하다.

(2) 청소년 인권의 내용

인권이라는 그릇 속에는 여러 가지 권리가 담겨져 있다. 일반적으로 인권은 다음과 같은 것을 포함하고 있다(United Nations, 2018).

① 생존할 권리, 자유로울 권리, 노예 상태에 있지 않을 권리, 고문을 당하지 않을 권리, 의견을 가질 권리, 표현할 권리가 있다.

② 일할 권리, 교육을 받을 권리가 있다.

청소년도 하나의 당당한 인간이다. 따라서 인권에 포함되는 모든 권리는 당연히 청소년에게도 그대로 적용되고 있다.

그러나 인권은 앞에서 제시한 것 이외에도 많은 권리를 포함하고 있다. 예를 들어, 모든 청소년은 차별을 받지 않을 권리를 가지고 있다(United Nations, 2018).

(3) 인권에 근거한 접근방식

청소년 권리는 청소년의 인권에 해당하고 있다.[1] 따라서 청소년 권리와 관련해서는 인권에 바탕을 둔 접근방식을 취할 필요가 있다.

실제로 권리와 관련된 어느 유엔 기관의 경우, 인권에 근거한 접근방식이 중요하다는 점을 강조하고 있다. 이 경우, 인권에 근거한 접근방식에서는 다음과 같은 점에 주목하고 있다(United Nations, 2016).

① 청소년의 권위를 존중하고, 청소년이 삶을 이끌어 나가는 것을 존중한다.

② 청소년에게 힘을 실어 주고, 청소년이 시민으로서의 권리를 누리게 하고, 청소년이 자신의 생활에 적극적으로 참여하게 한다.

③ 청소년의 건강과 복리 수준을 더 높이고, 청소년이 더 잘 발달하게 한다.

④ 청소년이 차별을 받지 않으면서, 자신의 인권을 더 누리고 보호하는 데 관여하게 한다.

1) 이에 대해서는 앞에서 이미 설명한 바 있다.

Points

- 청소년 권리는 청소년이 가지거나 얻거나 실행하는 것이 도덕적으로나 법적으로 허용되거나 허용되어야 하는 것이다. 청소년은 성인에게 적용하는 것과 똑같은 기본적인 인권과 청소년기의 욕구와 관련된 특별한 권리를 가진다. 청소년 권리는 청소년에게 여러 측면에서 중요한 의미를 지닌다.
- 청소년 인권은 청소년이 인간으로서 본래부터 가지는 권리이다. 청소년 인권은 청소년이 인간으로서 귀한 존재라는 것을 보장하므로 중요하다. 인권에 포함되는 모든 권리는 청소년에게도 적용된다. 청소년 권리와 관련해서는 인권에 바탕을 둔 접근방식을 취할 필요가 있다.

3. 우리나라의 청소년 권리 관련 본보기: 청소년헌장

1) 청소년헌장의 등장 배경

우리나라에서 청소년 권리와 관련된 대표적인 본보기는 '청소년헌장'이다.[2] 우리나라에서 청소년헌장이 등장한 것은 유엔이 1985년을 '국제(세계) 청소년의 해(International Youth Year)'로 정한 것과 관련이 있다.

이 당시에 유엔이 국제 청소년의 해를 정한 목적을 제시하면 다음과 같다(황은주, 2024).

① 청소년이 사회를 발전시키고 평화를 이루는 데 적극적으로 참여할 수 있게 한다.

② 청소년문제에 대해 세계가 관심을 가지게 한다.

③ 세계의 청소년이 지역사회에 참여하도록 권장함으로써, 청소년의 힘을 세계 평화를 이루는 데 사용하게 한다.

2) 헌장은 "어떤 사실에 대하여 약속을 이행하기 위하여 정한 규범"을 말한다(국립국어원 표준국어대사전, 2024). 그리고 규범은 "인간이 행동하거나 판단할 때에 마땅히 따르고 지켜야 할 가치 판단의 기준"을 말한다(국립국어원 표준국어대사전, 2024).

2) 우리나라에서의 진전

(1) 첫 번째 청소년헌장

유엔이 국제 청소년의 해를 정한 것은 우리나라의 청소년복지 영역에도 영향을 미쳤다. 당연히 우리나라에서도, 국제 청소년의 해를 맞아 청소년을 건전하게 키우기 위해 여러 가지 행사를 벌였다. 또한 유엔이 국제 청소년의 해를 정한 뜻을 받아들여서, 청소년헌장이 필요한 측면에 대해 논의하였다. 그러다가 1987년에 「청소년육성법」을 만들 때 청소년헌장에 대해 구체적으로 살펴보게 되었다. 그리고 1989년에 한국 청소년단체협의회 이사회에서 청소년헌장에 대해 본격적으로 논의하기 시작하였다.

이 당시에, 정부는 여러 층의 의견을 모아서 청소년헌장의 안을 만들었다. 특히 한국청소년단체협의회는 여러 청소년단체, 교사, 학생, 근로청소년 등의 의견을 모아서 청소년헌장의 처음 안을 제시하였고, 청소년헌장을 만들기 위한 공개 모임을 세 차례 가졌다. 이렇게 여러 차례의 수정 과정을 거쳐서, 드디어 청소년헌장의 마지막 안을 만들었다.

그 후, 1990년에 공식적 절차를 걸쳐서 청소년헌장을 최종적으로 정하였다. 그러고 나서 청소년을 건전하게 키우는 것에 대해 국민들이 같은 마음을 가지도록 하기 위해서, 1990년 5월 12일에 청소년헌장을 만들어서 널리 세상에 알리게 되었다(황은주, 2024; 한국아동복지협회, 2018).

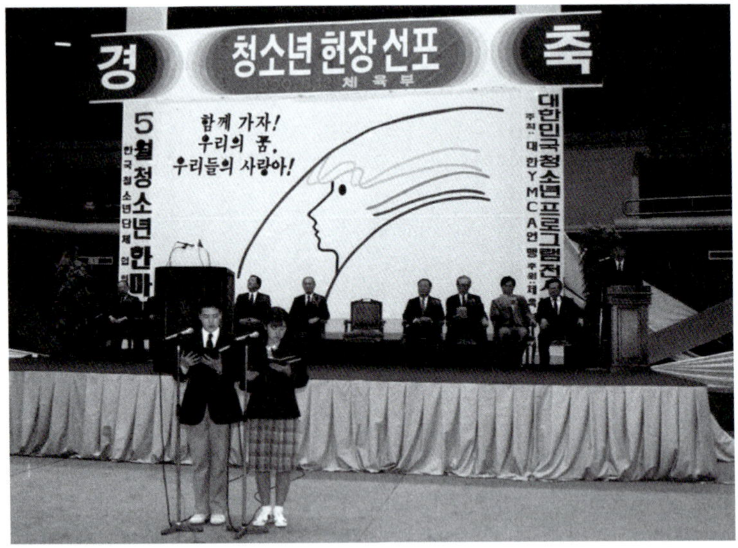

청소년헌장의 선포식: 우리나라에서는 1990년 5월 12일에 청소년헌장을 널리 세상에 알렸다. [출처: 행정안전부 국가기록원]

일반적으로 '헌장'은 널리 알리는 측면을 지니고 있다. 우리나라에서 1990년에 만들어진 청소년헌장의 이념과 내용은 이후에 만들어진 청소년 관련법에 그대로 반영되었다. 그 결과, 1990년에 만든 청소년헌장은 우리나라에서 청소년정책의 기본적인 이념과 방향을 제시하는 데 큰 역할을 하였다(황은주, 2024). 이런 점에서, 첫 번째 청소년헌장은 큰 의미가 있다.

(2) 새로운 청소년헌장

우리나라에서 1990년에 청소년헌장을 만든 후에, 사회가 빠르게 변화하였고 또한 다양한 분야에서 변화가 있었다. 이런 상황에서 1998년에 당시의 문화관광부 장관은 1990년에 만든 청소년헌장이 당시의 청소년에게는 맞지 않는다고 말하였다. 이에 따라 새로운 청소년헌장을 만드는 작업을 청소년개발원을 중심으로 시작하였다. 청소년개발원의 경우, 우리나라와 외국에서 청소년과 관련된 헌장을 만든 역사를 참고하고 또한 청소년과 법률가와 교사 등의 다양한 의견을 모아서 새로운 청소년헌장의 틀을 마련하였다. 그리고 다양한 전문가뿐만 아니라 학생, 장애청소년, 실업계 고등학교에 다니는 청소년, 인문계 고등학교에 다니는 청소년, 학교에 다니지 않는 청소년의 이야기도 들었다. 그 후, 1998년 10월 25일에 새로운 청소년헌장을 만들어서 널리 알리게 되었다(황은주, 2024).

새로운 청소년헌장을 만드는 작업에는 청소년들이 직접 참여하였다. 이를 통해, 새로운 청소년헌장은 청소년의 의견을 반영하였음을 알 수 있다(황은주, 2024). 이런 점에서, 새로운 청소년헌장은 큰 의미가 있다.

3) 청소년헌장의 목적과 특징

우리나라 청소년헌장의 목적은, 청소년문제에 대해서 사회가 관심을 가져서 청소년을 바르게 이끌고 보호함으로써 바람직한 청소년의 모습을 보여 주는 데 있다(한국아동복지협회, 2018).

그리고 새로운 청소년헌장은 다음과 같은 특징을 지니고 있다(황은주, 2024).

① 청소년을 인격을 가진 독립된 존재로 본다.

② 인격을 가진 독립된 존재인 청소년에게 어울리는 기본적 권리를 밝힌다.

청소년헌장의 이런 특징은 청소년의 인권이 크게 성장하였음을 보여 주고 있고, 또한 그만큼 의식이 바뀌었음을 보여 주고 있다(황은주, 2024).

4) 청소년헌장에서 제시하는 청소년 권리

(1) 기본적 권리

우리나라의 청소년헌장에서는 "청소년은 자기 삶의 주인"이라고 밝히고 있다(청소년인권 운동연대, 2024). 이것은 청소년은 인간으로서의 고유한 권리를 당연히 가지는 존재라는 점을 보여 주고 있다.

또한 우리나라의 청소년헌장에 따르면, 청소년은 무엇보다도 "인격체로써 존중받을 권리와 시민으로서 미래를 열어 갈 권리"를 가지고 있다(청소년인권 운동연대, 2024).

앞에서 제시한 여러 권리는 청소년의 기본적 권리에 해당한다고 볼 수 있다.

(2) 구체적 권리

우리나라의 청소년헌장에서는 여러 가지 구체적 권리를 제시하고 있다. 청소년헌장에 따르면, 청소년은 구체적으로 다음과 같은 권리를 가지고 있다(청소년인권 운동연대, 2024).[3)]

① 생존에 필요한 기본적인 영양 · 주거 · 의료 · 교육 등을 보장받아 정신적 · 신체적으로 균형 있게 성장할 권리가 있다.

② 출신 · 성별 · 종교 · 학력 · 연령 · 지역 등의 차이와 신체적 · 정신적 장애 등을 이유로 차별받지 않을 권리가 있다.

③ 물리적 폭력뿐만 아니라 공포와 억압을 포함하는 정신적인 폭력으로부터 보호받을 권리가 있다.

④ 사적인 삶의 영역을 침해받지 않을 권리가 있다.

⑤ 자신의 생각과 느낌을 자유롭게 펼칠 권리가 있다.

⑥ 자유로운 의사에 따라 건전한 모임을 만들고 올바른 신념에 따라 활동할 권리가 있다.

⑦ 배움을 통해 진리를 추구하고 자아를 실현해 갈 권리가 있다.

⑧ 일할 권리와 직업을 선택할 권리가 있다.

⑨ 여가를 누릴 권리가 있다.

⑩ 건전하고 다양한 문화 · 예술 활동에 자유롭게 참여할 권리가 있다.

⑪ 다양한 매체를 통하여 자신의 삶에 필요한 정보에 접근할 권리가 있다.

⑫ 자신의 삶과 관련된 정책결정 과정에 민주적 절차에 따라 참여할 권리가 있다.

---

3) 아래의 내용은 청소년헌장의 원문 그대로이다. 다만, 각 항목에서 맨 끝의 '권리가 있다'라는 표현은 이 책의 저자(노병일 · 노대겸)가 넣은 것이다.

앞에서 제시한 여러 권리는 몇 가지로 분류할 수 있다. 예를 들어, 앞에서 제시한 여러 권리는 다음과 같이 분류할 수 있다(황은주, 2024).

① 인간이 태어나면서부터 가지는 권리가 있다. 이런 권리의 예로 생존할 권리, 평등할 권리, 보호받을 권리, 신체적으로 활동할 권리가 있다.

② 사회적 권리가 있다. 이런 권리의 예로 학습할 권리, 일할 권리, 문화를 즐길 권리, 여가를 즐길 권리, 의견을 표현할 권리, 정책에 참여할 권리가 있다.

③ 기타 권리가 있다. 이런 권리의 예로 자유롭게 모임을 만들 권리, 신념에 따라 행동할 권리, 다양한 문화·예술 활동에 참여할 권리가 있다.

5) 청소년헌장에서 제시하는 책임

(1) 청소년의 책임

인간이 권리를 가지게 되면, 책임도 지니게 된다. 따라서 청소년은 권리를 가지는 만큼, 이에 따른 책임도 지니고 있다.

우리나라의 청소년헌장에 따르면, 청소년은 구체적으로 다음과 같이 하여야 한다(청소년인권 운동연대, 2024).[4]

① 자신의 삶을 소중히 여기며 자신이 선택한 삶에 책임을 진다.

② 앞 세대가 물려준 지혜를 시대에 맞게 되살려 다음 세대에 물려줄 책임이 있다.

③ 가정·학교·사회·국가·인류공동체의 성원으로서 자기와 다른 삶의 방식도 존중할 줄 알아야 한다.

④ 삶의 터전인 자연을 소중히 여기고 모든 생명들과 더불어 살아간다.

⑤ 통일 시대의 주역으로서 평화롭게 공존하는 방법을 익힌다.

⑥ 남녀평등의 가치를 배우고 이를 모든 생활에서 실천한다.

4) 아래의 내용은 청소년헌장의 원문 그대로이다. 다만, 각 항목에서 처음에 시작하는 '청소년은'이라는 표현은 여기에서는 넣지 않았다.

⑦ 가정에서 책임을 다하며 조화롭고 평등한 가족문화를 만들어 간다.

⑧ 서로에게 정신적 · 신체적 폭력을 행사하지 않는다.

⑨ 장애인을 비롯한 소외받기 쉬운 사람들과 더불어 살아간다.

(2) 가정 · 학교 · 사회 · 국가의 책임

청소년 권리에 대해서는 가정과 학교와 사회와 국가도 책임을 지니고 있다. 우리나라의 청소년헌장에 따르면, 가정과 학교와 사회와 국가는 청소년 권리와 관련해 다음과 같이 하여야 한다(청소년인권 운동연대, 2024).

① 청소년이 인간다운 삶을 누리는 것을 보장해 준다.

② 청소년이 자기 스스로 행복을 가꾸며 살아갈 수 있는 환경을 만들어 준다.

6) 평가

우리나라의 청소년헌장에서는 청소년의 권리와 청소년 · 가정 · 학교 · 사회 · 국가의 책임을 매우 간단하게 다루고 있다. 따라서 우리나라의 청소년헌장은 청소년 권리 및 이와 관련된 책임을 외부에 널리 알리려는 의도를 많이 지닌다고 볼 수 있다.

Points

- 우리나라에서 청소년 권리와 관련된 대표적인 본보기는 '청소년헌장'이다. 1990년에 만든 청소년헌장은 청소년정책의 기본적 이념 · 방향을 제시하는 데 큰 역할을 하였다. 그러다가 1998년에 새로운 청소년헌장을 만들었는데, 여기에는 청소년들이 직접 참여하였다.
- 우리나라의 청소년헌장에서는 청소년은 인간의 고유한 권리를 가지는 존재라는 점을 보여 준다. 그리고 청소년헌장에서는 여러 구체적 권리와 청소년 · 가정 · 학교 · 사회 · 국가의 책임을 제시한다.

4. 청소년 권리와 관련된 유엔 문서

1) 유엔의 노력

세계의 여러 기관은 아동과 청소년의 권리에 관심을 가져 왔다. 이 중에서 아동과 청소년의 권리를 위해서 크게 노력해 온 기관은 유엔이다. 유엔이 아동과 청소년의 권리와 관련해 그동안 노력한 것을 몇 가지 제시하면 다음과 같다(노병일, 2018; Moghaddam et al., 2016; United Nations, 2024).

① 유엔 아동권리 위원회는 아동권리협약(Convention on the Rights of the Child)을 감독하는 조직이다.[5] 아동권리 위원회의 경우, 아동과 청소년이 가장 높은 수준의 건강을 유지할 수 있는 권리와 관련된 지침을 제시한 바 있다.

② 유엔 총회에서 1979년에 채택한 '여성에 대한 차별 철폐 협약(Convention on the Elimination of Discrimination Against Women)'에서는, 성인 여성과 여성청소년이 건강 영역에서 가지는 권리를 제시한 바 있다.

③ 유엔은 1985년을 국제 청소년의 해로 정한 바 있고, 1999년에는 8월 12일을 국제 청소년의 날(International Youth Day)로 정한 바 있다.

2) 유엔 아동권리협약

(1) 아동권리협약의 등장과 진전

청소년 권리의 토대가 되는 대표적인 국제협약은 유엔 아동권리협약이다. 아동권리협약은 1989년 11월 20일에 유엔 총회에서 채택하였다. 아동권리협약은 인권과 관련된 국제조약이다.[6] 아동권리협약은 인간의 역사에서 인권과 관련해서 가장 빠르고 가장

5) 아동권리협약에 대해서는 뒤에서 자세히 설명한다.

6) 조약은 "국가 간의 권리와 의무를 국가 간의 합의에 따라 법적 구속을 받도록 규정하는 행위"를 말한다(국립국어원 표준국어대사전, 2024).

널리 비준을[7] 받은 국제 인권조약이다. 아동권리협약은 1990년 9월부터 효력을 보이고 있다. 이런 탓에, 각 국가는 국내법을 아동권리협약에 맞게 고쳤다. 우리나라에서는 아동권리협약을 1991년 12월 20일부터 적용하고 있다(노병일, 2020b; UNICEF, 2017).

(2) 아동권리협약의 배경과 중요성

아동권리협약이 필요한 배경에는 여러 가지가 있을 수 있다. 이와 관련해, 유니세프(UNICEF)는 아동권리협약이 필요한 이유를 다음과 같이 제시하고 있다(노병일, 2020b).[8]

① 아동 권리에 특별히 주목하는 법적 장치나 사회적 장치가 없는 사회가 많기 때문이다.

② 사회의 미래가 잘 되기 위해서는 아동이 건전하게 발달하는 것이 특히 중요하기 때문이다.

③ 어른에 비해서 아동은 어려움을 더 겪기 때문이다.

④ 어떤 나이층보다도 아동은 정부가 행동하는 것과 행동하지 않는 것으로부터 더 크게 영향을 받기 때문이다.

⑤ 아동은 투표할 권리나 정치적 힘이 없고, 또한 경제적 힘이 거의 없기 때문이다. 따라서 아동의 목소리를 반영하지 않는 경우가 많기 때문이다.

⑥ 아동은 성인의 이익을 위해 이용되기 쉽고, 또한 학대를 당하기 쉽기 때문이다.

⑦ 아동을 부모의 소유물로 인식하거나, 완성되지 않은 성인으로 보거나, 사회에 이바지할 준비가 아직 안 된 존재로 보는 사회가 많기 때문이다.

---

7) 비준은 맺은 조약을 해당 국가에서 최종적으로 확인하고 동의하는 절차를 말한다(국립국어원 표준국어대사전, 2024).

8) 아래의 내용에서 '아동'을 '청소년'으로 바꾸어 해석해도 큰 무리가 없다.

덴마크에 있는 유니세프 사무소: 유니세프는 아동 · 청소년의 권리에 관심을 가진다.
[출처: 덴마크에서 저자 촬영]

한편, 오늘날에 아동권리협약은 전 세계에 걸쳐서 국가의 아동 · 청소년과 관련된 정책에 크게 영향을 미치고 있다. 그리고 아동권리협약은 모든 아동 · 청소년과 그 가족의 생활에도 크게 영향을 미치고 있다(노병일, 2020b).

(3) 아동권리협약의 내용

아동권리협약에서는 아동 권리에 대해 전체적으로 다루고 있다. 그리고 아동권리협약의 경우, 아동과 관련된 여러 가지 권리를 다루고 있다. 구체적으로 아동권리협약의 경우, 모든 아동은 의료와 복지 영역, 가족 영역, 교육과 문화 영역, 긴급 상황과 학대 · 착취[9] 영역, 시민권과 자유 영역에서 여러 가지 권리를 가진다고 보고 있다(노병일, 2020b).

9) 여기서 착취는 성인의 이득을 위해 아동을 이용하는 것을 말한다.

그리고 아동권리협약의 경우, 국가와 관련해 다음과 같은 점을 강조하고 있다(United Nations, 2016).

① 국가는 아동권리협약에서 제시하는 권리를 존중하여야 한다.

② 국가는 아동관리협약에서 제시하는 권리를 어떤 형태의 차별도 없이 모든 아동에게 보장하여야 한다.

3) 유엔 '청소년기의 아동 권리에 대한 일반 논평'

아동권리협약을 채택한 후, 2016년에 유엔은 아동권리협약을 청소년기에 적용한 '청소년기의 아동 권리에 대한 일반 논평(General comment on the implementation of the rights of the child during adolescence)'을 발표하였다. '청소년기의 아동 권리에 대한 일반 논평'에서는 청소년이 누려야 할 권리를 자세히 제시하고 있다. 또한 여기에서는 청소년기에 권리를 누리는 것을 보장하는 데 필요한 조치도 제시하고 있다(노병일 · 노미향, 2019).

아동권리협약에서는 18세가 되지 않은 모든 사람의 권리를 인정하고 있다. 하지만 아동권리협약의 경우, 이런 권리를 누리게 해 주는 데 있어서 아동의 발달과 아동의 성장하는 능력을 고려하여야 한다고 주장하고 있다. 따라서 '청소년기의 아동 권리에 대한 일반 논평'의 경우, 청소년이 권리를 누리게 해 주기 위해 취하는 방식은, 청소년보다 나이가 적은 아동이 권리를 누리게 해 주기 위해 취하는 방식과는 크게 다를 수밖에 없다고 보고 있다(United Nations, 2016). 이런 배경에서, '청소년기의 아동 권리에 대한 일반 논평'에서는 청소년 권리에 대해 설명하고 있다.[10]

10) '청소년기의 아동 권리에 대한 일반 논평'의 내용에 대해서는 다음에서 자세히 설명한다.

Points

- 유엔은 아동 · 청소년 권리를 위해 크게 노력해 왔다.
- 청소년 권리의 토대가 되는 대표적인 국제협약은 유엔 아동권리협약이다. 아동권리협약은 국가의 아동 · 청소년정책, 아동 · 청소년과 가족의 생활에 크게 영향을 미친다.
- 아동권리협약에 따르면, 모든 아동은 의료 · 복지 영역, 가족 영역, 교육 · 문화 영역, 긴급 상황과 학대 · 착취 영역, 시민권 · 자유 영역에서 여러 권리를 가진다.
- 2016년에 유엔은 아동권리협약을 청소년기에 적용한 '청소년기의 아동 권리에 대한 일반 논평'을 발표하였다. 이 문서에서는 청소년이 누려야 할 권리와 청소년 권리를 누리기 위한 조치를 제시한다.

5. '청소년기의 아동 권리에 대한 일반 논평'의 내용

1) 아동에 대한 정의와 청소년에의 적용

'청소년기의 아동 권리에 대한 일반 논평'에서는 아동에 대해 정의하고 있고, 이런 정의가 청소년과 관련되는 측면에 대해 구체적으로 설명하고 있다(노병일 · 노미향, 2019).

아동권리협약에서는 아동은 18세가 되지 않은 인간이라고 정의하고 있다(United Nations, 2016). 따라서 많은 청소년은 아동권리협약에서 정의하는 아동의 범위에 포함되고 있다. 이런 탓에, 아동권리협약의 많은 부분은 청소년에게도 그대로 적용할 수 있다.

한편, 아동권리협약에서는 성별에 따라 차별하는 것을 금지하고 있다. 그러므로 아동권리협약에 따르면, 청소년과 관련된 나이는 여성청소년과 남성청소년에게 똑같이 적용하여야 한다(United Nations, 2016).

2) 청소년 권리에 대한 관심의 배경

'청소년기의 아동 권리에 대한 일반 논평'에서는 아동 권리뿐만 아니라 청소년 권리에 대해서도 관심을 가져야 하는 이유를 제시하고 있다(노병일 · 노미향, 2019). '청소년기의 아동 권리에 대한 일반 논평'의 경우, 청소년 권리에 관심을 가져야 하는 이유는 청소년기가 삶의 한 시기이고, 환경이 크게 변하는 시기이고, 건강 영역에서 어려움을 겪는 시기이기 때문이라고 보고 있다.

(1) 삶의 한 시기

청소년기는 인간이 거치는 삶의 한 시기이기 때문에, 청소년 권리에 대해 관심을 가질 필요가 있다. 특히 청소년기는 그 자체로서 중요한 시기이기 때문에, 청소년 권리에 대해 관심을 가질 필요가 있다. 더욱이 청소년기는 다음과 같은 점에서도 중요한 시기이기 때문에, 청소년 권리에 대해 관심을 가질 필요가 있다(United Nations, 2016).

① 성인기로 나아간다.

② 더 나은 생활을 할 기회를 가질 수 있다.

(2) 환경이 크게 변화하는 시기

청소년기는 환경이 크게 변화하는 시기이기 때문에, 청소년 권리에 대해 관심을 가질 필요가 있다. 무엇보다도 청소년기에는 여러 가지 위험한 상황을 겪을 수 있기 때문에, 청소년 권리에 대해 관심을 가질 필요가 있다. 이런 위험한 상황은 사이버 환경 때문에 더 커지거나 더 악화될 수 있다. 청소년기에 겪을 수 있는 위험한 상황의 예로 약물을 사용하는 것, 약물에 중독되는 것, 폭력과 학대를 당하는 것, 성적으로 이용당하거나 경제적으로 이용당하는 것, 사회의 가치에 어긋나는 집단에 가입하는 것이 있다(United Nations, 2016).

(3) 건강 영역에서 어려움을 겪는 시기

청소년기는 건강 영역에서 어려움을 겪는 시기이기 때문에, 청소년 권리에 대해 관심을 가질 필요가 있다. 일반적으로 볼 때, 다른 집단에 비해서 청소년은 사망하는 비율이 낮은 편이다. 그러나 청소년기에도 사망할 가능성과 질병에 걸릴 가능성은 항상 존재하고 있다. 이 경우, 청소년이 사망하거나 질병에 걸리게 되는 원인의 예로 교통사고를 겪는 것, 성병에 걸리는 것, 일반 사고를 겪는 것, 정신건강 문제를 겪는 것, 자살하는 것이 있다(United Nations, 2016). 따라서 청소년기에는 건강과 관련된 여러 가지 어려움을 겪을 수 있기 때문에, 청소년 권리에 대해 관심을 가질 필요가 있다.

3) 청소년 권리와 관련된 일반 원칙

아동권리협약에서는 아동 권리와 관련해 네 가지 일반 원칙을 제시하고 있다. 이에 근거해 '청소년기의 아동 권리에 대한 일반 논평'의 경우, 청소년 권리와 관련된 일반 원칙을 구체적으로 설명하고 있다(노병일 · 노미향, 2019). 따라서 이런 일반 원칙은 청소년 권리를 누리도록 보장하는 데 필요한 조치를 정하기 위한 지침이 되고 있다(United Nations, 2016).

(1) 첫 번째 원칙: 발달할 권리

첫 번째 일반 원칙은 청소년은 발달할 권리를 지닌다는 원칙이다. 이 원칙에 따르면, 청소년을 긍정적으로 보고 전체에 주목하는 접근방식을 취하여야 하고, 청소년이 성장하는 능력을 존중하여야 한다. 이에 대해 구체적으로 살펴보면 다음과 같다.

바쁘게 걸어가는 청소년들: '청소년기의 아동 권리에 대한 일반 논평'의 첫 번째 일반 원칙은 청소년은 발달할 권리를 지닌다는 것이다. [출처: 영국에서 저자 촬영]

(가) 청소년을 긍정적으로 보고 전체에 주목하는 접근방식 관련

첫 번째 일반 원칙에 따르면, 청소년의 부족한 점에 주목하기보다는 다음과 같은 것을 하는 데 가장 좋은 환경을 만드는 데 주목하는 접근방식을 취하여야 한다.

① 청소년의 권리를 보장한다.

② 청소년의 신체적 · 심리적 · 정신적 · 사회적 · 정서적 · 인지적 · 문화적 · 경제적 능력이 발달하는 것을 지원한다.

또한 첫 번째 일반 원칙에 따르면, 청소년과 관련해서 다음과 같은 측면에 주목하는 접근방식이 필요하다(United Nations, 2016).

① 청소년의 장점에 근거한다.

② 청소년이 다른 사람의 삶에 이바지하는 바를 인정한다.

다만, 이때 청소년이 앞에서와 관련된 기회를 이용하는 것을 방해하는 걸림돌을 없애는 측면에도 주목하여야 한다.

(나) 성장 능력 존중 관련

첫 번째 일반 원칙에 따르면, 부모는 청소년이 성장하는 상태에 어울리는 방식을 사용하면서 청소년을 지도하고 감독하여야 한다.

(2) 두 번째 원칙: 차별하지 않음

두 번째 일반 원칙은 청소년에 대해 차별하지 않는다는 원칙이다. 이 원칙에 따르면, 청소년에 대해 차별하지 말아야 한다.

청소년기는 그 자체가 차별을 받는 시기일 수 있다.[11)] 청소년이 차별받는 예를 구체적으로 제시하면 다음과 같다(United Nations, 2016).

① 청소년을 위험한 존재로 다룬다.

② 청소년을 가둔다.

③ 청소년을 성인의 이익을 위해 이용한다.

④ 청소년에게 폭력을 사용한다.

⑤ 청소년을 능력이 없는 존재로 다룬다.

⑥ 청소년을 자신의 삶에 대해 결정을 내릴 수 없는 존재로 다룬다.

두 번째 일반 원칙에 따르면, 청소년은 여러 가지 형태의 차별을 겪기 때문에, 청소년이 겪는 차별을 다양하게 분석하고 폭넓은 조치를 취하여야 한다.

11) 차별은 나이, 성별, 인종, 사는 장소, 기타 요인 때문에 정당하게 대우받지 못할 때 나타나고 있다(World Health Organization, 2022).

(3) 세 번째 원칙: 가장 유리한 점에 대한 고려

세 번째 일반 원칙은 청소년에게 가장 유리한 점을 고려한다는 원칙이다. 이 원칙에 따르면, 청소년에 대해서는 가장 유리한 점을 우선적으로 고려하여야 한다.

아동권리협약을 실시하고자 하는 모든 조치는 법을 만드는 것, 정책을 설계하는 것, 경제와 관련된 계획을 짜는 것, 사회와 관련된 계획을 짜는 것, 예산과 관련해 결정하는 것을 포함하고 있다. 그러나 이런 조치를 취하는 과정에서는 청소년에게 가장 유리한 점을 우선적으로 고려하여야 한다. 자신에게 가장 유리한 점을 우선적으로 고려하게 할 권리는 개인 청소년과 청소년집단 모두에게 적용되고 있다(United Nations, 2016).

(4) 네 번째 원칙: 표현할 권리와 참여할 권리

네 번째 일반 원칙은 청소년은 자신의 의견을 표현할 권리와 참여할 권리를 가진다는 원칙이다. 이 원칙에 따르면, 청소년이 자기 의견을 표현할 수 있도록 해 주어야 하고 또한 참여할 수 있도록 해 주어야 한다. 이에 대해 구체적으로 살펴보면 다음과 같다.

(가) 표현할 권리 관련

네 번째 일반 원칙에 따르면, 청소년은 자신과 관련된 문제에 대해서 자신의 의견을 표현할 권리를 가지고 있다. 이와 관련해, 국가와 공공 기관은 청소년이 자신과 관련된 모든 문제에 대해서 자신의 의견을 표현할 권리를 보장하는 조치를 취하여야 한다. 다만, 이때 청소년의 나이와 청소년이 성숙한 정도를 고려하여야 한다(United Nations, 2016).

(나) 참여할 권리 관련

네 번째 일반 원칙에 따르면, 청소년은 참여할 권리를 가지고 있다. 청소년은 참여함으로써, 자신의 권리를 제대로 누리기 위해서 협상하고 다른 사람이 자신의 입장을 긍정적으로 보도록 할 수 있다. 오늘날에는, 사이버 환경 때문에 청소년은 자신이 참여할 기회를 더 가지는 방향으로 나아가고 있다.

국가는 청소년에게 참여의 길을 열어 주는 것과 관련해 크게 책임이 있다. 그리고 청소년이 시민으로서 참여할 권리를 가진다는 점을 성인이 이해하고 인식하는 것은, 청소년이 이런 권리를 누리게 하는 데 있어 중요하다. 이에 따라서 국가는 이런 권리와 관련된 교육에 투자하여야 하고, 또한 이런 권리에 대해 더 알도록 하는 데 투자하여야 한다(United Nations, 2016).

4) 영역별 권리

'청소년기의 아동 권리에 대한 일반 논평'의 경우, 여러 영역에서의 청소년 권리를 설명하고 있고, 또한 이와 관련해 국가와 사회가 취하여야 할 조치를 제시하고 있다(노병일 · 노미향, 2019). 이와 관련된 영역으로 시민권과 자유 영역, 폭력 영역, 의료 영역, 여가와 레크리에이션과 예술 영역이 있다.

(1) 시민권과 자유 영역

시민권과 자유 영역에서 청소년이 누려야 할 권리로 표현의 자유와 관련된 권리, 종교의 자유와 관련된 권리, 모임의 자유와 관련된 권리, 사생활 및 비밀보장과 관련된 권리, 정보와 관련된 권리가 있다.

(가) 표현의 자유와 관련된 권리

청소년은 자유롭게 표현할 권리를 가지고 있다. 이와 관련해, 청소년은 정보와 아이디어를 찾아보고 받고 함께 나눌 권리를 가지고 있다. 또한 청소년은 자신의 정보와 아이디어를 전달하는 수단을 사용할 권리를 가지고 있다. 이런 수단을 구체적으로 제시하면 다음과 같다(United Nations, 2016).

① 말로 하는 언어, 글로 쓴 언어, 신체적 언어가 있다.

② 이미지나 예술 작품과 같은 것이 있다.

한편, 청소년의 부모와 보호자는 청소년이 성장하는 정도에 따라서 적절하게 지도할 의무가 있다. 그러나 이런 점이 청소년이 자유롭게 표현할 권리를 가지는 것에 부정적으로 영향을 미치는 식으로 작용하지 말아야 한다(United Nations, 2016).

(나) 종교의 자유와 관련된 권리

청소년은 종교의 자유에 대한 권리를 가지고 있다. 이와 관련해, 청소년의 부모와 보호자는 청소년의 발달 단계에 어울리는 방식으로 청소년을 지도할 권리와 의무를 가지고 있다. 이 경우, 다음과 같은 점을 고려하여야 한다(United Nations, 2016).

① 종교의 자유에 대한 권리를 가지는 사람은 청소년의 부모가 아니라 청소년 자신이다.

② 청소년이 종교를 선택하는 데 있어 점점 더 적극적인 역할을 함에 따라서, 부모의 역할은 점점 줄어들게 된다.

또한 학교와 기타 기관에서도 종교의 자유를 존중하여야 한다. 그리고 학교와 기타 기관에서는 종교적 믿음 때문에 청소년을 차별하지 말아야 한다(United Nations, 2016).

(다) 모임의 자유와[12] 관련된 권리

청소년은 모임의 자유에 대한 권리를 가지고 있다. 청소년은 점점 더 많은 시간을 또래와 보내기를 원하고 있고, 이에 따라서 청소년은 또래와 시간을 많이 보낼 필요가 있다. 실제로, 또래와 어울리는 것은 청소년이 발달하는 데 중요한 역할을 하고 있다.

12) 이것을 우리나라에서는 '결사의 자유'라고 번역하는 경우가 많다.

청소년이 또래와 어울리는 것이 중요한 생활이나 활동을 몇 가지 제시하면 다음과 같다(United Nations, 2016).

① 학교 생활이 있다.

② 교육과 관련된 기타 기관에서의 생활이 있다.

③ 여가 활동이 있다.

④ 문화 활동이 있다.

⑤ 사회적 · 종교적 · 정치적 영역에 참여하는 활동이 있다.

함께 모여 구경하는 청소년들: 청소년은 자유롭게 모일 권리가 있다. [출처: 싱가포르에서 저자 촬영]

그러므로 국가는 청소년이 모든 형태의 모임을 자유롭게 만들 권리를 가지고 있음을 충분히 인정해 주어야 한다. 또한 국가는 모든 형태로 평화롭게 조직을 만들 권리를 가지고 있다는 점을 충분히 인정해 주어야 한다.

(라) 사생활 및 비밀보장과 관련된 권리

청소년은 사생활 및 비밀보장과 관련된 권리를 가지고 있다. 청소년기에는 사생활에 대한 권리가 점점 더 중요해지고 있다. 청소년의 사생활과 관련된 상황을 몇 가지 제시하면 다음과 같다(United Nations, 2016).

① 비밀이 보장되면서 의료서비스를 받는다.
② 시설청소년이 나름의 공간을 갖는다.
③ 가정이나 기타 상황에서 편지와 같은 것을 보내고 받는다.
④ 범죄 상황에 관련된 청소년을 공개한다.

국가는 청소년과의 대화를 통해서, 어디에서 청소년의 사생활에 대한 권리가 지켜지지 않는지를 파악하여야 한다. 이 경우, 다음과 같은 상황에서도 사생활에 대한 권리가 지켜지는지를 파악하여야 한다(United Nations, 2016).

① 청소년이 사이버 환경에 개인적으로 관여한다.
② 영리를 목적으로 하는 기관과 기타 기관이 청소년과 관련된 자료를 사용한다.

또한 국가는 청소년의 자료에 대해 비밀을 더 유지하고 청소년의 사생활을 더 존중하기 위해, 모든 적절한 조치를 취하여야 한다. 이때 이런 조치는 청소년의 발달 단계에 맞추어야 한다(United Nations, 2016).

(마) 정보와 관련된 권리

청소년은 정보와 관련된 권리를 가지고 있다. 오늘날의 청소년은 모든 형태의 매체를 사용해 정보를 얻고 있다. 그러나 청소년에 대해서는 사이버 공간에 특히 주목할 필요가 있다. 왜냐하면 사이버 공간을 통한 매체는 청소년이 정보를 주고받는 주요한 수단이 되고 있기 때문이다(United Nations, 2016).

청소년이 정보를 더 이용할 수 있는 것은 평등에 긍정적으로 크게 영향을 미칠 수 있다. 따라서 정보와 관련해, 국가는 모든 청소년이 다음과 같은 것을 할 수 있게 하는 조치를 취하여야 한다(United Nations, 2016).

① 모든 형태의 매체를 이용한다.

② 디지털 매체를 더 평등하게 이용한다.

(2) 폭력 영역

청소년은 모든 형태의 폭력을 겪지 않을 권리를 가지고 있다. 국가와 관련 기관이 다음과 같이 할 경우, 청소년은 폭력을 겪지 않을 권리를 더 잘 누릴 수 있게 된다(United Nations, 2016).

① 모든 형태의 폭력을 없앤다. 여기에는 체벌하는 것을 모든 상황에서 법으로 금지하는 것도 포함된다.

② 모든 해로운 관습을 없앤다.

(3) 의료 영역

청소년은 적절한 의료서비스를 받을 권리를 가지고 있다. 그리고 모든 청소년은 나이에 상관없이 비밀이 보장되는 의료 상담을 받을 권리를 가지고 있고, 부모나 보호자의 동의를 받지 않고서도 비밀이 보장되는 의료 상담을 받을 권리를 가지고 있다(United Nations, 2016).

(4) 여가와 레크리에이션과 예술 영역

청소년은 휴식을 취할 권리, 여가 생활을 할 권리, 놀이 활동에 참여할 권리, 레크리에이션 활동에 참여할 권리, 예술 활동에 참여할 권리를 가지고 있다. 이런 권리는 청소년이 자신의 존재를 찾는 데 있어 기본적인 권리가 되고 있다(United Nations, 2016). 이 경우, 앞에서 제시한 휴식과 활동은 온라인과 오프라인에서의 휴식과 활동을 모두 포함하고 있다.

청소년이 여가 · 레크리에이션 · 예술 영역에서의 권리를 누릴 경우, 청소년은 다음과 같은 것을 할 수 있게 된다(United Nations, 2016).

① 자신의 문화를 찾는다.
② 새로운 예술 형태를 만든다.
③ 다양한 관계를 형성한다.
④ 인간으로서 발달한다.

그리고 청소년이 여가 활동과 레크리에이션 활동과 예술 활동을 할 경우, 청소년은 자신이 독특하다고 인식할 수 있게 된다. 이렇게 인식하는 것은 청소년이 다음과 같은 권리를 누리는 데 매우 중요한 역할을 하고 있다(United Nations, 2016).

① 인간의 고귀함에 대한 권리가 있다.
② 가장 잘 발달할 권리가 있다.
③ 자유롭게 표현할 권리가 있다.
④ 참여할 권리가 있다.
⑤ 사생활을 가질 권리가 있다.

Points

- 많은 청소년은 아동권리협약에서 정의하는 아동의 범위에 포함되므로, 아동권리협약의 많은 부분은 청소년에게도 그대로 적용할 수 있다.
- '청소년기의 아동 권리에 대한 일반 논평'에 따르면, 청소년기는 삶의 한 시기이고, 환경이 크게 변화하는 시기이고, 건강 영역에서 어려움을 겪는 시기이므로, 청소년 권리에 대해 관심을 가질 필요가 있다.
- '청소년기의 아동 권리에 대한 일반 논평'에 따르면, 청소년 권리와 관련된 일반 원칙으로 청소년은 발달할 권리를 지닌다는 원칙, 청소년에 대해 차별하지 않는다는 원칙, 청소년에게 가장 유리한 점을 고려한다는 원칙, 청소년은 자기 의견을 표현할 권리와 참여할 권리를 지닌다는 원칙이 있다.
- '청소년기의 아동 권리에 대한 일반 논평'의 경우, 시민권 · 자유 영역, 폭력 영역, 의료 영역, 여가 · 레크리에이션 · 예술 영역에서의 청소년 권리와 이와 관련해 국가 · 사회가 취하여야 할 조치를 제시한다.

6. 청소년복지 전문가와 국가의 역할

1) 청소년복지 전문가의 역할

청소년복지 영역에서 활동하는 전문가의 경우, 청소년 권리와 관련해 여러 가지 역할을 할 필요가 있다.

(1) 청소년 대상의 권리 교육 실시 관련

사회의 주요한 구성원인 청소년은 자신의 정당한 권리에 대해 잘 알고 있어야 한다. 청소년이 자신의 권리에 대해 잘 알고 있을 경우, 청소년은 자신의 정당한 권리를 제대로 누릴 수 있게 된다. 또한 청소년이 자신이 권리에 대해 잘 알고 있을 경우, 청소년은 다른 사람에게 이용당하지 않게 된다. 따라서 청소년이 자신이 권리에 대해 잘 아는 정도는 청소년의 복리 수준에 크게 영향을 미치고 있다.

그러므로 청소년복지 영역에서 활동하는 전문가의 경우, 학교나 복지기관 등에서 청소년에게 권리 교육을 자주 실시할 필요가 있다.

(2) 부모 대상의 청소년 권리 교육 실시 관련

청소년이 자신의 권리에 대해 제대로 인식하기 위해서는, 초기 청소년기부터 청소년 자신이 청소년 권리에 대해 잘 알고 있어야 한다. 이렇게 되기 위해서는, 청소년 가까이에서 자주 교류하는 부모가 청소년 자녀에게 청소년 권리에 대해 자세히 알려 주어야 한다. 그리고 이와 더불어 청소년의 부모도 가정과 사회에서 청소년 자녀의 권리를 잘 이해하여야 하고, 청소년 자녀의 권리를 존중하여야 한다. 이렇게 되기 위해서는, 청소년의 부모가 청소년 권리에 대해 잘 알고 있어야 한다.

그러므로 청소년복지 영역에서 활동하는 전문가의 경우, 청소년의 부모에게 청소년 권리와 관련된 교육을 자주 실시할 필요가 있다.

(3) 일반인 대상의 청소년 권리 교육 실시 관련

청소년이 사회에서 자신의 권리를 제대로 누리기 위해서는, 사회가 청소년 권리를 이해하고 존중하여야 한다. 이렇게 되기 위해서는, 일반인이 청소년 권리가 중요하다는 점을 인식하여야 하고, 청소년의 구체적 권리에 대해 잘 알고 있어야 한다.

그러므로 청소년복지 영역에서 활동하는 전문가의 경우, 일반인을 대상으로 청소년 권리에 대해 자주 교육할 필요가 있다. 이 경우, 언론이나 사회관계망서비스(SNS)를 통해서 청소년 권리를 교육하는 것도 좋은 방법일 수 있다.

청소년 권리 교육과 관련해 고려할 점

청소년 권리에 대한 교육에서는 청소년과 관련된 여러 가지 권리의 내용과 원칙 등을 소개할 필요가 있다. 이와 더불어 청소년 권리에 대한 교육에서는 다음과 같은 점도 강조할 필요가 있다(UNICEF, 2014).

① 모든 청소년은 동일한 권리를 가진다.

② 모든 권리는 서로 관련되고, 똑같이 중요하다.

2) 국가의 역할

유엔 아동권리협약에 따르면, 국가는 아동이 권리를 제대로 누리게 하기 위해 가장 많은 자원을 제공하여야 한다(Global Coalition to End Child Poverty, 2017). 이것은 청소년에게도 그대로 적용된다고 볼 수 있다.

그러므로 국가의 경우, 청소년이 권리를 제대로 누리게 하기 위해 다양한 영역에서 많은 자원을 제공할 필요가 있다.

Points

- 청소년복지 전문가는 청소년과 부모와 일반인에게 청소년 권리와 관련된 교육을 자주 실시할 필요가 있다.
- 국가는 청소년 권리와 관련해 다양한 영역에서 많은 자원을 제공할 필요가 있다.

Chapter 5 가족과 청소년복지

Chapter 6 지역사회와 청소년복지

Chapter 7 학교와 청소년복지

PART 2

가족 · 지역사회 · 학교와 청소년복지

Chapter 05

가족과 청소년복지

CONTENTS

1. 가족에 대한 관심의 필요성

인간 사회에서 가족은 가족구성원을 보살피는 가장 중요한 체계에 속하고 있다. 무엇보다도, 가족구성원이 어려움을 겪을 경우, 가족은 가족구성원에게 안전하고 따뜻한 환경을 제공하면서 가족구성원을 보호하고 있다(노병일 · 노대겸, 2019). 이런 상황은 청소년에게 특히 더 해당하고 있다. 왜냐하면 청소년기는 어려움과 스트레스를 많이 겪는 시기이기 때문이다. 따라서 가족은 청소년을 따뜻하게 보호하고 지지하는 중요한 터전이 되고 있다. 이런 탓에, 가족은 청소년이 겪는 어려움에 대해 가장 든든한 바람막이 역할을 한다고 볼 수 있다.

그리고 가족구성원이 청소년을 잘 지도하는 것은 청소년이 발달하는 데 매우 중요하다. 예를 들어, 가족구성원이 청소년을 애정을 가지고 잘 이끌어 줄 경우, 청소년은 건전하게 잘 발달할 수 있게 된다. 따라서 가족은 청소년의 복리 수준을 높이는 데 있어 매우 중요한 역할을 하고 있다.

가족구성원들 중에서 청소년이 가장 편하게 의지할 수 있는 인물은 부모이다. 말할 것도 없이 부모는 모든 청소년에게 매우 중요한 존재이다. 이런 탓에, 부모와 청소년 자녀 사이에 좋은 관계를 형성하는 것은 매우 중요하다. 부모와 청소년 자녀 사이에 좋은 관계를 형성할 경우, 청소년의 복리 수준은 더 높아질 가능성이 크다.

그러나 부모와 청소년 자녀 사이의 관계가 항상 평화롭고 조화로운 것은 아니다. 따라서 부모와 청소년 자녀는 서로 심각하게 갈등하는 상태에서 지낼 수도 있다. 이렇게 될 경우, 청소년기는 부모와 청소년 자녀 모두에게 어려운 시기가 될 수 있다. 특히 가족이 안정된 상태에 있지 않을 경우, 부모와 청소년 자녀는 갈등을 더 겪을 수 있다. 따라서 가족이 안정된 정도는 청소년의 복리에 중요하게 영향을 미칠 수 있다.

그러므로 부모를 포함한 모든 가족구성원은 청소년에 대해 잘 알고 있을 필요가 있다. 그리고 청소년복지에서는 부모를 포함한 모든 가족구성원이 청소년을 더 잘 이해하도록 도와주는 데 관심을 가질 필요가 있다.

Points

- 가족은 청소년의 복리 수준을 높이는 데 매우 중요한 역할을 한다. 부모와 청소년 자녀 사이에 좋은 관계를 형성하면 청소년의 복리 수준은 더 높아진다.
- 청소년복지에서는 모든 가족구성원이 청소년을 더 잘 이해하도록 도와주는 데 관심을 가질 필요가 있다.

2. 가족이 청소년에게 중요한 측면과 고려할 점

1) 가족의 중요한 측면

가족은 청소년에게 여러 가지 측면에서 중요하다. 가족이 청소년에게 중요한 측면으로 안정된 환경과 관련된 측면, 좋지 않은 행동과 문제의 예방과 관련된 측면, 역할모델과 관련된 측면이 있다.

(1) 안정된 환경

청소년은 신체적 · 심리적 · 사회적 · 인지적 영역에서 발달해 나아가고 있다. 그러나 청소년은 아직도 계속 성장하는 단계에 있다. 따라서 청소년은 성숙하고 있음에도 불구하고 계속해서 가족 내에서 안정되게 지낼 필요가 있다(Jesuit Social Services, 2009).

이런 탓에, 청소년에게는 자신을 따뜻하게 보살펴 주는 안정된 환경을 제공하는 가족이 중요하다.

행복한 가족이 되기를 바라는 표시: 청소년에게는 따뜻하게 보살펴 주는 가족이 중요하다. [출처: 중국에서 저자 촬영]

(2) 좋지 않은 행동과 문제의 예방

청소년기에는 가족이 청소년의 삶과 관련해 하는 역할이 줄어들 수도 있다. 그러나 가족은 청소년의 삶에 중요하게 영향을 미치고 있다. 이것은 오늘날에 청소년에게 또래와 인터넷이 점점 중요해지고 있음에도 불구하고 그렇다(Blum et al., 2022).

무엇보다도, 청소년이 가족과 계속해서 좋은 관계를 맺는 것은, 청소년이 건강에 좋지 않은 여러 가지 행동을 하는 것을 예방하고 있다(Jesuit Social Services, 2009). 예를 들어, 부모 모두나 부모 중 한 사람과 관계를 많이 맺는 청소년은 다음과 같은 상황에 놓일 가능성이 크다(Blum et al., 2022).

① 정서적 문제를 덜 겪는다.

② 자살 시도를 더 적게 한다.

③ 학교에서 더 잘한다.

④ 자신을 가치 있는 존재라고 생각하는 경우가 더 많다.

⑤ 폭력에 덜 관여한다.

⑥ 약물을 덜 사용한다.

이런 탓에, 청소년에게는 자신의 좋지 않은 행동과 이에 따른 문제를 예방하는 데 도움을 주는 가족이 중요하다.

(3) 역할 모델

가족과 가족구성원은 여러 가지 행동과 관련해 청소년에게 귀중한 역할 모델이 되고 있다. 이 경우, 청소년과 관련된 행동의 예로 관계를 잘 맺는 것, 사회적으로 바람직한 행동을 하는 것이 있다. 무엇보다도 가족 내에서 갈등을 해결하는 방식과 의견이 서로 다른 것을 조정하는 방식은, 청소년이 다른 영역에서 문제를 해결하고자 할 때 중요한 지침이 되고 있다(Jesuit Social Services, 2009).

구체적으로 가족구성원이 역할 모델이 되는 것은 청소년이 다음과 같은 것을 하는 데 도움이 될 수 있다(Jesuit Social Services, 2009).

① 계속해서 좋은 관계를 유지하면서, 서로 다른 의견을 제시하는 방법을 배운다.

② 다른 사람과 관계를 맺을 때 효과적으로 사용할 수 있는 방법을 배운다.

③ 자신의 삶을 살아가고 세상에서 겪는 문제를 해결할 때 효과적으로 사용할 수 있는 방법을 배운다.

이런 탓에, 청소년에게는 자신의 역할 모델이 되어 주고 이에 따른 학습 기회를 제공하는 가족이 중요하다.

2) 가족의 중요성과 관련해 고려할 점

청소년에게 가족은 중요하지만, 청소년은 그렇게 인식하지 않을 수도 있다. 무엇보다도 청소년기에는 스스로 생각하기 시작하기 때문에, 청소년은 가족관계를 중요하다고 인식하지 않을 수도 있다. 청소년이 가족관계를 중요하다고 인식하지 않는 상황은, 가족에 대해 분노하거나 좌절하는 시기에 특히 나타날 수 있다. 그러나 청소년이 느끼는 이런 감정은 일시적으로 나타나거나 특정한 상황에서 나타나는 경우가 많다(Jesuit Social Services, 2009).

Points

- 청소년에게는 안정된 환경을 제공하고, 좋지 않은 행동 · 문제를 예방하고, 역할 모델이 되어 주는 가족이 중요하다.
- 가족에 대해 분노 · 좌절하는 시기에 청소년은 가족관계가 중요하다고 인식하지 않을 수 있다.

3. 가족의 청소년복리와 관련된 역할

1) 기본적 역할

현대 사회에서 가족은 청소년의 복리와 관련해 여러 가지 역할을 하고 있다. 우선, 가족은 청소년의 복리를 위해서 여러 가지 기본적 역할을 하고 있다. 가족이 청소년의 복리와 관련해 하는 기본적 역할을 몇 가지 제시하면 다음과 같다(노병일 · 노대겸, 2017).

① 사회화와 관련된 역할을 한다. 이것은 청소년이 가족 이외의 사회구성원과 관계를 맺는 방법을 배우도록 도와주는 것을 말한다.

② 문화화와 관련된 역할을 한다. 이것은 청소년에게 사회의 가치를 가르치는 것을 말한다. 이런 예로 청소년에게 성(sex)과 관련된 적절한 역할을 보여 줌으로써 성과 관련된 가치를 가르치는 것이 있다.

③ 보호와 관련된 역할을 한다. 이것은 청소년이 안전한 환경에서 성인으로 성장하

게 해 주는 것을 말한다.

④ 지지와 관련된 역할을 한다. 이것은 청소년에게 자원을 제공하고 지지하는 것을 말한다. 이런 예로 청소년을 재정적 · 정서적으로 지원하고 지지하는 것이 있다.

⑤ 욕구 충족과 관련된 역할을 한다. 이것은 청소년이 가진 욕구를 충족해 주는 것을 말한다. 가족이 청소년의 욕구를 충족해 주는 것은 다음과 같은 두 가지 측면에서 살펴볼 수 있다.

㉠ 청소년의 기본적 욕구를 충족해 준다. 이 경우, 기본적 욕구와 관련된 영역의 예로 음식 영역, 의류 영역, 주거 영역, 애정 영역이 있다.

㉡ 청소년이 의료 영역, 교육 영역, 기타 영역에서 가지는 욕구를 충족해 준다.

앞에서 제시한 모든 기본적 역할은 청소년의 복리 수준을 높이는 데 긍정적으로 영향을 미치고 있다.

2) 기타 역할

앞에서 제시한 기본적 역할 이외에, 가족은 청소년의 복리를 위해 여러 가지 역할을 하고 있다. 우선, 가족은 청소년에게 세상을 알아보고 경험할 수 있는 안정된 공간을 제공하고 있다. 특히 가족은 청소년이 어려움을 겪을 때, 다시 일어서고 지지를 받고 조건 없는 사랑을 받기 위해서 돌아올 수 있는 공간을 제공하고 있다(Jesuit Social Services, 2009).

또한 가족은 자원을 늘려 주고 있다. 이것은 가족이 청소년이 이용할 수 있는 자원을 확대해 주는 것과 관련되고 있다. 예를 들어, 청소년의 부모나 기타 가족구성원은 여러 가지 형태의 사회적 네트워크 속에서 활동하고 있다. 따라서 청소년의 부모나 기타 가족구성원은 이런 네트워크에 근거한 다양한 자원을 가지고 있다. 청소년이 부모나 기타 가족구성원과 잘 교류하면서 지낼 경우, 청소년은 부모나 기타 가족구성원의 사회적 네트워크를 통해 자신의 자원을 확대할 수 있게 된다. 그리고 이런 과정에서 청소년은 여러 가지 새로운 자원과 기회를 가질 수 있게 된다. 청소년은 이렇게 얻은 자원과 기회를 자신의 뜻을 이루고 자신의 능력을 개발하는 데 유리하게 사용할 수 있다.

그리고 부모나 기타 가족구성원이 가진 사회적 네트워크는 다른 지역사회에 사는 사람이나 조직을 포함하는 경우가 많다. 따라서 부모나 기타 가족구성원이 가진 사회적 네트워크가 폭넓을 경우, 청소년은 훨씬 더 폭넓고 더 다양한 자원과 기회를 얻을 수 있게 된다. 이런 탓에, 부모나 기타 가족구성원의 사회적 네트워크는 청소년의 복리 수준을 높이는 데 긍정적으로 영향을 미치고 있다.

Points

- 가족은 청소년의 복리와 관련해 기본적으로 사회화, 문화화, 보호, 지지, 욕구 충족과 관련된 역할을 한다.
- 가족은 자원을 늘려 준다. 가족구성원의 사회적 네트워크는 청소년의 복리 수준을 높이는 데 영향을 미친다.

4. 가족의 안정성과 청소년의 복리

1) 가족 안정성의 중요성

가족이 안정된 상태를 유지하는 것은 청소년을 포함한 모든 가족구성원에게 중요하다. 그러나 청소년기는 민감한 시기이고 또한 청소년기에는 따뜻한 둥지가 필요하다는 점을 고려할 때, 청소년에게는 안정된 가족이 특히 중요하다.

무엇보다도, 안정된 가족은 청소년에게 유리하게 작용할 수 있기 때문에 중요하다. 안정된 가족이 청소년에게 유리하게 작용하는 측면을 몇 가지 제시하면 다음과 같다

(Jesuit Social Services, 2009).

① 안정된 가족에서는 가족구성원이 청소년을 존중한다.

② 안정된 가족에서는 가족구성원이 청소년과 실질적인 도움을 주고받는다.

③ 안정된 가족에서는 청소년이 새롭게 생각해 보고, 새로운 감정을 가져 보고, 새로운 행동을 시도해 본다.

④ 안정된 가족에서는 청소년이 어려운 시기에도 청소년을 이해해 주고 지지해 줌으로써 청소년이 다시 일어서게 해 준다.

결국, 안정된 가족은 청소년의 복리에 긍정적으로 영향을 미치고 있다.

외국인 가족이 가족의 안정을 위해서 기와에 표현한 것: 안정된 가족은 청소년의 복리에 긍정적으로 영향을 미친다. [출처: 저자 촬영]

2) 불안정한 가족과 청소년의 복리

청소년이 함께 사는 가족구성원들 사이의 관계가 좋아서 가족이 안정된 상태에 있을 경우, 청소년의 복리 수준은 크게 높아질 수 있다.[1] 그러나 청소년이 함께 사는 가족구성원들 사이의 관계는 좋지 않을 수도 있고, 청소년의 부모는 청소년 자녀를 크게 학대하거나 심각하게 폭력을 사용할 수도 있다. 이때, 청소년의 부모나 기타 가족구성원은 청소년의 복리에 크게 걸림돌로 작용할 가능성이 크다. 따라서 불안정한 가족은 청소년의 복리 수준에 부정적으로 영향을 미칠 가능성이 크다.

그리고 가족구성원들 사이의 관계가 좋지 않은 불안정한 가족의 경우, 청소년이 다음과 같이 하는 데 부정적으로 영향을 미칠 가능성이 크다(Jesuit Social Services, 2009).

① 자신을 가치 있는 존재라고 인식한다.
② 자기가 어떤 존재인지를 잘 파악한다.
③ 독립적으로 결정할 수 있는 능력을 키운다.
④ 자신의 감정을 통제한다.

때에 따라서는 가족의 상황 때문에 가족이 불안정한 상태에 있을 수 있다. 이런 상황의 예로 가족이 스트레스를 겪는 것이 있다. 이때 가족이 겪는 스트레스를 유발하는 요인으로 부모가 실업 상태에 있는 것, 가족이 빈곤 상태에 있는 것, 가정에 폭력 행위가 있는 것, 부모가 약물을 잘못 사용하는 것이 있다. 가족이 겪는 스트레스는 부모와 청소년이 서로 관계를 맺는 데 부정적으로 영향을 미치고 있다(Blum et al., 2022). 따라서 일반 청소년에 비해서, 스트레스를 크게 겪는 가족에서 사는 청소년의 복리 수준은 더 낮을 가능성이 크다.

1) 이에 대해서는 앞에서 이미 설명한 바 있다.

Points

- 안정된 가족은 청소년의 복리에 긍정적 영향을 미친다.
- 불안정한 가족은 청소년의 복리에 부정적 영향을 미칠 가능성이 크다.

5. 가족 형태와 청소년의 복리

1) 가족 형태의 중요성

가족은 매우 단순해 보이지만, 가족에는 다양한 형태가 존재하고 있다. 특히 현대 사회에서 가족 형태는 더욱 다양해지고 있다(노병일 · 노대겸, 2017). 그리고 가족 형태에 따라 가족이 안정된 정도가 달라지는 경우가 많다. 이런 탓에, 가족 형태에 따라 청소년의 복리 수준이 달라질 가능성이 크다. 그러므로 가족 형태는 청소년의 복리와 밀접하게 관련되어 있다.

2) 가족 형태와 가족 안정성

(1) 핵가족과 가족 안정성

현대 사회에서는 결혼한 부부와 자녀로 이루어진 핵가족(nuclear family)이 일반적인 가족 형태로 자리 잡고 있다. 부모가 모두 있는 핵가족은 다른 가족 형태에 비해서 더 안정된 상태를 유지하는 것으로 알려져 있다(노병일 · 노대겸, 2017). 따라서 부모가 모두 있는 핵가족에서 사는 청소년은 안정된 상태에서 잘 성장할 가능성이 크다. 그러므로 다른 형태의 가족에서 사는 청소년에 비해서, 부모가 모두 있는 핵가족에서 사는 청소년의 복리 수준은 더 높을 가능성이 크다.

(2) 핵가족 이외의 가족 형태와 가족 안정성

오늘날의 사회에서는 핵가족이 아닌 가족 형태도 증가하고 있다.2) 부모가 모두 있는 핵가족에 비해서, 핵가족 이외의 가족 형태에서는 여러 가지 어려움을 겪을 가능성이 더 크다(노병일 · 노대겸, 2017). 무엇보다도 부모가 모두 있는 핵가족에 비해서, 핵가족 이외의 가족 형태에서는 가족 안정성이 더 낮을 가능성이 있다. 그 결과, 핵가족 이외의 가족 형태에서 사는 청소년은 핵가족에서 사는 청소년에 비해서 복리 수준이 더 낮을 가능성이 있다.

3) 핵가족 이외의 가족 형태

부모가 모두 있는 핵가족이 아닌 가족 형태에는 여러 가지가 있다. 오늘날의 사회에서 핵가족 이외의 주요한 가족 형태로 한부모가족, 조손가족, 재구성가족, 다문화가족이 있다.3)

(1) 한부모가족

문자 그대로, 한부모가족은 부모가 한 사람만 있는 가족을 말한다. 구체적으로 한부모가족은 배우자의 사망, 이혼, 별거, 미혼모, 기타 이유로 자녀를 홀로 키우는 부모와 자녀로 이루어진 가족을 일컫는다(노병일 · 노대겸, 2017).

한부모가족은 여러 가지 어려움을 겪을 가능성이 크다. 우선, 한부모가족은 경제적으로 어려울 수 있다. 또한 부모가 모두 있는 가족에 비해서, 한부모가족은 사용할 수

2) 물론 오늘날에는 1인 가족의 수도 증가하고 있다. 그러나 1인 가족은 자녀가 없는 가족이기 때문에, 여기에서는 다루지 않는다.

3) 오늘날의 청소년은 한부모가족이나 재구성가족과 크게 관련될 것으로 보이기에, 여기에서는 한부모가족과 재구성가족에 대해서만 설명한다(기타의 가족 형태에 대해서는 노병일 · 노대겸(2017)과 노병일(2022b)을 참고할 것).

있는 자원을 더 적게 가지고 있을 가능성이 크다(노병일 · 노대겸, 2017).

그리고 부모가 모두 있는 가족에 비해서, 한부모가족에서는 한부모가 혼자 모든 일을 다 처리하여야 한다. 따라서 한부모가족에서는 부모가 청소년 자녀와 교류할 시간이 적을 수 있다. 또한 한부모가족에서는 부모 중에서 한 사람만이 자녀를 돌보는 일을 맡기 때문에, 스트레스를 더 겪을 수 있다. 따라서 한부모가족에서는 부모가 심리적으로 편한 상태에서 자녀와 교류하지 못할 수 있다.

한부모가족에서 나타날 수 있는 이런 모든 상황은 청소년의 복리에 부정적으로 작용할 가능성이 크다. 예를 들어, 부모가 모두 있는 가족의 청소년에 비해서, 한부모가족의 청소년은 다음과 같은 상황에 있을 가능성이 더 클 수 있다(노병일 · 노대겸, 2017).

① 학교 성적이 좋지 않다.

② 학교를 중간에 그만둔다.

③ 10대에 부모가 된다.

④ 부모와의 관계가 좋지 않다.

⑤ 특별한 이유 없이 학교를 나가지 않는다.

⑥ 알코올과 기타 약물을 너무 많이 사용한다.

⑦ 성적(sexual)으로 건강에 좋지 않은 행동을 한다.

⑧ 사회의 가치에 어긋나는 행동을 하는 집단이나 조직에 가입한다.

⑨ 자살한다.

한편, 한부모가족의 형태 중에서 부자가족은 모자가족보다[4] 경제적으로 더 나은 상태에서 생활하는 경우가 많다(노병일 · 노대겸, 2017). 따라서 모자가족에서 사는 청소년보다는 부자가족에서 사는 청소년의 복리 수준이 더 높을 가능성이 있다. 그러나 이때 더 중요한 것은 한부모와 청소년 자녀 사이의 관계이다. 그러므로 부자가족이 경제적으로 아무리 풍요하다고 할지라도, 남성 한부모(즉, 청소년의 아버지)와 청소년 자녀 사이의 관계

4) 한부모가족에는 다음과 같은 두 가지 형태가 있다(노병일 · 노대겸, 2017; 국가법령정보센터, 2024). ① 모자가족이 있다. 모자가족은 여성 한부모와 자녀로 이루어진 가족을 말한다. ② 부자가족이 있다. 부자가족은 남성 한부모와 자녀로 이루어진 가족을 말한다.

가 좋지 않을 때는 청소년의 복리 수준이 낮을 가능성이 크다.

(2) 재구성가족

재구성가족(혼합가족, reconstituted or blended family)은 이혼한 부부가 다른 사람과 재혼할 때 나타나는 가족을 말한다. 따라서 재구성가족에서는 이전 부부에서 생긴 아동 · 청소년과 새로 결혼해서 생긴 아동 · 청소년이 함께 사는 상황이 나타날 수 있다. 오늘날의 사회에서 이혼하는 사례가 많아짐에 따라서, 재구성가족의 수는 증가하고 있다(노병일 · 노대겸, 2017; 노병일, 2022b).

재구성가족에서 사는 청소년은 가족에서 자신의 역할을 하는 것이나 이야기를 나누는 것과 관련해 어려움을 겪을 수 있다. 예를 들어, 재구성가족의 청소년은 재구성가족의 부모에 대해서 적어도 두 가지 역할을 하여야 하는 상황에 놓일 수 있다.[5] 이 경우, 재구성가족의 청소년은 원래의 가족에서 있었던 역할과 재구성가족에서 새로 나타난 역할을 비교하면서 혼란스러워 할 수 있다(노병일 · 노대겸, 2017).[6] 재구성가족에서 나타날 수 있는 이런 상황은 청소년의 복리에 부정적으로 영향을 미칠 가능성이 크다.

4) 가족 형태와 관련해 고려할 점

부모가 모두 있는 핵가족은 핵가족 이외의 가족 형태보다 청소년의 복리에 더 유리할 가능성이 크다. 하지만 부모가 모두 있는 핵가족에서도, 가족구성원들 사이에 안정된 관계를 유지하지 못할 수 있고 또한 부모는 청소년 자녀를 크게 학대할 수 있다. 그리고 핵가족 이외의 가족 형태에서도, 청소년을 포함한 가족구성원들 사이에 매우 안정된 관계를 유지하는 경우가 많고 또한 부모가 청소년 자녀를 따뜻하게 보살피는 경우가 많다.

---

5) 하나는 부모가 처음에 결혼해서 형성한 가족과 관련된 역할이고, 다른 하나는 부모가 다시 결혼하거나 관계를 맺어서 생겨난 역할이다.

6) 물론 이런 상황은 아동에게 더 나타나겠지만, 청소년에게도 나타날 수 있다.

그러므로 부모가 모두 있는 핵가족이 핵가족 이외의 가족 형태보다 청소년의 복리에 '반드시' 더 유리하다고 볼 수는 없다.

Points

- 가족 형태에 따라 청소년의 복리 수준이 달라질 가능성이 크다.
- 핵가족에서 사는 청소년은 복리 수준이 더 높을 가능성이 크다.
- 한부모가족의 불리한 상황은 청소년의 복리에 부정적 영향을 미칠 가능성이 크다.
- 재구성가족의 청소년이 역할을 하는 것이나 이야기를 나누는 것과 관련해 어려움을 겪는 상황은 청소년의 복리에 부정적 영향을 미칠 가능성이 크다.
- 핵가족이 핵가족 이외의 가족 형태보다 청소년의 복리에 반드시 더 유리한 것은 아니다.

6. 부모와 청소년의 복리

1) 부모가 청소년복리와 관련해 중요한 점

(1) 일반적 중요성

청소년의 복리와 관련해, 부모는 가족구성원들 중에서 가장 중요한 인물에 속하고 있다.[7] 일반적으로 부모가 청소년에게 다음과 같은 역할을 하는 것은 청소년기에 중요하다(United Nations, 2016).

① 안전하게 해 준다.

② 정서적으로 안정된 상태를 유지하게 한다.

7) 이에 대해서는 앞에서 이미 설명한 바 있다.

③ 격려한다.

④ 보호한다.

무엇보다도 부모가 청소년 자녀를 감독하고 지지하고 도와주는 것은, 청소년이 좋은 건강 상태를 유지하는 데 매우 중요한 것으로 알려져 있다(Jesuit Social Services, 2009). 따라서 부모는 청소년 자녀의 신체적 건강과 정신건강의 수준을 높이는 데 긍정적으로 영향을 미칠 수 있다.

그리고 부모는 자신이 청소년기에 직접 겪은 경험을 청소년 자녀에게 이야기해 줄 수 있다. 이렇게 함으로써, 부모는 청소년 자녀가 청소년기를 건강하게 잘 보내는 데 도움을 줄 수 있다. 특히 부모는 자신이 청소년기에 겪은 어려움과 이런 어려움을 이겨낸 방법이나 과정을 청소년 자녀에게 구체적으로 이야기해 줄 수 있다. 이렇게 할 경우, 청소년 자녀는 자신이 현재 겪는 어려움이 많은 성인도 겪어 온 것이라는 사실을 알게 된다. 그리고 이렇게 되면, 청소년 자녀가 청소년기에 겪는 어려움을 슬기롭게 더 잘 극복할 가능성이 커지게 된다. 그러므로 부모는 청소년 자녀가 청소년기에 건강하게 성장하는 것을 도와줄 수 있다.

또한 부모가 청소년 자녀와 따뜻하게 자주 교류할 경우, 청소년 자녀는 자신의 부모로부터 살면서 도움이 되는 이야기를 많이 들을 수 있게 되고, 부모를 통해서 사회의 가치나 삶의 지혜를 구체적으로 배울 수 있게 된다. 이렇게 될 경우, 청소년 자녀가 사회의 가치에 어긋나는 행동에 관여할 가능성은 줄어들게 된다.

결국, 부모는 청소년의 삶에서 가장 안정된 관계를 맺을 수 있는 사람이다. 이런 점은 청소년의 정서적 발달과 지적 발달에 특히 중요하게 영향을 미치고 있다(Children's Bureau, 2019).

그러므로 청소년 자녀가 부모와 좋은 관계를 맺을 경우, 청소년은 더 잘 발달하게 된다. 이런 탓에, 부모는 청소년의 복리 수준을 높이는 데 있어 매우 중요한 역할을 하고 있다.

(2) 학습과 관련된 중요성

부모가 청소년 자녀의 교육에 관여하는 것은 청소년이 학교에서 잘하는 데 긍정적으로 영향을 미치는 것으로 알려져 있다. 예를 들어, 부모가 학교 활동에 적극적으로 관여하고 학교 활동을 잘 이해할 경우, 부모는 청소년이 배우는 활동을 더 잘 도와주고 지지할 수 있게 된다. 실제로 그동안의 연구에서, 부모가 자녀의 교육에 적극적으로 관여하는 청소년은 학교에서 더 잘하고 또한 학교 성적이 더 좋은 것으로 나타나고 있다(Chang, Park, Singh & Sung, 2009).

그러므로 부모는 청소년이 학습을 잘하는 것과 관련해 중요한 역할을 하고 있다.

가족 교류를 잘하는 가족의 부모와 청소년

가족구성원끼리 자주 교류하는 가족의 부모는 다음과 같은 특징을 지니고 있다(Blum et al., 2022).

① 청소년 자녀가 어디서 대부분의 시간을 보내는지를 아는 경우가 많다.
② 청소년 자녀의 친구와 그 친구의 부모를 아는 경우가 많다.
③ 청소년의 학습에 관여한다. 이때, 부모는 청소년 자녀의 교사를 잘 알고, 청소년 자녀가 학습을 잘하는지를 계속 살펴본다.

부모와 청소년이 서로 자주 교류할 경우, 청소년은 건강하게 발달하게 된다. 그 결과, 청소년의 복리가 더 좋아지게 된다.

2) 부모관계와 또래관계의 상대적 중요성

청소년에게는 또래집단이 중요하다고 보는 경우가 많다. 그리고 청소년과 관련해서는 부모보다 또래집단이 어떻게 더 영향을 미치는지에 대해 관심을 가지는 경우가 많다.

말할 것도 없이, 또래는 청소년의 삶에서 매우 중요한 사람에 속하고 있다. 실제로 청소년은 다른 관계보다 또래관계가 더 중요하다고 보는 경우가 많다(Children's Bureau, 2019). 따라서 또래는 청소년에게 중요한 역할을 하고 있다.

그러나 또래가 더 중요해지는 만큼 부모의 영향이 줄어드는 것은 아니다. 하지만 청소년에게 또래관계와 부모관계는 질적 측면에서 서로 차이가 나고 있다. 이것을 구체적으로 제시하면 다음과 같다(Blum et al,. 2022; Jesuit Social Services, 2009).

① 또래관계의 경우, 평등한 상황에서 서로 친한 관계를 형성한다.

② 부모관계의 경우, 권력에서 차이가 나는 상황에서 서로 관계를 형성한다.

청소년의 또래관계에서는 어떤 목적을 추구하고 있다. 그러나 청소년에게 또래관계는 부모관계보다 더 중요하지 않을 수도 있다(Jesuit Social Services, 2009).

3) 부모의 일반적 어려움

부모는 청소년 자녀의 복리에 현재 크게 이바지하고 있고, 미래에 청소년 자녀의 복리에 크게 이바지할 수 있다. 그러나 부모가 놓인 상황은 항상 밝지만은 않을 수 있다. 따라서 부모는 청소년 자녀와 관련해 여러 가지 측면에서 어려움을 겪을 수 있다.

부모와 함께 여행 온 가족: 부모는 청소년 자녀와 관련해 어려움을 겪을 수 있다.
[출처: 프랑스에서 저자 촬영]

부모가 청소년 자녀와 관련해 겪는 일반적 어려움을 몇 가지 제시하면 다음과 같다 (Jesuit Social Services, 2009; Jones, 2012; American Academy of Pediatrics, 2015).

① 청소년 자녀에게서 아동기의 순진함이 사라지기 때문에, 부모는 어려움을 겪을 수 있다. 실제로 부모들 중에는 청소년 자녀가 변덕스럽고 고집이 세어지는 상황

에 적응하면서, 아동기의 순진함이 사라진 것에 대해 아쉬워하는 부모가 많다. 따라서 부모는 청소년 자녀가 더는 아동이 아니므로 힘들 수 있다.

② 청소년 자녀의 예상하지 못한 언어와 행동 때문에, 부모는 어려움을 겪을 수 있다. 무엇보다도 부모는 청소년 자녀가 자주 보이는 모순적인 행동 때문에 당황할 수 있다. 이런 예를 제시하면 다음과 같다.

㉠ 청소년 자녀는 부모에게 자신을 어린애처럼 취급하지 말라고 따질 수 있다. 이럴 때 부모는 크게 당황할 수 있다.

㉡ 부모는 청소년 자녀가 부모에게 귀를 기울이지 않는다고 인식하거나, 부모가 제안하는 것과는 반대로 행동한다고 인식할 수 있다. 이럴 때 부모는 힘들 수 있다.

③ 청소년 자녀가 독립적인 방향으로 나아가기 때문에, 부모는 어려움을 겪을 수 있다. 청소년 자녀를 가진 부모의 경우, 자녀가 독립적인 방향으로 나아가는 것을 볼 때 뿌듯함을 느낄 수 있다. 하지만 다른 한편으로, 이때 부모는 청소년 자녀가 부모와 멀어져 간다는 감정을 느낄 수 있다. 청소년 자녀가 부모와 거리를 두는 것은 청소년이 성장하는 과정에서 중요하게 나타나는 현상인 경우가 많다. 그렇지만 부모가 이런 점을 이해한다고 해도, 자녀가 청소년이 되어서 부모와 함께 어디를 가기를 꺼릴 때 부모는 상처를 받을 수도 있다. 따라서 부모는 청소년 자녀가 부모에게서 벗어나 독립하려고 하기 때문에 힘들 수 있다.

결국, 청소년 자녀와 관련해 부모가 겪는 어려움은 청소년이 성장하고 독립하는 것과 크게 연관되고 있다. 특히 청소년기에 이르러 자녀는 다음과 같이 하는 경향이 있는데, 이런 경향 때문에 부모는 청소년 자녀와의 관계에서 어려움을 겪을 수 있다(Jones, 2012).

① 자신의 존재에 대해 깨닫는다.

② 자신의 부모와 함께 있지 않으려 한다.

③ 가족구성원 이외의 사람들과 중요한 관계를 맺는다.

한편, 오늘날의 청소년은 자신의 부모가 청소년일 때 겪은 어려움과는 매우 다른 어려움을 많이 경험하고 있다. 사실, 오늘날의 청소년이 겪는 어려움 중에는, 자신의 부모가 청소년일 때는 겪어 보지도 않았던 어려움도 많다. 따라서 오늘날의 경우, 청소년의 부모는 자신이 청소년기에 실제로 경험한 것에 근거하기 때문에, 청소년 자녀가 겪는 어려움을 이해하기가 쉽지 않을 수 있다(Oswalt, 2019). 이런 상황은 청소년의 부모에게 어려움을 유발할 수 있다.

4) 청소년 자녀와의 갈등과 관련된 어려움과 고려할 점

(1) 청소년 자녀와의 갈등

부모와 청소년 자녀 사이에 서로 의견이 일치하지 않는 것은 정상적인 것이다. 그리고 부모와 청소년 자녀가 서로 항상 좋은 관계를 유지하면서 지내는 것은 아니다. 이런 탓에, 부모와 청소년 자녀가 갈등하는 것은 당연하다고 볼 수 있다.

그리고 더 나아가, 청소년기에는 부모와 자녀 사이에 갈등이 더 커지는 경우도 많다. 부모와 청소년 자녀 사이에 더 갈등하는 이유는, 청소년과 부모는 일반적으로 다음과 같은 경향이 있기 때문이다(Pickhardt, 2011).

① 청소년은 더 독립하면서 성장하려고 한다.

② 부모는 자녀가 안전하기를 바라고 또한 자녀를 보살피기 위해서, 청소년 자녀가 더 독립하는 방향으로 나아가는 것을 꺼릴 수 있다.

청소년 자녀와 갈등하는 상황 때문에, 부모는 어려움을 크게 겪을 수 있다. 사실, 부모가 청소년 자녀와 교류하면서 가장 어려운 상황은, 부모가 청소년 자녀와 갈등하는 상황일 것이다.

청소년기는 특이하기 때문에, 부모는 청소년 자녀와 갈등하는 상황에 대처하기 어려울 수 있다. 특히 청소년기에는 부모에게 반항하거나 사회의 권위에 반항할 가능성이 크기 때문에, 청소년 자녀는 부모가 원하는 방향으로 잘 나아가지 않을 수 있다. 청소년기에 나타나는 이런 경향은, 부모와 청소년 자녀 사이에 갈등을 유발하는 식으로 작용하거나, 또는 이미 존재하는 갈등을 더 키우는 식으로 작용할 수 있다.

(2) 청소년 자녀와의 갈등과 관련해 고려할 점

갈등은 부모와 청소년 자녀 모두에게 큰 아픔을 줄 수 있으므로, 부모는 청소년 자녀와의 갈등에 대해 잘 알고 있어야 한다. 즉, 부모는 청소년 자녀의 특성과 상황을 이해하려고 노력함과 동시에, 부모와 청소년 자녀 사이에 나타나는 갈등의 특성을 잘 알고 있어야 한다. 무엇보다도 갈등이 항상 좋지 않은 것만은 아니므로, 부모는 청소년 자녀와의 갈등에 대해 잘 알고 있어야 한다.

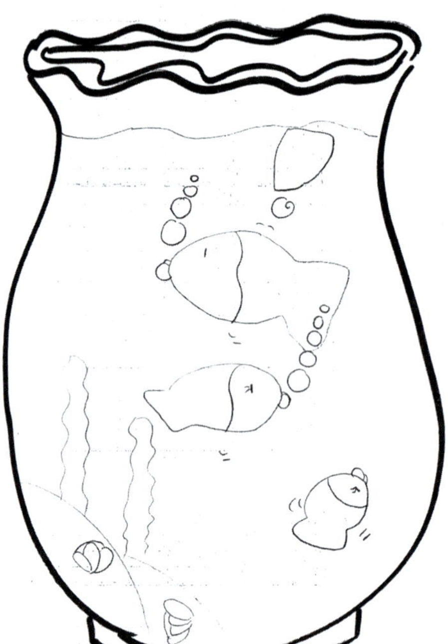

분위기가 억압적인 가족의 부모와 자녀를 물고기로 표현한 그림: 부모는 청소년 자녀와의 갈등에 대해 알 필요가 있다. [출처: 노대겸 · 전영신(2017), 저자의 허락을 받음]

부모가 청소년 자녀와의 관계에서 겪는 갈등과 관련해 고려할 점으로 갈등 해결 방식이 이미 존재하는 것, 갈등의 협력적 측면, 갈등이 모방을 유발하는 것, 갈등의 교육적 효과, 비슷한 성격에 따른 갈등의 증가, 협력 상황에 따른 갈등 유발, 갈등이 자녀들을 친하게 하는 것, 갈등의 폭력 유발, 부모의 성별에 따라 갈등 허용에서 차이가 나는 것이 있다(Pickhardt, 2011).

(가) 갈등 해결 방식의 존재

청소년의 부모는 자라면서 갈등을 보아 왔고 또한 갈등을 경험해 왔다. 이때 청소년의 부모가 갈등을 해결하는 모델로 배운 것은, 부모와 청소년 자녀 사이의 갈등에 대처하는 방식에 영향을 미치고 있다. 이것을 구체적으로 제시하면 다음과 같다.

① 청소년의 부모가 자신이 태어난 가족에서 갈등을 안전하고 건설적인 방식으로 해결해 왔을 경우, 청소년의 부모는 청소년 자녀와 갈등하면서 계속 지내기를 원할 수도 있다. 예를 들어, 청소년의 부모가 자신이 태어난 가족에서 갈등에 대해 차분하게 서로 이야기를 나누면서 갈등을 합리적으로 해결해 왔을 경우, 청소년의 부모가 청소년 자녀와 갈등하면서 계속 지내도 큰 문제가 없을 수 있다.

② 청소년의 부모가 자신이 태어난 가족에서 갈등을 안전하지 않고 건설적이지 못한 방식으로 해결해 왔을 경우, 청소년의 부모는 청소년 자녀와 갈등하지 않으면서 지내기를 원할 수 있다. 예를 들어, 청소년의 부모가 자신이 태어난 가족에서 갈등에 대해 심하게 공격하면서 서로에게 상처를 주는 식으로 해결해 왔을 경우, 청소년의 부모는 청소년 자녀와의 갈등을 해결하는 방법을 바꾸기를 원할 수 있다.

그러므로 청소년의 부모가 원할 경우, 부모는 자신이 자라면서 배운 갈등 해결 방식을 이제는 바꿀 수 있다. 이렇게 할 경우, 부모는 갈등을 해결하는 새로운 방식을 자신의 청소년 자녀에게 적용하면서 갈등을 해결해 나갈 수 있게 된다.

(나) 갈등의 협력적 측면

갈등은 서로 협력하여야 하는 측면을 포함하고 있다. 왜냐하면 갈등은 부모와 청소년 자녀 사이에 차이가 크게 나는 점에 대해서, 함께 모여 서로 자기가 옳다고 주장하는 측면을 포함하고 있기 때문이다.

그러므로 부모와 청소년 자녀 사이의 갈등은 부모와 청소년 자녀 모두에게 책임이 있는 경우가 많다. 이런 탓에, 갈등을 해결하기 위해서는 부모와 청소년 자녀 모두가 서로 협력하여야 한다.

(다) 갈등의 모방 유발

갈등은 부모와 자녀가 서로 닮는 상황을 유발할 수 있다. 왜냐하면 한 쪽(예컨대, 부모)이 영향을 미치는 식으로 행동하면, 다른 쪽(예컨대, 청소년 자녀)이 그런 행동 방식을 모방하는 경우가 많기 때문이다. 예를 들어, 청소년 자녀가 부모에게 따지고 큰 소리로 말하고 부모를 비난하기 시작할 경우, 부모도 청소년 자녀와 똑같은 방식으로 대꾸하고 싶은 충동을 느낄 수 있다.

그러나 부모는 이런 식의 유혹에 빠지지 말아야 한다. 그 대신에, 부모는 모범이 되게 행동함으로써, 이런 행동을 청소년 자녀가 배우게 할 필요가 있다.[8)]

(라) 갈등의 교육적 효과

갈등하는 상황은 청소년 자녀에게 교육하는 기회가 될 수 있다. 왜냐하면 청소년은 부모와 갈등하는 관계에서도 서로 교류하면서 배우기 때문이다. 부모가 청소년 자녀와 갈등하는 상황에 놓일 때마다, 부모는 청소년 자녀에게 갈등에 대처하는 방법에 대해 한 가지 이상의 교훈을 가르치는 셈이 된다. 따라서 부모와 청소년 자녀가 갈등하는 상황은 교육적으로 효과가 있을 수 있다. 그리고 부모의 이런 가르침은 현재에도 쓸모

8) 이것은 아래에서 설명하는 '갈등의 교육적 효과'와도 관련되고 있다.

가 있을 뿐만 아니라, 나중에도 쓸모가 있을 수 있다.

부모와의 갈등을 긍정적으로 해결하는 방법을 배운 청소년은, 성인이 되어 다른 중요한 사람과의 관계에서 겪을 수 있는 갈등을 해결하는 귀중한 방법을 배운 셈이 된다. 예를 들어, 부모와 청소년 자녀 사이에 갈등이 있을 경우, 부모는 청소년 자녀를 존중하면서 이야기할 수 있고, 또한 청소년 자녀에게 상처를 주지 않게 행동할 수 있다. 이런 것은 나중에 청소년이 성인이 될 때 갈등을 해결하는 데 도움이 될 수 있다.

(마) 비슷한 성격에 따른 갈등의 증가

부모와 청소년 자녀가 비슷하게 강한 특성을 지닐 경우, 부모와 청소년 자녀 사이에 갈등이 나타날 수 있다. 이런 상황을 보여 주는 예를 몇 가지 제시하면 다음과 같다.

① 부모와 청소년 자녀 모두가 고집이 세다.

② 부모와 청소년 자녀 모두가 마지막까지 자기 말만 하려고 한다.

③ 부모와 청소년 자녀 모두가 경쟁심이 매우 강하다.

부모가 판단하기에 자신과 청소년 자녀 모두가 앞에서와 같은 성격을 가지고 있을 경우, 부모는 청소년 자녀와 이런 점에 대해 솔직히 이야기를 나누어 볼 필요가 있다. 왜냐하면 부모와 청소년 자녀의 성격이 서로 닮아서 갈등을 겪을 때는 다음과 같은 문제가 나타날 수 있기 때문이다.

① 갈등이 매우 빠르게 더 심각해진다.

② 나타난 갈등이 매우 느리게 해결된다.

(바) 협력 상황에 따른 갈등 유발

서로 협력하는 상황은 갈등을 유발할 수 있다. 왜냐하면 협력하기 위해서는 부모와 청소년 자녀 모두가 어떤 공통적인 것을 함께하여야 하기 때문이다. 예를 들어, 청소년 자녀가 두 명 이상일 경우, 부모는 청소년 자녀들에게 컴퓨터 한 대를 함께 사용하게 할 수 있다. 이렇게 되면, 청소년 자녀들은 컴퓨터를 사용하는 것과 관련해 서로 협력하여야 한다. 그러나 이런 상황은 부모와 청소년 자녀 사이에 갈등을 유발하거나, 청소년 자녀들 사이에 갈등을 유발할 수도 있다.

(사) 갈등의 자녀 친화 기능

갈등은 청소년 자녀들이 서로 잘 지내게 하는 식으로 작용할 수도 있다. 왜냐하면 청소년 자녀들 사이의 갈등은 청소년 자녀들이 다음과 같은 것을 할 수 있게 하기 때문이다.

① 서로 교류한다.
② 논쟁하는 법을 배운다.
③ 자신의 능력을 보여 준다.
④ 서로의 차이점을 파악한다.
⑤ 감정을 밖으로 드러내어 스트레스를 푼다.

그러므로 다음과 같은 상황에 있을 경우, 청소년 자녀들 사이의 갈등은 청소년 자녀들이 서로 의견이 일치하지 않을 때 서로 잘 지내는 방법을 배우는 기회가 될 수도 있다.

① 청소년 자녀들 사이의 갈등이 청소년 자녀에게 신체적 · 정서적으로 해를 끼치지 않도록, 부모가 갈등을 잘 감독한다.
② 청소년 자녀들 사이에 서로 평화롭게 잘 지내는 관계를 유지한다.

(아) 갈등의 폭력 유발

갈등은 폭력을 유발할 수 있다. 왜냐하면 상대방에 대해 크게 기분이 나쁘면 크게 화가 나게 되고, 크게 화가 나면 언어를 통해 학대하거나 신체적으로 학대할 수 있기 때문이다. 따라서 부모와 청소년 자녀 사이에 나타나는 갈등에서 가장 먼저 살펴보아야 할 것은, 감정이 심각해지는 것을 관리하는 것이다. 그러므로 부모와 청소년 자녀는 자신의 감정 상태를 파악해서 감정을 안정시키는 데 주목하여야 한다.

그리고 이런 탓에, 만약 부모와 청소년 자녀가 갈등하는 상황에서 부모나 청소년 자녀 중에서 누가 감정적으로 흥분할 가능성이 있다고 느낄 경우, 감정을 안정시키는 시간을 갖자고 제안할 필요가 있다. 그러고 나서 마음이 더 안정된 후에, 부모와 청소년 자녀는 이야기를 다시 시작할 수 있다.

(자) 부모의 성별에 따른 갈등 허용 차이

갈등을 참는 정도는 청소년의 아버지와 어머니 사이에 서로 차이가 날 수 있다. 일반적으로 아버지와 청소년 자녀 사이의 갈등보다는, 어머니와 청소년 자녀 사이의 갈등이 덜 심각한 경우가 많다. 이런 예를 구체적으로 제시하면 다음과 같다.

① 어머니의 경우, 청소년 자녀와의 갈등은 주장이 강한 자녀를 더 잘 이해하는 기회라고 인식할 수 있다.

② 아버지의 경우, 청소년 자녀와의 갈등은 부모에게 도전하는 것이라고까지 인식할 수 있다.

Points

- 부모는 청소년의 복리 수준을 높이고 청소년이 학습을 잘하는 것과 관련해 중요한 역할을 한다.
- 청소년에게 또래관계와 부모관계는 질적 측면에서 차이가 난다.
- 청소년 자녀와 관련해 부모가 겪는 어려움은 청소년의 성장 · 독립과 크게 연관된다.
- 부모와 청소년 자녀 사이의 갈등은 당연하다. 부모는 청소년 자녀와의 갈등에 대해 잘 알아야 한다.
- 청소년 자녀와의 갈등과 관련해 부모는 갈등 해결 방식의 존재, 갈등의 협력적 측면, 갈등의 모방 유발, 갈등의 교육적 효과, 비슷한 성격에 따른 갈등 증가, 협력 상황에 따른 갈등 유발, 갈등의 자녀 친화 기능, 갈등의 폭력 유발, 부모의 성별에 따른 갈등 허용 차이의 측면을 고려할 필요가 있다.

7. 청소년의 부모를 위한 지침

부모는 청소년 자녀와의 관계에서 어려움을 겪을 수 있고, 더 심각한 때는 부모와 청소년 자녀가 서로 크게 갈등할 수 있다. 따라서 이런 상황이 나타날 가능성을 줄이거나 없애기 위해서, 부모는 나름대로 노력할 필요가 있다. 이와 관련해, 청소년의 부모와 관련된 지침은 일반적 지침과 구체적 지침으로 나누어 볼 수 있다.

1) 일반적 지침

(1) 부모와 청소년 자녀 사이의 환경의 변화 관련

부모가 자라 온 환경과 청소년 자녀가 자라 온 환경은 서로 크게 차이가 나고 있다. 실제로, 어느 유엔 기관의 경우, 청소년이 사는 환경과 청소년의 부모가 성장한 환경 사이에 점점 더 차이가 나고 있다는 점에 주목한 바 있다(United Nations, 2016).

그러므로 부모는 자신이 자라 온 환경과 청소년 자녀가 자라 온 환경은 서로 크게 차이가 난다는 점을 인정하면서, 청소년을 이해하려고 노력할 필요가 있다.

(2) 청소년 자녀에 대한 꾸준한 믿음 관련

청소년기는 모든 성인이 반드시 거쳐야 하는 시기이다. 그리고 청소년 자녀가 후기 청소년기에 이를 경우, 대부분의 청소년은 부모와 훨씬 더 편하게 시간을 보내게 된다. 무엇보다도 부모가 청소년 자녀를 공정하고 일관성 있게 대하고 또한 청소년 자녀가 나름대로 성장할 수 있도록 해 주면, 청소년 자녀는 성인기에 들어가서 가족과의 관계를 계속해서 그대로 잘 유지할 가능성이 크다(Jones, 2012).

그러므로 부모는 청소년 자녀에 대해 너무 조바심을 갖지 않고, 청소년 자녀를 꾸준히 믿으면서 지켜볼 필요가 있다.

과학 실험 장소를 찾아온 아버지와 청소년 자녀: 부모는 청소년 자녀를 꾸준히 믿으면서 지켜볼 필요가 있다. [출처: 캐나다에서 저자 촬영]

(3) 청소년 자녀와의 관계 형성 관련

부모가 청소년 자녀를 지도하는 것은 청소년기에도 여전히 중요하다. 그러나 부모와 청소년 자녀 사이의 관계를 계속 잘 유지하고자 할 경우, 다음과 같은 점에 주목할 필요가 있다(Jesuit Social Services, 2009).

① 관계의 질적 측면이 점점 더 중요해진다. 즉, 관계를 얼마나 맺고 있느냐보다는, 관계의 내용이 더 중요해진다.

② 부모와 자녀 사이에 복종하는 측면보다는 서로 협력하는 측면이 점점 더 중요해진다.

그리고 청소년의 변하는 욕구를 잘 충족해 주기 위해서, 부모와 청소년 자녀 사이의 관계는 융통성이 있을 필요가 있다. 따라서 청소년기에는 부모와 청소년 자녀 사이의 관계가 권위적인 분위기에서 벗어나서 더 협력하는 분위기로 서서히 바뀔 필요가 있다(Jesuit Social Services, 2009). 이런 탓에, 부모는 청소년 자녀와 협력하는 분위기를 형성하는 데 관심을 가질 필요가 있다.

또한 부모는 청소년 자녀와 좋은 관계를 맺기 위해서 다음과 같은 방향으로 나아갈 필요가 있다(Jesuit Social Services, 2009).

① 규칙과 방안에 대해 서로 함께 논의하고 서로에게 유리한 방향으로 타협한다.

② 부모가 청소년의 행동에 대해서 판단하거나 청소년에게 어떤 것을 하라고 일방적으로 이야기하기보다는, 청소년을 따뜻하게 대하고 이해한다.

③ 청소년을 처벌하는 식으로 접근하지 말고, 청소년의 나이에 적절한 방식으로 접근한다.

(4) 청소년 자녀의 독립과 반항 관련

청소년기에 이르러 자녀가 부모를 멀리하려고 할 때, 부모는 서운한 감정을 가질 수 있다. 청소년이 된 자녀가 부모와 멀어지려 할 때 부모가 서운한 감정을 가지는 것은 당연하다. 그러나 부모는 청소년기를 잘 이해하면서, 청소년 자녀의 반응에 대해 너무 서운한 감정을 갖지 않도록 할 필요가 있다.

또한 오늘날에는 부모가 청소년 자녀에게 무엇을 하라고 일방적으로 지시하는 것이 통하지 않을 가능성이 크다. 이것은 청소년기가 성인의 권위를 그대로 받아들이지 않을 가능성이 큰 시기임을 고려하면 더욱 그렇다.

때에 따라서는 부모와 청소년 자녀가 교류하는 과정에서, 청소년 자녀는 부모가 해 주는 매우 좋은 말을 따르지 않을 수도 있다. 그러나 이런 현상은 청소년이 성장하는 과정에서 나타나는 한 부분이다. 따라서 부모는 청소년 자녀를 존중하고 청소년 자녀의 입장을 이해하려고 노력하면서 청소년 자녀와 교류할 필요가 있다. 다행스럽게도, 자녀가 청소년이 되기 이전에 부모가 자녀에게 심어 주는 가치 중에는, 자녀가 청소년이 되어서도 계속해 간직하는 가치가 많다(Jones, 2012).

그리고 때에 따라서 청소년 자녀는 부모에게 반항하거나 좋지 않은 행동을 할 수 있다. 이때도 부모는 청소년기의 특성을 잘 이해하면서 청소년 자녀를 가다듬어 줄 필요가 있다. 이와 관련해, 부모에게 도움이 될 만한 일반적 지침을 몇 가지 제시하면 다음과 같다(Jones, 2012).

① 청소년 자녀가 부모에 대해 하는 비난을 가슴 속에 담아 두지 않을 필요가 있다.
② 청소년 자녀를 포기하지 않을 필요가 있다. 왜냐하면 청소년 자녀는 부모가 생각하는 것 이상으로, 부모가 하는 모습이나 행동을 보고 있고, 부모의 이야기를 듣고 있고, 부모로부터 배우고 있기 때문이다.

더불어 부모는 다음과 같이 할 필요가 있다(Jesuit Social Services, 2009).

① 청소년에게 부모가 바라는 것을 이루도록 요구하지 않는다.
② 청소년에게 부모로서의 권위를 휘두르지 않는다.

부모가 청소년을 긍정적으로 양육하기 위해 필요한 것

부모는 청소년을 긍정적으로 양육하기 위해 여러 가지를 할 수 있다. 부모가 청소년을 긍정적으로 양육하기 위해 할 필요가 있는 것을 몇 가지 제시하면 다음과 같다(Blum et al., 2022).

① 청소년 자녀와 자주 교류한다.
② 청소년 자녀를 정서적으로 지지한다.
③ 청소년 자녀에게 적절히 반응한다.
④ 청소년 자녀의 행동과 교육에 대해 크게 기대한다.
⑤ 청소년 자녀의 행동을 꾸준히 살펴본다.

2) 구체적 지침

청소년 자녀가 있는 부모에게 도움이 될 만한 구체적인 지침에는 여러 가지가 있을 수 있다. 이런 지침은 청소년 자녀가 자신의 주장을 펼칠 때 부모가 겪을 수 있는 스트레스를 크게 줄여 주는 데 도움이 될 수 있다. 이런 지침을 몇 가지 제시하면 다음과 같다(Jones, 2012).

① 청소년 자녀의 이야기를 항상 들어줄 필요가 있다. 부모의 의견과 청소년 자녀의 의견이 서로 다른 경우에도, 부모는 청소년 자녀의 이야기를 항상 들어줄 필요가 있다.

② 부모를 어렵게 만드는 행동과 그런 행동을 한 사람을 혼동하지 않을 필요가 있다. 때에 따라서는, 부모는 청소년 자녀의 행동을 못마땅하게 생각하고 이런 행동에 화가 날 수 있다. 그러나 부모가 청소년 자녀의 행동을 못마땅하게 여기고 이런 행동에 화를 낸다고 해서, 이것이 부모가 청소년 자녀를 더 이상 사랑하지 않는다는 것을 의미하는 것은 아니다. 아마도 그와는 반대일 것이다. 즉, 위와 같이 부모가 반응하는 것은 부모가 청소년 자녀에게 그만큼 관심을 가진다는 것을 의미할 것이다. 따라서 부모가 청소년 자녀에게 화가 날 경우, 하나의 인간인 청소년 자

녀에게 화내지 말고, 청소년 자녀가 하는 행동에 대해 화낼 필요가 있다.

③ 계속해서 비난하지 않을 필요가 있다. 부모의 입장에서 청소년 자녀의 행동이나 겉모습이 아무리 못마땅할지라도, 부모는 청소년 자녀를 계속해서 비난하지 않을 필요가 있다. 무엇보다도, 부모는 별로 중요하지 않은 일은 무시할 필요가 있다. 그리고 더 큰 일에 대해서는, 부모는 청소년 자녀가 부모와는 다르게 생각할 권리를 가진다는 점을 인정할 필요가 있다. 이와 더불어 부모는 청소년 자녀를 진심으로 칭찬하는 기회를 많이 가질 필요가 있다.

④ 청소년 자녀가 하는 것에 대해 관심을 가질 필요가 있다. 그리고 부모의 의견과 청소년 자녀의 의견과 서로 다를 경우, 부모는 자신과 청소년 자녀가 서로 의견이 일치할 수 있는 점을 찾도록 노력할 필요가 있다. 최악의 경우, 부모와 청소년 자녀는 서로 의견이 다르다는 점에 대해 의견을 함께할 필요가 있다.

⑤ 설교하지 않을 필요가 있다. 부모는 청소년 자녀에게 "내가 네 나이였을 때는 어쩌구저쩌구 하였다"는 식으로 말하지 않도록 조심할 필요가 있다. 사실, 청소년이었을 때의 부모와 현재의 청소년 자녀 사이에는, 부모 자신이 생각하는 것보다 공통점이 더 많을 수 있다는 점을 부모는 인식할 필요가 있다.

또한 청소년 자녀가 있는 부모가 하여야 하는 중요한 역할은, 청소년 자녀가 잘 성장해서 독립적인 인간이 되게 하는 것이다. 그리고 이렇게 함으로써, 청소년 자녀가 자신의 삶에 영향을 미치는 것에 대해 결정하는 법을 배우게 하는 것이다. 그러나 청소년 자녀가 행동하는 것과 관련해, 부모는 청소년 자녀가 할 수 있는 행동의 범위를 정해 줄 필요가 있다. 하지만 부모는 정해진 범위 내에서 청소년 자녀가 자율적으로 뜻을 펼칠 수 있게 해 줄 필요가 있다. 이렇게 함으로써, 청소년 자녀가 자신은 현재 어떤 존재이고 또한 자신은 나중에 어떤 존재가 되기를 원하는지에 대해 알도록 해 줄 필요가 있다(Jones, 2012).

그리고 부모가 자신의 청소년기를 회상하는 것은 청소년 자녀를 이해하는 데 크게 도움이 될 수 있다. 즉, 부모의 경우, 자신이 청소년이었을 때를 돌이켜 생각해 보면,

청소년 자녀를 이해하는 데 도움이 될 수 있다. 예를 들어, 부모는 자신이 청소년이었을 때 다음과 같이 하지 않았는지를 생각하면서, 청소년 자녀를 이해하는 시간을 가질 필요가 있다(Jones, 2012).

① 부모에게 반항하였다.
② 옷차림이 이상하였다.
③ 듣는 음악이 시끄러웠다.

그러므로 부모는 자신이 청소년기이었을 때의 경험과 태도와 맺은 관계가, 오늘날의 청소년 자녀의 상황과 실제로 크게 다른지를 생각해 볼 필요가 있다(Jones, 2012).

Points

- 청소년의 부모는 부모와 청소년 자녀 사이의 환경의 변화, 청소년 자녀에 대한 꾸준한 믿음, 청소년 자녀와의 관계 형성, 청소년 자녀의 독립과 반항 측면에 일반적으로 주목할 필요가 있다.
- 청소년의 부모를 위한 구체적인 지침은 자녀가 주장을 펼칠 때 부모가 겪을 수 있는 스트레스를 크게 줄여 주는 데 도움이 된다.

8. 청소년복지 전문가와 국가의 역할

1) 청소년복지 전문가의 역할

청소년복지 영역에서 활동하는 전문가의 경우, 가족과 관련해 여러 가지 역할을 할 필요가 있다.

(1) 일반적 영역

가족에 속하는 청소년 자녀의 수는 가족구성원과 자녀들 사이의 관계에 영향을 미치고 있다. 예를 들어 자녀가 한 명일 경우, 부모는 청소년 자녀에 대해 집중적으로 관심을 가질 수밖에 없다. 따라서 자녀가 한 명인 가족에서 자라는 청소년(즉, 외아들 청소년이나 외동딸 청소년)은 부모의 영향을 더 받을 가능성이 크다.

그러나 청소년 자녀가 두 명 이상일 경우, 부모는 모든 청소년 자녀에 대해 똑같이 신경을 쓰기 어려울 수 있다. 따라서 청소년 자녀가 두 명 이상일 경우, 부모와 기타 가족구성원이 특정한 청소년 자녀에게 신경을 더 써서 다른 청소년 자녀가 불만을 가지는 상황이 나타날 수 있다. 그러므로 청소년복지 영역에서 활동하는 전문가의 경우, 청소년 자녀가 두 명 이상인 가족에 대해서는 이런 상황이 나타나지 않도록 하면서 서비스를 제공할 필요가 있다.

(2) 구체적 영역

(가) 교육 관련

청소년의 복리 수준을 높이기 위해서는 부모가 청소년을 제대로 이해하는 것이 중요하다. 그러므로 청소년복지 영역에서 활동하는 전문가의 경우, 청소년기는 민감한 시기라는 점을 부모와 기타 가족구성원에게 교육하는 데 관심을 가질 필요가 있다. 이런 교육에서는, 청소년이 발달하는 과정에서 나타나는 반항적 측면을 부모가 이해하도록 해 줄 필요가 있다.

그리고 안정되지 못한 가족은 청소년의 복리에 부정적으로 영향을 미칠 수 있다. 때에 따라서는 부모와 청소년 자녀 사이의 갈등이 폭력을 유발할 수 있다. 그러므로 청소년복지 영역에서 활동하는 전문가의 경우, 가족이 청소년의 발달에 어떻게 부정적으로 영향을 미칠 수 있는지에 대해, 부모와 기타 가족구성원에게 교육하는 데 관심을 가질 필요가 있다.

또한 청소년은 가족이나 가족구성원에 대해 부정적으로 인식할 수도 있다. 그러므로 청소년이 가족이나 가족구성원에 대해 가지는 매우 부정적인 감정과 태도에 대해, 부모와 기타 가족구성원에게 교육하는 데 관심을 가질 필요가 있다(Jesuit Social Services, 2009).

(나) 가족구성원의 지지와 교류 관련

가족구성원이 서로 지지하고 교류하는 관계를 형성하는 것은 청소년의 복리에 매우 중요하다. 그러므로 청소년복지 영역에서 활동하는 전문가의 경우, 가족과 관련해 다음과 같이 하는 데 주목할 필요가 있다.

① 청소년과 가족구성원이 서로 지지하는 관계를 더 형성하도록 도와준다.
② 가족구성원들끼리 서로 교류하도록 도와준다.

때에 따라서는 청소년이 가족구성원과 전혀 교류하지 않을 수도 있다. 이 경우, 청소년복지 영역에서 활동하는 전문가는 청소년을 적절한 가족구성원과 다시 연결하는 데 주목할 필요가 있다(Jesuit Social Services, 2009).

(다) 외부 자원 관련

때에 따라서는 청소년이 가족구성원의 일부나 모두와 접촉하는 것이 청소년에게 해로울 수 있다. 이때에는 다른 사람이 개입하는 것이 좋을 수도 있다. 예를 들어, 청소년과 가족구성원 사이의 관계가 좋지 않을 경우, 확대가족의[9] 구성원(예컨대, 할아버지나 할머니)이나 지역사회에 있는 성인이 청소년의 삶에서 긍정적인 역할 모델을 할 수 있다. 이때, 청소년이 정서적으로 발달하는 데 필요한 자원을 제공해 줄 수 있는 기타 중요한 성인이 필요할 수 있다. 왜냐하면 청소년이 가장 건강하게 자랄 수 있도록 해 주기 위해서는, 청소년의 발달과 관련된 욕구를 충족해 주어야 하기 때문이다(Jesuit Social Services, 2009). 그러므로 청소년복지 영역에서 활동하는 전문가의 경우, 다른 가족이나

9) 확대가족은 여러 친척으로 구성된 가족을 말한다(노병일 · 노대겸, 2017).

지역사회의 자원을 적극적으로 사용할 필요가 있다.

그리고 청소년과 관련된 전문가들은 청소년의 발달과 관련해 부모와 기타 가족구성원에게 전문적인 도움을 줄 수 있다. 그러므로 청소년복지 영역에서 활동하는 전문가의 경우, 여러 전문가가 가지고 있는 자원을 적극적으로 사용할 필요가 있다.

2) 국가의 역할

(1) 청소년의 부모 관련

청소년의 복리와 관련해서는 청소년의 부모가 중요하다. 이와 관련해, 어느 유엔 기관은 국가는 다음과 같이 할 의무가 있다는 점을 강조하고 있다(United Nations, 2016).

① 부모를 적절하게 도와준다.

② 부모가 아동이 가장 적절하게 발달하는 데 필요한 것을 지원하는 것을 도와주고, 부모가 아동이 가장 적절하게 발달하는 데 필요한 생활 환경을 형성하는 것을 도와준다.

앞에서 제시한 측면은 청소년의 부모에게도 그대로 해당하고 있다. 그러므로 국가의 경우, 앞에서 제시한 측면과 관련해 나름의 역할을 할 필요가 있다.

(2) 가정 밖 청소년 관련

일부 청소년은 가정에서 보호를 받지 못하고 있다. 우리나라 법에서는 이런 청소년을 '가정 밖 청소년'이라고 부르고 있다. 우리나라의 「청소년복지 지원법」에 따르면, 가정 밖 청소년은 "가정 내 갈등 · 학대 · 폭력 · 방임, 가정해체, 가출 등의 사유로 보호자로부터 이탈된 청소년으로서 사회적 보호 및 지원이 필요한 청소년"을 말한다(국가법령정보센터, 2024).

그러나 가정 밖 청소년은 안전하지 않은 환경에서 생활할 가능성이 크다(노병일, 2022c). 따라서 국가의 경우, 가정 밖 청소년이 안전한 상태에서 기본적 생활을 하도록 도와줄 필요가 있다. 그리고 더 나아가, 가정 밖 청소년을 가족과 연결해서 좋은 관계를 유지하도록 도와줄 필요가 있다.

Points

- 청소년복지 전문가는 청소년 자녀가 두 명 이상인 가족에 대해서는 자녀가 서로 불만을 가지는 상황이 나타나지 않도록 하면서 서비스를 제공하고, 청소년기는 민감한 시기라는 점과 가족이 청소년 발달에 부정적 영향을 미칠 수 있는 점을 가족구성원에게 교육하는 데 관심을 가지고, 청소년 · 가족구성원과 서로 지지하는 관계를 더 형성하고, 가족구성원들끼리 서로 교류하도록 도와주고, 다른 가족이나 지역사회의 자원과 전문가의 자원을 적극적으로 사용할 필요가 있다.
- 국가는 청소년의 부모가 청소년이 가장 적절하게 발달하는 데 필요한 것을 지원하는 것을 도와주고, 부모가 이와 관련된 생활 환경을 형성하는 것을 도와주고, 가정 밖 청소년이 안전한 상태에서 기본적 생활을 하도록 도와줄 필요가 있다.

Chapter

06

지역사회와 청소년복지

CONTENTS

1. 지역사회에 대한 관심의 필요성

청소년은 성장하면서 여러 체계와 관계를 맺고 있다. 이런 체계는 청소년의 복리 수준을 높이는 데 중요한 역할을 하고 있다. 이 경우, 청소년의 복리 수준을 높이는 것과 관련된 주요한 체계로 가족, 학교, 지역사회(community)를 들 수 있다(Schreier, Schonert-Reichl & Chen, 2013; French, 2015). 이 중에서 청소년과 우선 밀접하게 관련되는 체계는 가족과 학교일 것이다.[1)]

그러나 청소년은 가족구성원과 학교구성원 이외의 사람이나 관련 기관과도 끊임없이 교류하고 있다. 이때 청소년이 교류하는 사람은 자신이 거주하는 지역사회의 주민인 경우가 많다. 그리고 청소년이 교류하는 기관은 자신이 거주하는 지역사회에 있는 경우가 많다.

사실, 청소년이 거주하는 지역사회에는 학교,[2)] 복지기관, 행정기관, 의료기관, 종교기관, 학원, 사업장 등이 많이 있다. 또한 지역사회에는 청소년이 자주 오가는 공간이 많이 있다. 이와 관련된 공간의 예로 시장, 상가, 공원, 공연장, 극장이 있다. 따라서 청소년은 지역사회와 뗄 수 없는 관계를 맺고 있다. 실제로 어느 국가기관의 경우, 청소년복지를 정의하는 데 있어 지역사회가 청소년의 건강 수준과 복지 수준을 높이기 위해 노력하는 부분도 포함시키고 있다.[3)]

이런 탓에, 지역사회는 청소년의 복리에 크게 영향을 미치고 있다. 구체적으로 지역사회의 주민이나 기관은 청소년의 복리에 크게 영향을 미치고 있다. 예를 들어, 청소년의 이웃 주민이나 지역사회의 학교나 종교기관은 청소년의 복리에 여러 가지 방식으로 영향을 미치고 있다.

그러나 이와 반대로, 청소년도 지역사회에 영향을 미치고 있다. 구체적으로 청소년

1) 학교에 대해서는 청소년과 학교를 다루는 장(제7장)에서 자세히 설명한다.

2) 특히 청소년이 많은 시간을 보내는 학교가 자신이 거주하는 지역사회에 있을 경우, 청소년은 학교를 통해서도 지역사회와 크게 교류하고 있다.

3) 이에 대해서는, 청소년복지의 정의를 다루는 장(제3장)에서 이미 설명한 바 있다.

은 지역사회의 주민이나 기관에 영향을 미치고 있다. 예를 들어, 청소년이 많은 지역사회에 있는 복지기관이나 종교기관은 청소년에 맞추어 프로그램을 설계하지 않을 수 없다.

결국, 청소년과 지역사회는 서로에게 영향을 미치고 있다. 그리고 이런 과정에서 지역사회는 청소년의 복리 수준을 높이는 것과 크게 관련되고 있다. 무엇보다도 아동이 자라서 10대가 될 때 지역사회는 특히 중요하다. 그러므로 청소년복지에서는 지역사회에 대해 관심을 가질 필요가 있다.

Points

- 지역사회는 청소년의 복리 수준을 높이는 것과 크게 관련된다. 따라서 청소년복지에서는 지역사회에 대해 관심을 가질 필요가 있다.

2. 지역사회의 정의와 청소년복지와 관련된 지역사회 요소

1) 지역사회의 정의

지역사회가 무엇인지에 대해서는 여러 가지 견해가 있다. 그러나 그동안의 경우, 연구하는 목적에 따라서 지역사회를 공동의 목적을 함께 추구하는 사람들의 집단이라고 정의하거나, 지리적인 장소라고 정의해 왔다(Antonishak, Sutfin & Reppucci, 2005; Children's Bureau, 2019). 따라서 지역사회를 정의하는 방식은 다음과 같이 크게 두 가지로 구분할 수 있을 것으로 보인다.

① 공동체 측면과 관련시켜 정의한다.

② 지리적 측면과 관련시켜 정의한다.

때에 따라서는 지역사회를 공동체의 측면과 지리적 측면을 모두 고려하면서 정의할 수도 있다. 하지만 청소년복지와 관련해서는 지역사회를 지리적 측면과 관련시키면서 정의하는 것이 현실적으로 유리할 것으로 보인다. 이렇게 볼 경우, 지역사회는 특정한 사람들이 사는 지역을 말한다.[4)]

샤갈(Chagall)의 '나와 마을': 오늘날에는 청소년과 관련된 지역사회의 범위가 더 넓어지고 있다. [출처: Wikipedia]

4) 본 장에서는 지역사회를 지리적 측면과 관련시키면서 설명한다.

지역사회의 범위는 주관적일 수 있다. 그러나 오늘날에는 이동 수단 등이 크게 발달하기 때문에, 청소년과 관련된 지역사회의 범위가 과거보다 더 넓어지고 있다. 실제로 일부 학자의 경우, 청소년들 사이에 공통된 유대감을 형성하고 청소년들이 함께 경험하는 복잡하고 서로 관련된 여러 요인을 고려하기 위해서, 지역사회를 넓게 정의하고 있다(Antonishak, Sutfin & Reppucci, 2005).

2) 청소년복지와 관련된 지역사회 요소

청소년복지와 관련해 살펴볼 때, 지역사회를 구성하는 요소는 지역사회를 어떻게 정의하느냐에 따라 달라질 수밖에 없다. 일부 학자의 경우, 지역사회에 청소년의 문화에 영향을 미치는 여러 가지 요소를 포함시키고 있다. 따라서 청소년의 복리에 중요하게 영향을 미치는 지역사회 요소로 지역사회에 있는 학교, 종교기관, 복지기관과 같은 것을 들 수 있다(Antonishak, Sutfin & Reppucci, 2005).

물론 이외에도 지역사회를 구성하는 요소는 여러 가지가 있다. 이런 탓에, 청소년의 복리에 영향을 미치는 모든 지역사회 요소를 고려하는 것은 어려울 수 있다.

Points

- 지역사회는 공동 목적을 추구하는 사람들의 집단이나 지리적 장소라고 정의해 왔다. 그러나 청소년복지와 관련해서는 지역사회를 지리적 측면과 관련시키며 정의하는 것이 유리하다.
- 오늘날에는 청소년과 관련된 지역사회의 범위가 과거보다 더 넓어지고 있다.
- 청소년의 복리에 영향을 미치는 지역사회 요소에는 여러 가지가 있다.

3. 지역사회가 청소년복지와 관련된 측면

1) 일반적 측면

청소년을 둘러싸고 있는 지역사회는 다양한 방식으로 청소년의 복리에 영향을 미치고 있다. 지역사회는 청소년의 복리와 관련해 긍정적 요인으로 작용할 수도 있고 부정적 요인으로 작용할 수도 있다(Children's Bureau, 2019; Reitz-Krueger, Nagel, Guarnera & Reppucci, 2015).

청소년과 관련된 지역사회가 청소년의 복리에 영향을 미치는 방식을 몇 가지 제시하면 다음과 같다(노병일 · 곽현근, 2003; 노병일 · 곽현근, 2005; Children's Bureau, 2019).

① 청소년에게 위험을 유발하는 요인으로 작용한다. 따라서 지역사회는 청소년 개인이 가지고 있는 문제나 청소년과 관련된 사회문제를 유발하는 공간이 될 수 있다. 예를 들어, 지역사회가 경제적으로 취약한 것은, 지역사회에 살고 있는 청소년에게 좋지 않은 정신건강을 유발하는 요인이 될 수 있다.

② 청소년을 보호하는 요인으로 작용한다. 우선, 지역사회는 청소년의 사회적 욕구를 충족하는 데 도움을 준다. 또한 지역사회는 청소년에게 문제가 발생하지 않도록 하는 공간이 될 수 있다. 예를 들어, 지역사회에는 다양한 자원이 존재하는데, 이런 지역사회 자원은 청소년문제가 발생하지 않도록 하는 데 도움을 줄 수 있다.

③ 청소년을 위해 개입하는 요인으로 작용한다. 따라서 지역사회는 청소년 개인의 문제나 청소년과 관련된 사회문제를 해결하는 공간이 될 수 있다. 특히 청소년문제의 원인이 지역사회에 있을 경우, 이런 청소년문제에 대한 해결 방법을 지역사회에서 찾을 수밖에 없다. 예를 들어, 지역사회가 경제적으로 취약하므로 청소년의 정신건강이 좋지 않게 되었을 경우, 청소년의 정신건강을 좋게 하기 위해서는 청소년 개인 수준에서뿐만 아니라 지역사회 수준에서도 개입할 필요가 있다.

생태학적 모델과 청소년의 발달

여러 사회체계와 관련되는 관점이 생태학적(ecological) 관점이다. 생태학적 관점에서는 사회에 존재하는 여러 수준의 체계와 청소년이 서로 교류하는 측면을 살펴보고 있다.

생태학적 관점을 취하는 대표적인 모델로 브론펜브레너(Bronfenbrenner)의 생태학적 모델이 있다(노병일, 2020b). 브론펜브레너의 생태학적 모델은 아동의 발달에 대한 것이지만, 청소년의 발달과 관련해서도 그대로 적용할 수 있다. 브론펜브레너의 생태학적 모델에서는, 지역사회가 청소년에게 영향을 미치는 요인 중에서 사회적 환경이 중요하다는 점을 강조하고 있다(Antonishak, Sutfin & Reppucci, 2005).

2) 구체적 측면

(1) 지역사회의 유대 관련

지역사회에서는 주민들이 서로 친하게 교류하면서 지내는 것이 중요하다. 주민들끼리 서로 관계를 잘 맺는 지역사회는 청소년의 복리에 긍정적으로 영향을 미치고 있다. 예를 들어, 주민들끼리 사회적으로 관계를 잘 맺는 지역사회에서 사는 청소년은 다음과 같은 상황에 있을 가능성이 크다(Blum et al., 2022).

① 위험한 행동에 덜 관여한다.

② 정서적 스트레스를 덜 경험한다.

③ 건강에 좋은 행동을 더 한다.

④ 자신은 능력 있는 존재라고 보는 경우가 더 많다.

(2) 지역사회 수준의 특성 관련

지역사회는 나름의 고유한 특성을 지니고 있다. 따라서 특정한 기준에서 살펴볼 경우, 각 지역사회는 서로 차이가 나고 있다. 예를 들어, 개인이 소득 수준에서 서로 차이가 나는 것처럼, 지역사회도 경제적 수준에서 서로 차이가 나고 있다. 따라서 이때에는 지역사회를 경제적 수준이 높은 지역사회(부유한 지역사회)와 경제적 수준이 낮은 지역사회(취약한 지역사회)로 구분할 수 있다.

지역사회 수준의 이런 특성은 청소년의 복리에 영향을 미치고 있다. 이와 특히 관련되는 것은 '지역사회(동네) 효과(community(neighborhood) effect)'이다. 일반적으로 지역사회 효과는 개인적 특성과는 별도로 지역사회의 특성이 독립적으로 복리에 영향을 미치는 것을 말한다(노병일 · 곽현근, 2005). 예를 들어, 지역사회가 경제적으로 취약한 정도는 지역사회 주민의 정신건강에 영향을 미치고 있다(노병일 · 곽현근, 2003; 노병일 · 곽현근, 2005). 이런 상황은 청소년에게도 그대로 적용되고 있다. 따라서 청소년의 개인적 특성뿐만 아니라 지역사회 수준의 고유한 특성도 청소년의 복리에 영향을 미치고 있다.

지역사회 효과와 관련해 많이 제시하는 지역사회 특성은 지역사회가 취약한 정도이다(노병일 · 곽현근, 2003; 노병일 · 곽현근, 2005). 그러므로 청소년이 부유한 지역사회에서 거주하느냐 또는 빈곤한 지역사회에서 거주하느냐에 따라서, 청소년의 복리 수준이 달라질 수 있다. 실제로 그동안의 연구에서, 취약한 지역사회는 청소년의 복리에 부정적으로 영향을 미칠 수 있는 것으로 나타나고 있다. 예를 들어, 취약한 지역사회에서 성장하는 청소년은 교육과 관련된 영역, 정서적 영역, 건강과 관련된 영역에서 어려움을 겪을 가능성이 큰 것으로 나타나고 있다. 또한 지역사회가 취약한 것은 청소년이 사회의 일반적 가치에 어울리지 않는 행동을 하는 것과 관련되는 것으로 나타나고 있다(Odgers et al., 2009). 이런 행동의 예로 청소년이 약물을 사용하는 것, 10대에 임신하는 것이 있다.

또한 지역사회에서 교류가 많은 것은 청소년의 복리에 영향을 미치고 있다. 예를 들어, 지역사회에서 활발하게 교류하는 것은 청소년이 자기 생활에 만족하는 정도에 영향을 미치고 있다(French, 2015).

(3) 지역사회의 자원 관련

지역사회는 나름의 여러 가지 자원을 가지고 있다. 지역사회의 자원에는 거의 모든 지역사회가 가지고 있는 일반적 자원도 있고, 해당 지역사회만 가지고 있는 특수한 자원도 있다. 지역사회가 가지고 있는 일반적 자원의 예로 지역사회 주민이 제공하는 여러 가지 형태의 기부금과 후원 활동, 지역사회에 있는 복지기관이나 학교에서 제공하는 물품과 서비스가 있다. 지역사회가 가지고 있는 다양한 형태의 자원은, 지역사회에 거주하는 청소년의 복리에 긍정적으로 영향을 미치고 있다.

(4) 지역사회에의 기여 관련

지역사회는 '사회'의 한 부분이고, 동시에 나름의 작은 사회를 구성하고 있다. 따라서 청소년은 지역사회에 관여하면서 여러 가지 역할을 하면서 지역사회에 이바지할 수 있다.[5)]

또한 청소년은 능력을 가진 존재이다. 지역사회의 모든 주민이 나름의 능력을 가지고 있지만, 한창 발달하는 시기에 있는 청소년은 청년이나 노인과는 다른 나름의 독특한 능력을 가지고 있다. 따라서 청소년은 자신이 가진 능력을 자신이 거주하는 지역사회가 더 나은 공간이 되도록 하는 데 이바지할 수 있다.

5) 이것은 '시민 관여'와 관련되는데, 여기에 대해서는 뒤에서 자세히 설명한다.

지역사회의 공원에서 주민을 위해 연주하는 청소년들: 청소년은 자신의 능력을 지역사회가 더 나은 공간이 되도록 하는 데 이바지할 수 있다. [출처: 저자 촬영]

결국, 청소년은 자신이 하는 역할과 자신이 가진 능력을 지역사회의 복리 수준을 높이는 데 이바지할 수 있다. 그리고 이렇게 하는 과정에서 청소년 자신의 복리 수준도 높아지게 된다.

Points

- 지역사회는 청소년에게 위험을 유발하는 요인, 청소년을 보호하는 요인, 청소년을 위해 개입하는 요인으로 작용하면서 청소년의 복리에 영향을 미칠 수 있다.
- 지역사회 수준의 특성은 청소년의 복리에 영향을 미치는데, 이와 관련되는 것이 지역사회(동네) 효과이다.
- 지역사회의 다양한 자원은 청소년의 복리에 긍정적 영향을 미친다.
- 청소년의 역할과 능력은 지역사회의 복리 수준을 높이는 데 이바지할 수 있고, 이런 과정에서 청소년의 복리 수준도 높아진다.

4. 청소년의 지역사회 관여와 관련된 모델

1) 시민 관여 모델

청소년이 지역사회에 관여하는 것과 관련된 기본적인 모델은 '시민 관여(civic engagement) 모델'이다. 시민 관여 모델은 지역사회에 거주하는 모든 주민에게 해당하는 모델이다.[6)]

문자 그대로 볼 때, 시민 관여는 시민으로서 관여하는 것을 말한다. 그러나 구체적으로 볼 때, 시민 관여는 일반인이 관심을 가지는 문제를 파악하고 해결하기 위한 개인 행동과 집단 행동을 말한다(American Psychological Association, 2024).

그러므로 청소년의 지역사회 관여와 관련된 시민 관여 모델은, 청소년이 지역사회의 주민이 관심을 가지는 문제를 파악하고 해결하기 위해 개인 · 집단으로 행동하는 것과 관련된 일반적인 모델이라고 볼 수 있다.

2) 지역사회 청소년 발달 모델

청소년이 지역사회에 관여할 때 직접 관련되는 모델은 '지역사회 청소년 발달(community youth development)' 모델이다. 지역사회 청소년 발달 모델은 청소년의 발달과 지역사회의 발달을 한 틀에서 함께 다루어 봄으로써, 청소년이 발달하는 것과 지역사회가 발달하는 것은 서로 관련된다는 점을 강조하는 모델이다(Wikipedia, 2024a).

청소년은 자신의 주위에 있는 환경을 변화시키기를 바라는 경우가 많다. 지역사회 청소년 발달 모델의 경우, 청소년의 이런 자연스러운 특성을 이용하고 있다. 이를 위해 지역사회 청소년 발달 모델에서는, 청소년이 자신의 개인적 능력을 개발하면서 자신의 지역사회에 이바지할 기회를 만들어 주기 위해서, 청소년과 관련된 조직과 지역사회의

6) 따라서 시민 관여 모델은 청소년에게뿐만 아니라 지역사회의 모든 주민에게 적용할 수 있다.

기관 사이에 협력하는 관계를 형성하는 데 주목하고 있다(Wikipedia, 2024a).

청소년의 동네 관여 프로그램에 대한 안내문: 지역사회 청소년 발달 모델에서는 청소년이 지역사회에 이바지할 기회를 만들어 주려 한다. [출처: 저자 촬영]

지역사회 관여와 사회자본

청소년의 지역사회 관여는 사회자본(social capital)의 측면에서 살펴볼 수 있다. 이때, 사회자본에 대한 틀은 청소년의 지역사회 관여와 관련된 모델이 될 수 있다.

여러 학자와 기관은 사회자본에 대해 정의하고 있다(노병일 · 심희숙, 2013). 예를 들어 푸트넘(Putnam)의 경우, 사회자본은 지역사회 조직에 관여하는 것, 지역사회에서의 자원봉사, 비공식적 교류, 사회적 신뢰에 관여하는 것이라고 보고 있다(Blum et al., 2022).

사회자본은 여러 가지 방식으로 얻을 수 있다. 청소년의 경우, 사회자본은 지역사회에 관여함으로써 얻을 수도 있다. 예를 들어, 청소년이 지역사회에서 서비스를 제공하고 지역사회에서 자원봉사 활동을 할 경우, 청소년의 사회자본이 증가하게 된다.

Points

- 시민 관여 모델은 청소년이 지역사회 주민이 관심을 가지는 문제를 파악 · 해결하기 위해 개인 · 집단으로 행동하는 것과 관련된 일반적 모델이다.
- 지역사회 청소년 발달 모델은 청소년의 발달과 지역사회의 발달이 서로 관련된다는 점을 강조하는 모델이다.
- 사회자본에 대한 틀은 청소년의 지역사회 관여와 관련된 모델이 될 수 있다.

5. 청소년의 지역사회 관여의 장점과 형태 및 사례

1) 청소년의 지역사회 관여의 장점

청소년이 지역사회에 관여하는 것은 여러 가지 장점을 지니고 있다. 우선, 사랑에 대한 욕구와 소속에 대한 욕구는 인간의 기본적 욕구에 속하고 있다. 따라서 청소년이 지역사회에서 교류하고 활동하는 것은 이런 욕구를 충족하는 데 도움을 주고 있다.

그리고 청소년이 지역사회에 관여하는 것은 청소년 개인의 복리에 긍정적으로 영향을 미치고 있다. 예를 들어, 청소년은 지역사회에 관여하면서 자신의 네트워크를 형성하고 자신감을 얻는 경우가 많다(Global Coalition to End Child Poverty, 2017). 이렇게 되면, 청소년의 복리 수준이 더 높아지게 된다.

또한 청소년이 지역사회에 관여하는 것은 청소년 개인 수준에서뿐만 아니라 지역사회 수준에서도 긍정적으로 영향을 미치고 있다. 청소년이 지역사회에 관여할 때 나타나는 장점을 몇 가지 제시하면 다음과 같다(노병일 · 심희숙, 2013).

① 지역사회의 환경이 더 좋아진다. 그리고 그 결과로 지역사회의 복리 수준이 더 높아지게 되고, 이에 따라 지역사회에 거주하는 청소년의 복리 수준도 더불어 더 높아지게 된다.

② 청소년문제가 없어지거나 줄어든다. 그리고 그 결과로 지역사회에 거주하는 청소년의 복리 수준이 더 높아지게 된다.

③ 지역사회에 거주하는 청소년에게 지지 네트워크와 지역사회 사회자본(community social capital)이 늘어난다. 일반적으로 지역사회 사회자본은 지역사회 수준의 폭넓은 사회적 지지를 말한다. 청소년에게 지지 네트워크와 지역사회 사회자본이 늘어나는 것은, 청소년이 지역사회와 일반 사회에서 더 큰 역할을 하고 능력을 더 키우는 데 긍정적으로 작용하게 된다. 그리고 이렇게 될 경우, 지역사회의 복리 수준과 청소년의 복리 수준은 더 높아지게 된다.

2) 청소년의 지역사회 관여의 형태

(1) 형태의 구분

청소년이 지역사회에 관여하는 형태에는 여러 가지가 있을 수 있다. 그러나 크게 볼 경우, 청소년이 지역사회에 관여하는 형태를 돌봄 제공과 관련된 관여(돌봄 제공 관여)와 사회적 · 정치적 행동과 관련된 관여(사회적 · 정치적 관여)로 구분할 수 있다.

(2) 각 관여 형태의 내용

(가) 돌봄 제공 관여

돌봄 제공 관여는 청소년이 지역사회에서 다른 사람을 돌보기 위해 관여하는 것을 말한다. 돌봄 제공 관여는 청소년이 지역사회에서 취약층이나 기타 집단에게 서비스를 제공하는 데 참여하는 형태인 경우가 많다. 따라서 돌봄 제공 관여는 청소년이 지역사회에서 자원봉사 활동을 통해서 하는 경우가 많다.

청소년과 자원봉사 활동

청소년에게 지역사회에 긍정적으로 영향을 미칠 기회를 제공하는 방법의 하나는, 청소년이 지역사회에서 자원봉사 활동을 하게 하는 것이다. 지역사회에서 자원봉사 활동을 할 경우, 청소년은 지역사회에 대한 소속감을 더 느낄 가능성이 크다. 그리고 청소년이 지역사회에서 자원봉사 활동을 하는 것은, 청소년에게도 긍정적으로 영향을 미치고 또한 자원봉사 활동의 대상자에게도 긍정적으로 영향을 미치는 것으로 알려져 있다(Children's Bureau, 2019).

청소년이 지역사회를 위해 하는 돌봄 제공 관여는 크게 다음과 같이 구분할 수 있다.

① 한방향적(일방적, unidirectional) 관여가 있다. 한방향적 관여는 청소년이 지역사회에 있는 특정한 대상자에게 서비스를 제공하는 것을 말한다. 한방향적 관여에서 청소년은 지역사회에 관여하고, 대상자는 이런 서비스를 이용한다. 따라서 한방향적 관여의 경우, 청소년이 중심적 역할을 한다.

② 양방향적(bidirectional) 관여가 있다. 양방향적 관여는 청소년이 지역사회에 있는 특정한 대상자와 동등한 입장에서 서로 교류하면서 서로에게 서비스를 제공하는 것을 말한다. 따라서 양방향적 관여의 경우, 청소년과 특정 대상자 모두가 중심적 역할을 한다.

(나) 사회적 · 정치적 관여

사회적 · 정치적 관여는 청소년이 지역사회를 변화시키거나 청소년집단의 복리 수준을 높이기 위해 관여하는 것을 말한다. 따라서 청소년의 사회적 · 정치적 관여의 경우, 지역사회를 변화시키거나 청소년의 복리 수준을 높이는 데 있어 청소년이 중심적 역할을 하고 있다.

3) 청소년의 지역사회 관여의 사례

(1) 돌봄 제공 관여의 사례

(가) 한방향적 관여

청소년이 돌봄을 제공하는 것과 관련해 지역사회에서 한방향적 관여를 하는 대표적인 예로, 지역사회에서 서비스를 제공하는 일반적인 자원봉사 활동을 꼽을 수 있다. 청소년이 지역사회에서 취약한 층이나 기타 집단에게 자원봉사 활동을 하면서 서비스를 제공하는 것은, 서비스를 제공받는 대상자의 복리 수준을 높이는 데 크게 이바지하고 있다. 그러나 다른 사람을 돕기 위해 청소년이 지역사회에서 자원봉사 활동을 하는 것은, 청소년 자신의 복리에도 긍정적으로 영향을 미치고 있다(Schreier, Schonert-Reichl & Chen, 2013).

청소년이 한방향적으로 돌봄 제공 관여를 하는 구체적인 사례로, 미국의 청소년 지역사회 서비스(youth community service) 프로그램을 들 수 있다. 청소년 지역사회 서비스 프로그램의 경우, 청소년이 매주 만나서 지역사회에서 중요하게 필요한 것을 파악하고, 이와 관련된 문제를 해결하기 위한 활동을 하고 있다. 이 중에서 청소년이 지역사회를 위해 한 활동의 예로 다음과 같은 것이 있다(Youth Community Service, 2018).

① 노숙인 쉼터에서 필요한 물품을 갖다 주는 것을 도와준다.

② 지역사회의 노인을 위해 봉사한다. 예를 들어, 지역사회의 노인이 자기가 좋아하는 사람에게 보낼 카드를 만드는 것을 도와준다.

③ 아동병원에서 사용할 미술자료를 준비하는 것을 도와준다.

(나) 양방향적 관여

청소년이 돌봄을 제공하는 것과 관련해 지역사회에서 양방향적 관여를 하는 대표적인 예로, 청소년과 노인이 서로에게 도움을 주는 세대통합 프로그램(intergenerational program)을 꼽을 수 있다. 일반적으로 세대통합 프로그램은 젊은 세대와 노인 세대 사이에 서로 협력하고 양쪽 방향으로 교류하는 활동을 일컫는다(노병일, 2020b).

지역사회에 있는 노인복지관: 청소년이 돌봄 제공과 관련해 양방향적으로 관여하는 예로 청소년과 노인이 서로에게 도움을 주는 세대통합 프로그램이 있다. [출처: 저자 촬영]

청소년과 노인이 서로에게 도움을 주는 세대통합 프로그램은 청소년의 복리와 노인의 복리에 긍정적으로 영향을 미치고 있다(노병일, 2020b; de Souza, 2011). 우선, 이런 세대통합 프로그램은 참여한 노인에게 정신건강 영역이나 기타 영역에서 긍정적으로 영향을 미치고 있다. 그리고 이런 세대통합 프로그램은 여러 영역에서 청소년에게도 긍정적으로 영향을 미치고 있다. 세대통합 프로그램은 여러 가지 측면에서 효과가 있는 것으로 알려져 있다. 이런 효과를 몇 가지 제시하면 다음과 같다(Park, 2015).

① 심리적으로 더 좋아진다. 이런 예로 불안이 줄어드는 것, 자신을 더 가치 있다고 생각하는 것이 있다.

② 가족관계가 더 좋아진다.

③ 학교에서의 행동이 더 좋아진다.

청소년이 양방향적으로 돌봄 제공 관여를 하는 구체적인 사례로 다음과 같은 것이 있다(Jones, Herrick & York, 2004; Kim & Lee, 2018).

① 우리나라의 요양원 노인과 청소년 사이의 세대통합 프로그램이 있다. 이 프로그램의 경우, 요양원에 거주하는 노인과 고등학생 청소년 사이에 더 교류하는 데 주목하였다. 이 프로그램을 실시한 결과, 세대통합 프로그램은 청소년에게 다음과 같이 긍정적으로 영향을 미치는 것으로 나타난 바 있다.

㉠ 노인이 경험한 바로부터 지혜를 배운다.

㉡ 삶의 가치를 이해한다.

② 미국의 저소득층 노인과 정서적 어려움을 겪는 청소년 사이의 세대통합 프로그램이 있다. 이 프로그램의 경우, 저소득층 노인과 정서적으로 어려움을 겪는 청소년 사이에 더 교류하도록 하는 데 주목하였다. 이 프로그램을 실시한 결과, 세대통합 프로그램은 청소년에게 다음과 같이 긍정적으로 영향을 미치는 것으로 나타난 바 있다.

㉠ 노인이 청소년의 역할 모델이 됨에 따라서, 시간이 흐르면서 청소년과 노인 사이에 친한 관계가 형성된다.

㉡ 청소년의 행동이 변한다.

(2) 사회적 · 정치적 관여의 사례

청소년이 사회적 · 정치적 영역에서 지역사회와 청소년집단을 위해 관여한 구체적인 사례로, 미국 샌프란시스코의 청소년 위원회(Youth Commission)의 활동을 들 수 있다. 이 위원회의 경우, 교통 수단과 관련해 청소년이 가지는 욕구를 파악하고 이와 관련해 정책을 변화시키기 위해서, 여러 단계의 과정에 관여하였다(Ballard & Syme, 2016; San Francisco Municipal Transportation Agency, 2018).

이 위원회는 샌프란시스코의 도시교통기관을 설득해서, 소득 수준이 높지 않은 가족에서 사는 18세 청소년도 교통 수단을 무료로 이용할 수 있게 하였다. 이 위원회에서 활동한 청소년의 경우, 지역사회에 있는 다른 청소년과 서로 평등하게 협력하는 관계를 형성하는 데 관여하고, 지역사회의 정치적 지도자들과도 협력하는 관계를 형성하는 데 관여하였다. 그 결과, 이 지역사회에서 가장 취약한 청소년의 일부가 교통 수단을 이용할 수 있게 함으로써, 이 위원회는 지역사회에 거주하는 청소년과 가족의 복리 수준을 높이는 방향으로 정책을 변화시킨 바 있다(Ballard & Syme, 2016).

Points

- 청소년이 지역사회에 관여할 경우, 지역사회의 환경이 더 좋아지고, 청소년문제가 없어지거나 줄어들고, 청소년에게 지지 네트워크와 지역사회 사회자본이 늘어난다. 그 결과, 청소년의 복리 수준이 높아진다.
- 청소년의 주요한 지역사회 관여 형태로 돌봄 제공 관여(청소년이 지역사회에서 다른 사람을 돌보기 위해 관여하는 것)와 사회적 · 정치적 관여(청소년이 지역사회를 변화시키거나 청소년집단의 복리 수준을 높이기 위해 관여하는 것)가 있다.
- 청소년이 지역사회에서 한방향적으로 돌봄 제공 관여를 하는 예로 일반적인 자원봉사 활동이 있고, 양방향적으로 돌봄 제공 관여를 하는 예로 청소년 · 노인이 서로에게 도움을 주는 세대통합 프로그램이 있다.

6. 청소년복지 전문가와 국가의 역할

1) 청소년복지 전문가의 역할

청소년복지 영역에서 활동하는 전문가의 경우, 지역사회와 관련해 여러 가지 역할을 할 필요가 있다.

(1) 지역사회 수준의 개입 관련

청소년의 복리에 부정적으로 영향을 미치는 요인은 여러 가지 수준과 관련되는 경우가 많다. 이때, 지역사회 수준의 요인도 청소년의 복리와 직접 · 간접으로 관련되고 있다.

그러므로 청소년복지 영역에서 활동하는 전문가의 경우, 때에 따라서는 개인과 가족 수준에서뿐만 아니라 지역사회 수준에서도 개입할 필요가 있다.

(2) 지역사회의 개입 관련

지역사회는 개입의 대상이 될 수도 있지만, 지역사회가 개입할 수도 있다. 이때, 지역사회가 개입하는 것은 청소년의 복리 수준을 높이는 데 이바지할 수 있다. 무엇보다도, 지역사회가 개입하는 프로그램은 청소년이 건강과 관련된 문제를 지역사회에서 빠르게 줄이는 데 도움이 되고 있다(Toumbourou, Rowland, Williams, Smith & Patton, 2019).

그러므로 청소년복지 영역에서 활동하는 전문가의 경우, 청소년복지를 향상하고 청소년문제를 줄이는 데 있어 지역사회가 개입하는 데 주목할 필요가 있다. 그리고 이를 위해서, 청소년의 복리 수준을 높이는 데 도움이 되는 지역사회 자원을 파악할 필요가 있다.

2) 국가의 역할

국가의 경우, 지역사회와 관련해 여러 가지 역할을 할 필요가 있다.

(1) 복지 · 복리 기관과 교류 공간 관련

지역사회에 복지기관과 복리와 관련된 기타 기관이 많고 주민들끼리 서로 교류하는 공간이 많은 것은, 청소년의 복리에 긍정적으로 영향을 미칠 가능성이 크다. 무엇보다도, 이런 상황은 청소년의 사회자본을 늘리는 데 도움을 주고 있다.

그러므로 국가의 경우, 지역사회에 복지 · 복리와 관련된 기관과 주민들이 활발하게 교류하고 활동할 공간을 많이 만들 필요가 있다.

(2) 경제적 지원 관련

지역사회가 청소년의 복리 수준을 높이는 활동을 하기 위해서는 경제적 자원이 필요한 경우가 많다. 예를 들어, 지역사회에서 청소년의 복리 수준을 높이고자 하는 행사나 프로그램을 하기 위해서는 국가의 경제적 지원이 필요한 경우가 많다.

그러므로 국가의 경우, 청소년의 복리 수준을 높이는 지역사회 활동에 경제적으로 크게 지원할 필요가 있다.

Points

- 청소년복지 전문가는 때에 따라서는 지역사회 수준에서도 개입하고, 청소년복지를 향상하고 청소년문제를 줄이는 데 있어 지역사회가 개입하는 데 주목할 필요가 있다.
- 국가는 지역사회에 복지 · 복리 기관과 주민들이 활발하게 교류할 공간을 많이 만들고, 청소년의 복리 수준을 높이는 지역사회 활동에 경제적으로 지원할 필요가 있다.

Chapter

07

학교와 청소년복지

CONTENTS

1. 학교에 대한 관심의 필요성

청소년기는 가정 이외의 환경이 청소년의 발달에 점점 더 중요하게 영향을 미치는 시기이다(Reitz-Krueger, Nagel, Guarnera & Reppucci, 2015). 이 경우, 청소년기에 가정 이외에 중요한 환경의 하나는 학교이다.[1)]

무엇보다도, 오늘날에 대부분의 청소년은 학교(중학교나 고등학교)에 다니고 있다. 따라서 오늘날의 사회에서 학교는 대부분의 청소년이 가정 다음으로 많은 시간을 보내는 공간이 되고 있다. 또한 청소년기의 활동과 교류는 학교에서의 생활을 통해서 이루어지는 경우가 많다. 따라서 청소년이 활동하는 측면에서 볼 때, 학교는 가정보다 더 중요한 공간이 될 수 있다. 그리고 학교에 다니는 청소년이 학교 생활을 잘하는 것은 청소년이 건전하게 발달하는 데 매우 긍정적으로 영향을 미치고 있다(노병일, 2024). 그러므로 학교는 청소년의 복리와 관련해 매우 중요한 공간에 속하고 있다.

학교는 청소년에게 여러 가지 긍정적인 역할을 하고 있다. 우선, 학교는 교육과 관련된 서비스를 제공하고 있다. 따라서 청소년은 학교 교육을 통해서 사회에서 생활하는 데 필요한 기본적 지식을 배우게 된다. 또한 학교는 그 자체가 하나의 조그만 사회이다(노병일, 2024). 따라서 청소년은 학교 생활을 통해서 사회를 경험하게 된다. 그리고 학교에서는 여러 사람이 서로 교류하고 있다. 특히 청소년은 학교에서 친구 · 또래와 자주 교류하고 있다. 따라서 청소년은 학교에서 다양하게 교류하면서 형성한 인간관계를 통해서 지지와 도움을 받게 된다. 이와 같은 여러 가지 장점 때문에, 학교는 청소년의 복리 수준을 높이는 데 긍정적으로 영향을 미칠 수 있다.

그러나 학교에서 청소년의 복리와 관련해 여러 가지 문제가 발생할 수도 있고, 청소년은 학교와 관련해 어려움을 겪을 수도 있다. 학교에서 발생하는 청소년문제의 예로 학교에서 폭력을 사용하는 것, 청소년이 특별한 이유 없이 정규 수업에 참석하지 않는

1) 청소년기에 영향을 미치는 또 하나의 대표적인 환경은 지역사회이다. 청소년과 지역사회에 대해서는 지역사회와 청소년복지를 다루는 장(제6장)에서 자세히 설명한 바 있다.

것, 청소년이 학교를 그만두는 것이 있다.

특별한 상황에 있는 청소년은 학교에서 어려움을 더 겪을 수 있다. 예를 들어, 장애 청소년은 학교에서 일반 청소년과 똑같이 생활하는 데 어려움을 크게 겪을 수 있다. 또한 일부 청소년은 여러 가지 이유 때문에 학교를 다니지 않고 있다. 일반 청소년에 비해서, 이런 청소년은 학교 밖에서 여러 가지 위험한 상황에 놓일 가능성이 더 크다.

학교에서 발생하는 청소년문제나 청소년이 학교 안팎에서 겪는 어려움은 청소년의 복리 수준을 낮추는 요인으로 작용할 수 있다. 그러므로 청소년복지에서는 청소년의 복리와 관련해 중요한 역할을 하고 있는 학교에 대해 관심을 가질 필요가 있다. 이와 더불어, 청소년복지에서는 정규 학교에 다니지 않는 청소년에 대해서도 관심을 가질 필요가 있다.

Points

- 학교는 청소년의 복리 수준을 높이는 데 긍정적 영향을 미칠 수 있다. 그러나 학교에서 청소년의 복리와 관련해 여러 문제가 발생할 수도 있고, 청소년은 학교와 관련해 어려움을 겪을 수도 있다.
- 청소년이 학교 안팎에서 겪는 어려움은 청소년의 복리에 부정적 영향을 미칠 수 있다. 따라서 청소년복지에서는 학교에 대해 관심을 가질 필요가 있다.

2. 학교의 정의와 역할 및 구성원

1) 학교의 정의

외국의 유명한 사전에 따르면, 학교는 교육을 제공하는 조직을 말한다(Merriam-Webster Dictionary, 2024). 그리고 어느 백과사전에 따르면, 학교는 교사가 학생들을 가르치기 위한 기관을 말한다(Wikipedia, 2024d). 따라서 학교는 학생을 가르치는 조직이나 기관이라고 볼 수 있다(노병일, 2024).

2) 학교의 역할

학교는 청소년과 관련해 여러 가지 역할을 하고 있다. 오늘날의 사회에서 학교가 하는 역할을 몇 가지 제시하면 다음과 같다(노병일, 2024).

① 학생을 교육한다. 이것은 새로운 지식을 가르치는 역할을 말한다. 교육하는 역할은 학교가 하는 가장 기본적인 역할에 속한다.
② 학생을 사회화한다. 이것은 사회의 주요한 가치와 행동방식을 전하는 역할을 말한다.
③ 학생을 인지와 심리와 행동 영역에서 더 발달하게 한다. 이것은 학습을 통해 인지적 발달과 심리적 발달과 행동적 발달을 더 하게 하는 역할을 말한다.
④ 학생을 미래의 시민으로 키운다. 이것은 미래에 대해 준비시키는 역할을 말한다.

그러나 학교는 앞에서 제시한 것 이외의 역할도 하고 있다. 이런 역할을 몇 가지 제시하면 다음과 같다(University of Minnesota Libraries, 2016).

① 학교에 다니는 청소년을 보호한다.
② 또래관계를 잘 형성하게 한다.

한편, 학교는 학생이 학습하는 데 부정적으로 영향을 미치는 문제를 해결하는 것과 관련해 나름의 역할을 하고 있다.

3) 학교의 구성원

학교에는 다양한 사람들이 관여하고 있다. 넓게 볼 경우, 학교의 구성원은 학생, 교장과 교감, 사무직 직원, 교실에서 학생을 가르치는 일반교사, 보조교사, 체육교사, 보건교사, 영양사와 식당에서 일하는 사람, 학교 간호사, 상담사, 학교사회복지사, 심리서비스와 사회서비스를 제공하는 사람, 운동부 코치, 시설을 유지하고 관리하는 직원, 안전 담당 직원, 자원봉사자, 방과 후 학급을 담당하는 사람, 기타 관련된 사람을 일컫는다. 그리고 더 넓게 볼 경우, 지역사회 주민도 학교의 구성원에 포함될 수 있다(노병일, 2024; Adolescent and School Health, 2015).

Points

- 학교는 학생을 가르치는 조직이나 기관이다.
- 학교는 교육, 사회화, 심리적 · 인지적 · 행동적 발달, 미래 시민 키우기와 관련해 주요한 역할을 한다.
- 학교에는 여러 구성원이 관여한다.

3. 학교의 중요성과 청소년복리와 관련된 장점

1) 학교의 중요성

(1) 일반적 중요성

교육에 대한 권리는 모든 청소년이 가지고 있는 권리이다. 학교는 청소년이 교육에 대한 권리를 직접 누리게 해 주는 기관이다. 이런 탓에, 학교는 청소년의 교육과 관련된 복리에 직접 영향을 미치고 있다. 그러나 학교는 교육 이외의 여러 측면에서도 청소년의 복리에 중요하게 영향을 미치고 있다(노병일, 2024).

결국, 학교는 청소년이 현재와 미래에 발달하는 데 매우 중요한 역할을 하고 있다.

특히 '초기' 청소년기에 학교는 청소년이 성공적으로 발달하는 데 중요한 역할을 하고 있다(Vieno et al., 2007).

(2) 구체적 중요성

학교는 여러 가지 구체적인 측면에서 중요하다. 학교가 청소년의 복리에 중요하게 영향을 미치는 구체적 측면으로 학습과 관련된 측면, 사회생활과 관련된 측면, 교류와 관련된 측면이 있다.

(가) 학습 관련

학교는 학습을 제공하는 것을 주요한 목적으로 추구하는 기관이다. 따라서 학교는 청소년이 현재와 미래에 생활하는 데 필요한 기본적 지식을 배우는 기회를 제공하고 있다.

어느 중 · 고등학교: 학교는 학습을 제공하는 주요한 기관이다. [출처: 싱가포르에서 저자 촬영]

청소년이 학교 교육을 통해서 기본적 지식을 배우는 것은, 청소년이 나중에 사회에서 생산적인 구성원으로 활동하기 위한 발판이 되고 있다. 그러므로 학교는 청소년이 미래에 생산적인 사회구성원으로 자리 잡으며 안정된 소득을 확보하는 데 도움을 주고 있다. 이런 탓에, 학교는 청소년이 미래에 누릴 복리에 중요하게 영향을 미치고 있다.

(나) 사회생활 관련

학교는 교육제도의 한 부분이지만, 그 자체가 조그만 사회이기도 하다. 따라서 비록 규모는 작을지라도, 학교 내부에는 사회에 있는 여러 제도와 규정과 역할이 존재하고 있다. 또한 사회에서 벌어지는 여러 활동이 학교에서도 나타나고 있다(노병일, 2024). 이런 탓에, 학교는 청소년이 이런 제도에서 규정을 지키고 여러 역할을 맡으면서 성인기의 사회생활을 미리 경험하는 기회를 제공하고 있다. 더불어 학교는 청소년이 사회생활을 하는 데 필요한 기법을 실제로 적용하는 기회를 제공하고 있다.

청소년이 학교의 규정을 지키고 여러 역할을 맡으면서 사회생활을 경험해 보는 것은, 청소년이 사회를 실제로 배우는 데 도움을 주고 있다. 그리고 이런 상황은 청소년이 미래에 다양한 사회구성원과 잘 어울리며 지내는 데 긍정적으로 작용하고 있다. 이런 탓에, 학교는 청소년이 미래에 누릴 복리에 중요하게 영향을 미치고 있다.

(다) 교류 관련

학교에서는 여러 수준에서 교류가 이루어지고 있다. 예를 들어, 학교에서는 청소년 학생과 교사 사이의 교류, 청소년 학생들 사이의 교류, 청소년 학생과 학교 직원 사이의 교류가 이루어지고 있다. 따라서 학교는 청소년 학생이 다양한 사람들과 관계를 형성하고 유지하는 기회를 제공하고 있다.

청소년이 학교에서 다양하게 교류하는 것은, 청소년이 현재와 미래에 건강한 인간관계를 형성하고 유지하는 데 도움을 주고 있다. 또한 학교에서 교류하는 과정은 청소년이 성인기에 사회 생활을 하는 데 긍정적으로 작용하고 있다. 이런 탓에, 학교는 청소년이 현재 누리는 복리와 미래에 누릴 복리에 중요하게 영향을 미치고 있다.

2) 학교의 청소년복리와 관련된 장점

학교는 청소년의 복리 수준을 높이는 것과 관련해 독특한 장점을 지니고 있다. 이런 장점은 청소년과 관련된 문제를 예방하고 해결하는 데 유리하게 작용하고 있다. 학교가 청소년 청소년의 복리와 관련해 유리한 장점으로 다양한 전문가가 존재하는 것, 건강과 관련된 교육을 하는 것, 친한 관계를 형성하는 것이 있다.

(1) 다양한 전문가의 존재

학교에는 다양한 전문가가 많이 있다. 무엇보다도 학교에는 자격증을 가진 교육전문가(교사)가 많다. 학교에는 기본 과목을 가르치는 교사와 체육과 예술 과목을 가르치는 교사가 있다. 이외에 학교에는 보건교사와 상담교사가 있고, 학교에 따라서는 특수교육 교사와 학교사회복지사도 있다. 학교에 있는 이런 다양한 전문가는 청소년에게 어느 때고 도움을 줄 수 있는 훌륭한 자원이 되고 있다.

그러므로 이런 상황 때문에, 학교는 청소년과 관련된 문제를 예방하고 해결하는 데 크게 도움을 줄 수 있다.

(2) 건강 교육의 실시

학교는 교육제도의 한 부분이므로, 체계적으로 움직이고 있다. 따라서 학교에서는 정해진 일정에 따라 체계적으로 학습 활동과 기타 활동을 진행하고 있다. 이런 탓에, 학교는 청소년에게 건강에 좋은 행동은 권장하고 건강에 위험한 행동은 피하도록 하는 교육을 계속해서 실시하는 데 매우 유리할 수 있다.

그러므로 이런 상황 때문에, 학교는 청소년과 관련된 문제를 예방하고 해결하는 데 크게 도움을 줄 수 있다.

(3) 친한 관계의 형성

학교에서는 청소년 학생이 교사 및 또래와 오랫동안 어울리고 있다. 따라서 청소년은 학교에서 교사 및 또래와 친한 관계를 더 쉽게 형성할 수 있다. 이런 탓에, 청소년에게는 가정에서보다는 학교에서 교사나 또래에게 자신의 어려움을 이야기하거나 상담하는 것이 더 편할 수 있다. 이것은 또래의 경우에 특히 그렇다고 볼 수 있다.

그러므로 이런 상황 때문에, 학교는 청소년과 관련된 문제를 예방하고 해결하는 데 크게 도움을 줄 수 있다.

3) 학교 프로그램과 청소년복리

학교가 여러 가지 장점을 지니고 있기 때문에, 학교에서 실시하는 프로그램은 청소년의 복리를 향상하는 데 긍정적으로 영향을 미치고 있다. 일반적으로 학교의 프로그램은 다음과 같은 상황에서 가장 효과적인 것으로 알려져 있다(Blum et al., 2022).

① 신체적 · 정서적으로 안전한 환경에서 실시한다.

② 학교에 다니는 청소년은 교사가 자신을 지지하고 보살핀다고 생각한다.

③ 잘 지원하고, 학습에 대해 크게 기대한다.

④ 규정과 규칙이 공정하다.

Points

- 학교는 현재 · 미래 생활에 필요한 기본적 지식을 배우는 기회, 성인기의 사회생활을 미리 경험하는 기회, 다양한 사람들과 교류하는 기회를 제공한다.
- 학교는 청소년의 복리 수준을 높이는 것과 관련해 독특한 장점을 지닌다. 이런 장점의 예로 다양한 전문가가 있다는 점, 건강 관련 교육을 실시하는 데 유리한 점, 교사 · 또래와 친한 관계를 더 쉽게 형성할 수 있다는 점이 있다.
- 학교의 프로그램은 청소년의 복리를 향상하는 데 긍정적 영향을 미친다.

4. 학교와 관련된 주요한 청소년문제

청소년이 학교와 관련해 겪는 문제에는 여러 가지가 있을 수 있다(노병일, 2022c). 이 중에서 청소년이 학교와 관련해 겪는 주요한 문제로 학교폭력과 자퇴를 꼽을 수 있다.[2)]

1) 학교폭력

(1) 학교폭력의 정의

단순하게 볼 때, 학교폭력은 학교에서 발생하는 폭력 행위를 말한다. 그러나 일부 기관과 학자와 법의 경우, 학교폭력에 대해 더 구체적으로 정의하고 있다. 이런 정의를 몇 가지 제시하면 다음과 같다(국가법령정보센터, 2024; Capp, Moore, Pitner, Iachini, Berkowitz, Astor & Benbenishty, 2017).

① 옥스포드 연구 백과사전(Oxford Research Encyclopedia)에 따르면, 학교폭력은 학교 내부나 학교 가까이에서 다른 사람을 해치려고 하는 행동을 말한다.

② 우리나라의 「학교폭력예방 및 대책에 관한 법률」에[3)] 따르면, 학교폭력은 "학교 내외에서 학생을 대상으로 발생한 상해, 폭행, 감금, 협박, 약취[4)] · 유인, 명예훼손 · 모욕, 공갈, 강요 · 강제적인 심부름 및 성폭력, 따돌림, 사이버폭력 등에 의하여 신체 · 정신 또는 재산상의 피해를 수반하는[5)] 행위"를 말한다. 여기서 따돌림은 "학교 내외에서 2명 이상의 학생들이 특정인이나 특정집단의 학생들을 대상으로 지속적이거나 반복적으로 신체적 또는 심리적 공격을 가하여 상대방이 고통

2) 청소년이 학교와 관련해 겪는 여러 가지 문제에 대해서는 별도로 발간한 『청소년문제와 보호』에서 자세히 설명한다(노병일, 2022c).

3) 「학교폭력예방 및 대책에 관한 법률」은 줄여서 학교폭력예방법이라고 부르고 있다.

4) 약취는 "폭행이나 협박 따위의 수단으로 타인을 자기의 실력적 지배 아래 [두거나] 그런 행위"를 말한다(국립국어원 표준국어대사전, 2024).

5) 수반은 어떤 일과 더불어 생기는 것을 말한다(국립국어원 표준국어대사전, 2024).

을 느끼도록 하는 모든 행위"를 의미한다. 그리고 사이버폭력은 "정보통신망을 이용하여 학생을 대상으로 발생한 따돌림과 그 밖에 신체·정신 또는 재산상의 피해를 수반하는 행위"를 의미한다.

그러나 오늘날에 학교폭력은 학교나 학교 주위에서 학생과 교사에게 신체적·정서적으로 해를 끼치고 학교 재산에 물질적으로 해를 끼치기 위한 여러 가지 의도적인 행동이라고 정의하는 경우가 많다(Astor, Benbenishty & Estrada, 2011).

(2) 학교폭력의 실태

오늘날에 학교폭력은 학교가 있는 모든 곳에서 발생하고 있다. 예를 들어, 학교폭력은 부유층 청소년이 많이 다니는 학교, 중산층 청소년이 많이 다니는 학교, 빈곤층 청소년이 많이 다니는 학교 어디에서나 발생하고 있다(노병일, 2024).

학교 입구에 걸린 학교폭력 관련 현수막: 학교폭력은 학교가 있는 모든 곳에서 발생한다. [출처: 대만에서 저자 촬영]

(3) 학교폭력의 특징과 관련자

일반적으로 학교폭력은 다음과 같은 특징을 지니고 있다(Frey & Walker, 2007).

① 가해학생과 피해학생 사이에 힘이나 신체적 능력에서 차이가 난다.

② 괴롭히는 행위가 반복된다.

③ 가해학생은 피해학생에게 의도적으로 해를 끼치려 한다.

학교폭력과 관련해, 청소년은 다음과 같은 상황에 놓일 수 있다(Division of Violence Prevention, 2015).

① 학교폭력으로부터 피해를 본다. 즉, 학교폭력의 피해학생이[6] 된다.

② 학교폭력을 한다. 즉, 학교폭력의 가해학생이[7] 된다.

③ 학교폭력을 목격한다. 즉, 학교폭력의 목격학생이 된다.

(4) 학교폭력과 관련된 요인

청소년이 학교에서 폭력을 사용하거나 폭력 때문에 피해를 보는 것과 관련되는 요인에는 여러 가지가 있다. 이런 요인들은 다양한 수준에서 청소년에게 학교폭력을 유발하고 있다(노병일, 2024).

우선, 개인 수준의 요인은 학교폭력과 관련되고 있다. 예를 들어, 다음과 같은 특성을 지니는 청소년은 학교폭력의 피해학생이 될 가능성이 큰 것으로 알려져 있다(Pedro, 2012).

① 주위에 집중하는 데 어려움을 겪는다.

② 자신을 가치 있는 존재라고 인식하지 않는다.

③ 우울한 상태에 있다.

④ 스트레스를 겪는다.

---

6) 우리나라의 「학교폭력예방 및 대책에 관한 법률」에 따르면, 피해학생은 "학교폭력으로 인하여 피해를 입은 학생"을 말한다(국가법령정보센터, 2024).

7) 우리나라의 「학교폭력예방 및 대책에 관한 법률」에 따르면, 가해학생은 "학교폭력을 행사하거나 그 행위에 가담한 학생"을 말한다(국가법령정보센터, 2024). 이때 행사는 어떤 일을 하는 것을 의미한다.

가족 수준의 요인은 학교폭력과 관련되고 있다. 예를 들어, 다음과 같은 특성을 지니는 청소년은 학교폭력의 가해학생이 될 가능성이 큰 것으로 알려져 있다(Pedro, 2012).

① 보호자가 가정에서 자녀를 제대로 돌보지 않는다.

② 가정에 애정이 부족하다.

사회 수준의 요인은 학교폭력과 관련되고 있다. 이런 요인과 관련된 좋은 예가 대중 매체이다. 예를 들어, 청소년이 대중 매체를 통해서 폭력적인 이미지를 자주 볼 경우, 청소년은 다음과 같이 생각할 가능성이 크다.

① 자신이 겪는 갈등과 문제를 해결하기 위해 사람을 해치는 것은 정상적인 방법이다.

② 힘이 센 사람은 옳은 사람이다.

청소년이 이런 식으로 생각할 경우, 청소년은 다른 사람의 고통에 대해 민감하지 않게 된다. 그 결과, 이런 청소년은 학교폭력 행위에 관여할 가능성이 크다.

(5) 학교폭력이 미치는 영향

학교폭력은 학교와 관련된 모든 사람에게 영향을 미치고 있다. 우선, 학교에서 폭력 때문에 직접적으로 피해를 보는 청소년은 심리적 · 사회적으로 어려움을 크게 겪게 된다. 무엇보다도 학교폭력 때문에 실제로 피해를 보는 것은 청소년의 정신건강에 부정적으로 영향을 미치고 있다. 이때, 이런 부정적 영향은 오랫동안 계속되고 있다(노병일, 2024).

학교폭력은 폭력을 사용한 청소년과 폭력을 목격한 청소년에게도 단기적 · 장기적으로 영향을 미치고 있다(Frey & Walker, 2007). 이런 예를 구체적으로 제시하면 다음과 같다(노병일, 2024).

① 학교폭력은 폭력을 사용한 청소년의 미래 생활에 부정적으로 영향을 미칠 수 있다. 왜냐하면 이런 청소년은 나중에 성인이 되어서 다른 사람에게 폭력을 사용할

가능성이 크기 때문이다.

② 학교폭력은 폭력의 직접적인 피해자가 아닌 청소년에게 부정적으로 영향을 미칠 수 있다. 예를 들어, 어떤 청소년은 학교에서의 폭력이 두려워 학교를 결석할 수 있다.

(6) 학교폭력을 해결하기 위한 방안

학교폭력을 해결하는 가장 좋은 방법은 학교폭력이 처음에 발생하지 않도록 하는 것이다. 이와 관련해, 미국의 폭력예방센터에서는 학교폭력을 예방하기 위한 프로그램으로 다음과 같은 것을 제시하고 있다(Division of Violence Prevention, 2015).

① 학교중심의 보편적 학교폭력 예방 프로그램이 있다. 이 프로그램의 경우, 공격적 행동과 폭력적 행동을 하는 사례가 발생하는 비율을 크게 낮출 수 있다. 이 프로그램은 학교에 있는 모든 청소년들을 대상으로 실시할 수 있다. 이 프로그램에서 교사는 다양한 주제에 대해 가르치고, 여러 가지 기술을 교육한다.

② 부모중심 프로그램과 가족중심 프로그램이 있다. 이 프로그램의 경우, 청소년의 발달에 대해 부모에게 교육하고, 폭력적이지 않은 방법으로 교류하고 문제를 해결하는 방법을 부모나 가족구성원에게 가르친다.

③ 거리 홍보 프로그램이 있다. 이 프로그램의 경우, 취약한 청소년을 전문가와 연결해서 갈등을 해결하고, 서비스를 의뢰하고, 폭력에 대해 긍정적으로 인식하지 않도록 한다.

④ 멘토링(mentoring) 프로그램이 있다. 이 프로그램의 경우, 청소년에게 긍정적인 역할 모델이 될 수 있고 청소년의 행동을 지도하는 데 도움을 줄 수 있는 성인을 청소년과 연결한다.

한편, 노르웨이에서 세 명의 청소년이 괴롭힘으로 자살한 후에, 노르웨이에서는 세계적으로 유명해진 '올베우스 괴롭힘 예방 프로그램(Olweus Bullying Prevention Program)'을 개발해 실시하고 있다(Olweus & Limber, 2010). 올베우스 괴롭힘 예방 프로그램에서는 괴롭힘을 예방하고, 교실의 전체적인 분위기를 개선하고, 사회의 가치에 어긋나는 행동을 줄이는 방법을 제시하고 있다.

올베우스 괴롭힘 예방 프로그램의 경우, 다음과 같은 측면에 주목하고 있다(Bickley-Green, 2007).

① 학교 전체에 적용되는 규정을 강화한다.

② 괴롭힘에 대해 더 알고 괴롭힘을 겪는 청소년을 더 이해하기 위해, 교실에서 청소년들과 정기적으로 모임을 갖는다.

③ 부모들과 만나서 정보를 교환한다.

2) 자퇴

(1) 자퇴의 정의

문자 그대로 볼 때, 자퇴는 스스로 그만두는 것을 말한다. 그러나 일부 사전에서는 자퇴(dropout, dropping out)에 대해 더 구체적으로 정의하고 있다. 자퇴에 대해 정의한 예를 몇 가지 제시하면 다음과 같다(Cambridge Dictionary, 2024; Wikipedia, 2024b).

① 유명한 영어사전에 따르면, 자퇴는 과정을 마치기 전에 학교를 떠나는 것을 말한다.

② 위키피디아(Wikipedia) 백과사전에 따르면, 자퇴는 현실적인 이유가 있거나 자신이 속한 제도에 환멸을 느껴서 학교나 집단을 떠나는 것을 말한다.

정리하건대, 청소년 자퇴는 청소년이 학교를 스스로 중간에 그만두는 것이라고 볼 수 있다(노병일, 2024).

(2) 자퇴를 유발하는 요인

청소년에게 자퇴를 유발하는 요인에는 여러 가지가 있을 수 있다. 그리고 청소년에게 자퇴를 유발하는 요인에는 학교와 관련된 요인도 있고, 학교와 관련되지 않은 요인도 있다.

아침에 학교에 가는 청소년들: 청소년에게 자퇴를 유발하는 요인에는 여러 가지가 있다. [출처: 라오스에서 저자 촬영]

청소년에게 자퇴를 유발하는 요인 중에서, 학교와 관련된 요인을 몇 가지 제시하면 다음과 같다(노병일, 2024).

① 학교의 교과 과정이 자신과 관련이 없다고 생각한다.

② 학교나 공부에 관심이 적다.

③ 교사에 대해 불만이 있다.

④ 제대로 적응하지 못할 것을 두려워한다.

⑤ 학교가 안전하지 않다고 생각하며 두려워한다.

⑥ 학교의 엄한 분위기를 싫어한다.

⑦ 성적이 좋지 않다.

그리고 청소년에게 자퇴를 유발하는 요인 중에서, 학교와 관련되지 않은 요인을 몇 가지 제시하면 다음과 같다(노병일, 2024).

① 가정이 경제적으로 어렵다.
② 가족이 경제적 영역 이외의 영역에서 어려움을 겪는다. 이런 예로 학교에 다니는 청소년이 가족구성원을 돌보아야 하는 것이 있다.
③ 약물을 많이 사용한다.
④ 우울하거나 정신건강과 관련해 어려움을 겪는다.
⑤ 임신 때문에 결혼하여야 하는 상황에 있다.

(3) 자퇴의 과정

대부분의 청소년은 어느 날 갑자기 학교를 자퇴하기로 결정하지 않는 것으로 알려져 있다. 따라서 대부분의 경우, 청소년이 자퇴하는 과정은 서서히 진행된다고 볼 수 있다(노병일, 2024).

(4) 자퇴가 미치는 영향

청소년이 학교를 자퇴하는 것은 여러 수준에서 부정적으로 영향을 미치고 있다. 우선, 청소년이 학교를 그만두는 것은 청소년에게 매우 부정적으로 영향을 미치고 있다. 이것은 오늘날과 같이 기술이 발달한 시대에 특히 그렇다고 볼 수 있다. 왜냐하면 오늘날의 사회에서 유급 일자리에서 일하기 위해서는 기본적인 지식이 많이 필요하기 때문이다(노병일, 2024).

그리고 청소년이 학교를 자퇴하는 사례가 많은 것은 사회와 국가에게도 부정적으로 크게 영향을 미치고 있다. 예를 들어, 자퇴한 청소년이 범죄에 가담하면, 사회는 큰 비용을 부담하게 된다(노병일, 2024; Truancy Prevention, 2015).

Points

- 학교폭력은 학교나 학교 주위에서 학생 · 교사에게 신체적 · 정서적 해를 끼치고 학교 재산에 물질적 해를 끼치기 위한 여러 가지 의도적인 행동이다. 학교폭력은 학교가 있는 모든 곳에서 발생한다.
- 학교폭력의 특징으로 가해학생 · 피해학생 사이에 힘이나 신체적 능력에서 차이가 있다는 점, 괴롭힘 행위가 반복된다는 점, 가해학생은 피해학생에게 의도적으로 해를 끼친다는 점이 있다. 청소년은 학교폭력의 피해학생, 가해학생, 목격학생이 될 수 있다.
- 개인 · 가족 · 사회 수준의 여러 요인은 청소년에게 학교폭력을 유발한다. 학교폭력은 학교와 관련된 모든 사람에게 영향을 미친다.
- 청소년 자퇴는 청소년이 학교를 스스로 중간에 그만두는 것이다. 청소년 자퇴를 유발하는 요인에는 학교와 관련된 요인도 있고, 학교와 관련되지 않은 요인도 있다. 청소년 자퇴는 서서히 진행된다.
- 청소년 자퇴는 여러 수준에서 부정적 영향을 미친다.

5. 학교와 장애청소년[8)]

1) 장애청소년에 대한 학교 포용의 정의와 중요성

학교의 환경은 장애청소년이 삶의 여러 영역에서 잘하는 정도에 영향을 미치고 있다. 이때 삶에서 잘하는 것에는, 활동에 참여하고 긍정적 관계를 형성하고 유지함으로써 장애청소년이 자신은 정상적이라고 인식하는 것도 포함되고 있다(Maxey & Beckert, 2017).

장애청소년에게 학교 환경과 관련해 특히 중요한 요소는 학교 포용(inclusion)이다. 일

8) 장애청소년의 일반적 측면에 대해서는 장애청소년의 복지를 다루는 장(제9장)에서 자세히 설명한다.

반적으로 학교 포용은 학교가 모든 학생을 포용하는 것을 말한다. 그러나 장애청소년과 관련시켜 볼 때, 학교 포용은 장애청소년이 학교에서 생활하는 데 걸림돌이 없게 해 주는 것을 말한다.

그러므로 포용을 많이 하는 학교에서는, 장애청소년이 불편함이 없이 학교 내에서 이동하고 서로 이야기를 나누고 학습을 할 수 있게 된다. 이런 탓에, 학교 포용은 장애청소년이 자신의 기본적 권리를 누리고자 할 때 중요한 측면에 속하고 있다.

2) 학교 포용의 효과

학교 포용은 학교에 다니는 장애청소년에게 여러 가지 영역에서 긍정적으로 영향을 미치고 있다. 예를 들어, 학교가 장애청소년을 포용할 경우, 장애청소년은 다음과 같은 것을 할 수 있게 된다(Maxey & Beckert, 2017).

① 자신의 형제자매 및 이웃에 사는 청소년과 같은 학교에 다닌다.

② 자신과 같은 나이의 또래들과 일반 교육을 하는 교실에서 서로 교류한다.

③ 자신에게 맞고 자신의 상태와 관련된 학습 목표를 세운다.

④ 배우는 데 필요한 지원을 받는다. 이런 지원의 예로 특수교육과 관련된 서비스가 있다.

무엇보다도 학교 포용은 장애청소년의 친구관계에 긍정적으로 영향을 미칠 수 있다. 그리고 학교 포용을 통해서 더 좋아진 친구관계는 장애청소년의 활동에 긍정적으로 영향을 미칠 수 있다. 예를 들어, 포용하는 학교에서 장애청소년이 일반청소년과 서로 교류하는 기회를 가질 경우, 장애청소년은 다음과 같은 것을 하는 기회를 더 가지게 된다(Maxey & Beckert, 2017).

① 친구관계를 형성한다.

② 참여하기 어려울 수도 있는 활동에 참여한다.

또한 학교 포용은 장애청소년의 학습에 긍정적으로 영향을 미칠 수 있다. 사실, 학교에 다니는 장애청소년의 경우, 학습 측면에서 어려움을 겪을 수 있고, 이에 따라 자신의 능력보다 성적이 더 낮아질 수 있다. 그러나 장애청소년을 포용하는 학교에서 교육을 받을 경우, 장애청소년의 학습 결과가 더 좋아질 가능성이 크다. 실제로 장애청소년을 부분적으로나 별도로 가르치는 경우에 비해서, 장애청소년을 일반청소년과 함께 가르칠 경우에는 장애청소년의 학습 결과가 더 좋아지는 것으로 나타나고 있다(Maxey & Beckert, 2017).

3) 교사와 장애청소년

말할 것도 없이, 교사의 태도와 역할은 학교에 다니는 청소년에게 여러 가지로 영향을 미치고 있다. 이것은 학교에 다니는 장애청소년에게도 그대로 적용되고 있다. 따라서 교사의 태도와 교사가 자기 역할을 대해 인식하는 바는, 학교에 다니는 장애청소년의 학교 생활에 긍정적으로 크게 영향을 미칠 수도 있고 부정적으로 크게 영향을 미칠 수도 있다(Maxey & Beckert, 2017).

Points

- 학교 포용은 장애청소년이 학교에서 생활하는 데 걸림돌이 없게 해 주는 것이다. 학교 포용은 장애청소년이 기본적 권리를 누리고자 할 때 중요하다.
- 학교 포용은 장애청소년의 친구관계 형성 및 학습을 포함한 여러 측면에서 긍정적 영향을 미친다.
- 교사의 태도와 교사가 자기 역할을 대해 인식하는 바는 장애청소년의 학교 생활에 크게 영향을 미칠 수 있다.

6. 학교 밖 청소년

1) 학교 밖 청소년의 정의와 실태

청소년은 학교를 자퇴할 수도 있고, 여러 가지 이유로 학교를 처음부터 다니지 않을 수도 있다. 이런 청소년은 학교와 직접 관계를 맺지 않기 때문에, 학교 밖에서 활동하게 된다. 우리나라에서는 학교를 다니지 않는 이런 청소년을 '학교 밖 청소년'이라고 부르고 있다.

우리나라의 「학교 밖 청소년 지원에 관한 법률」에[9] 따르면, 학교 밖 청소년은 다음의 하나에 해당하는 청소년을 말한다(국가법령정보센터, 2024).

① "초등학교 · 중학교 또는 이와 동일한 과정을 교육하는 학교에 입학한 후 3개월 이상 결석하거나 [...] 취학의무를 유예한[10] 청소년"이 있다.

② "고등학교 또는 이와 동일한 과정을 교육하는 학교에서 [...] 제적 · 퇴학처분을 받거나 자퇴한 청소년"이 있다.

③ "고등학교 또는 이와 동일한 과정을 교육하는 학교에 진학하지 아니한 청소년"이 있다.

오늘날에 학교 밖 청소년의 수는 늘어나고 있다. 실제로, 학교에 등록하지 않거나 학교에 계속 다니지 않는 청소년의 수는 세계에서 증가하고 있는 것으로 알려져 있다(United Nations, 2016).

9) 이 법은 줄여서 '학교밖청소년법'이라고 부르고 있다.
10) 유예는 일을 하지 않는 것을 말한다.

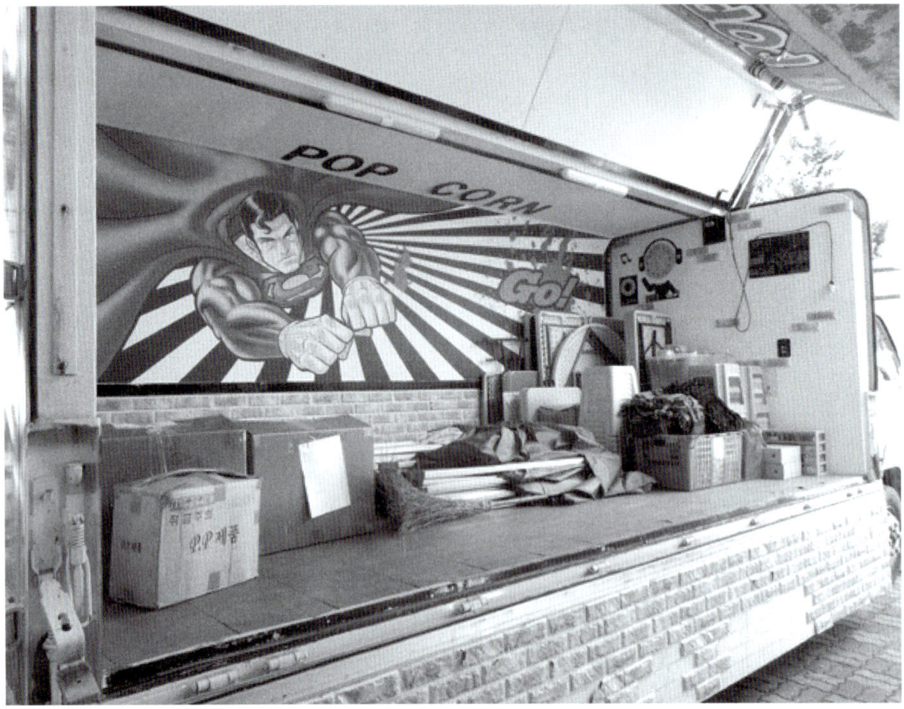

학교 밖 청소년을 위한 차: 오늘날에 학교 밖 청소년의 수는 늘고 있다. [출처: 저자 촬영]

2) 학교 밖 청소년의 상황

일부 학교 밖 청소년은 다른 교육기관에서 교육을 받고 있거나, 직업훈련을 받고 있거나, 유급 일자리에서 일하고 있을 수 있다. 그러나 일부 학교 밖 청소년은 교육을 받지 않고 있거나, 직업훈련과 같은 것을 받지 않고 있거나, 유급 일자리에서 일하지 않고 있을 수 있다(United Nations, 2016). 이런 학교 밖 청소년은 현재 여러 가지 어려운 상황에 놓일 가능성이 있다.

학교 밖 청소년의 취약한 현재 상황은 미래에 불리하게 영향을 미칠 가능성이 크다. 따라서 학교 밖 청소년은 미래에 좋지 않은 상황에 놓일 가능성이 크다. 예를 들어, 학교 밖 청소년이 나중에 성인이 되었을 때, 학교 밖 청소년은 다음과 같은 상황을 겪을 가능성이 크다(United Nations, 2016).

① 실업 상태에 놓인다.

② 자신의 능력에 비해서 더 낮은 수준의 임금을 받는다.

③ 성인의 이익을 위해 이용당한다.

Points

- 우리나라에서 학교를 다니지 않는 청소년은 '학교 밖 청소년'이라고 부른다. 학교 밖 청소년의 수는 늘고 있다.
- 학교 밖 청소년은 현재와 미래에 어려운 상황에 놓일 가능성이 있다.

7. 청소년복지 전문가와 국가의 역할

1) 청소년복지 전문가의 역할

청소년복지 영역에서 활동하는 전문가의 경우, 학교와 관련해 여러 가지 역할을 할 필요가 있다.

(1) 자원 이용 관련

학교는 내부에 다양한 형태의 인적 자원과 물적 자원을 가지고 있다. 이에 따라서 학교는 학교 외부에 있는 자원과 함께 협력해서 활동하는 데 유리하다. 학교 내부와 외부에 있는 여러 가지 자원은 청소년이 겪는 문제를 예방하거나 해결하는 데 크게 도움이 될 수 있다. 이것은 취약한 청소년의 경우에 특히 그렇다.

그러므로 청소년복지 영역에서 활동하는 전문가의 경우, 취약한 청소년을 포함한 여러 청소년이 학교 내부와 외부에 있는 다양한 자원을 이용할 수 있도록 해 줄 필요가 있다.

(2) 학교사회복지사와의 협력 관련

당연하게도, 청소년의 교육과 관련된 영역은 교사가 담당하고 있다. 따라서 청소년이 학교에서 어려움을 겪을 경우, 교육 현장에 있는 교사가 우선적으로 해당 청소년에게 도움을 주고 있다. 하지만 교사는 학습 영역에 주로 관심을 가지고 있기 때문에, 청소년의 복지 영역에 대해서는 좀 소홀히 할 수도 있다. 이런 문제를 해결하기 위해서 학교에는 학교사회복지사가 근무하고 있다.

그러므로 청소년복지 영역에서 활동하는 전문가의 경우, 교사 및 학교사회복지사와 서로 협력하면서 청소년의 복리 수준을 높이는 데 관여할 필요가 있다.

(3) 학교폭력 관련

학교폭력은 피해를 경험하는 청소년에게 매우 부정적으로 영향을 미치고 있다. 그리고 학교에서 폭력을 사용하는 청소년은 나중에 사회에서 폭력을 사용할 가능성이 크다.

그러므로 청소년복지 영역에서 활동하는 전문가의 경우, 학교폭력 때문에 피해를 겪은 청소년과 학교폭력을 사용하는 청소년에게 개입할 필요가 있다. 그리고 더 나아가서, 학교에서 폭력을 근본적으로 없애는 데 관여할 필요가 있다.

학교폭력 피해자를 보호하기 위한 조치

우리나라의 「학교폭력예방 및 대책에 관한 법률」에 따르면, 학교폭력의 피해학생을 보호하기 위해서 다음과 같은 조치를 취하게 할 수 있다(국가법령정보센터, 2024).

① 학교 내부와 외부의 전문가에 의한 심리상담 및 조언을 제공한다.
② 일시보호한다.
③ 치료한다.
④ 학급을 교체한다.
⑤ 그 밖에 피해학생의 보호를 위하여 필요한 조치를 한다.

(4) 자퇴 관련

자퇴는 청소년의 현재와 미래에 매우 부정적으로 영향을 미치고 있다. 그리고 자퇴는 서서히 진행되는 경향이 있다.

그러므로 청소년복지 영역에서 활동하는 전문가의 경우, 청소년에게 자퇴의 조짐이 보일 때는 즉시 개입할 필요가 있다. 그리고 이런 상황을 청소년이 다니는 학교의 교사나 사회복지사에게도 알려 주어 청소년이 자퇴하지 않고 학교에 잘 다니도록 도와줄 필요가 있다.

(5) 장애청소년 관련

장애청소년은 학교에 다니는 데 어려움을 겪을 가능성이 크다. 그리고 학습 영역은 장애청소년이 미래에 생산적인 사회구성원이 되기 위해서 매우 중요한 영역이다. 그러므로 청소년복지 영역에서 활동하는 전문가의 경우, 학교교직원 및 학교사회복지사와 가깝게 협력해서 장애청소년이 학교 생활을 하는 데 어려움을 겪지 않도록 도와주고 관련 서비스를 제공할 필요가 있다. 그리고 더 나아가서, 학교가 장애청소년을 더 포용하는 방향으로 나아가는 데 적극적으로 관여할 필요가 있다.

또한 장애청소년은 학교에서 자신의 권리나 주장을 펼치는 데 어려움을 겪을 수 있다. 그러므로 청소년복지 영역에서 활동하는 전문가의 경우, 장애청소년이 학교에서 자신의 권리를 제대로 누리도록 해 주고 장애청소년의 입장을 대신 전달할 필요가 있다.

(6) 학교 밖 청소년 관련

학교 밖 청소년은 현재와 미래에 여러 가지 영역에서 취약할 가능성이 크다. 그리고 학교 밖 청소년은 사회의 가치에 어긋나는 행동에 관여할 가능성이 더 클 수 있다. 학교 밖 청소년이 놓인 취약한 상황은 학교 밖 청소년 개인에게 문제를 유발할 수 있을 뿐만 아니라, 사회에게도 커다란 문제를 유발할 수 있다.

그러므로 청소년복지 영역에서 활동하는 전문가의 경우, 학교 밖 청소년이 욕구를 잘 충족하도록 도와줄 필요가 있다. 그리고 이와 더불어, 학교 밖 청소년에게 학습할 기회나 일할 기회를 제공하는 데 적극적으로 관여할 필요가 있다.

2) 국가의 역할

국가의 경우, 청소년의 교육 및 학교와 관련해 여러 가지 역할을 할 필요가 있다.

(1) 교육 기회 관련

청소년이 현재와 미래에 계속해서 발달하도록 해 주기 위해서 국가가 정책적으로 가장 중요하게 투자할 수 있는 것은, 청소년에게 누구나 이용할 수 있고 질이 좋은 교육을 받을 권리를 보장하는 것이다. 따라서 유엔의 경우, 국가는 다음과 같이 할 것을 장려하고 있다(United Nations, 2016).

① 모든 청소년이 중 · 고등학교에서 의무 교육을 받는다.

② 모든 청소년이 자신의 능력에 따라서 더 높은 수준의 교육을 받는다.

그러므로 국가의 경우, 모든 청소년이 학교에서 높은 수준의 교육을 받을 수 있는 제도를 만들어 줄 필요가 있다.

(2) 학교폭력 관련

학교폭력은 청소년의 현재와 미래에 매우 심각하게 영향을 미치고 있다. 이것은 피해학생의 경우에 특히 그렇다. 따라서 학교폭력을 예방하고 피해학생과 가해학생에게 개입하는 것은 매우 중요하다.

그러므로 국가의 경우, 학교폭력을 예방하고 학교폭력과 관련된 학생에게 개입하는 기관에 대해 크게 지원할 필요가 있다.

우리나라의 학교폭력 관련 기관

우리나라의 「학교폭력예방 및 대책에 관한 법률」에 따르면, 국가는 다음과 같이 할 수 있다(국가법령정보센터, 2024).

① 학생의 치유와 회복을 위한 보호시설을 운영하고, 연구 및 교육 등을 하는 전문교육기관을 설치하고 운영한다.

② 학교폭력을 효과적으로 예방하고 대응하기 위한 센터(학교폭력 예방센터)를 지정하거나 운영한다.

또한 교육감이나 교육장은 "피해학생 지원을 위하여 피해학생이 필요로 하는 법률, 상담, 보호 등을 위한 서비스 및 지원기관을 연계하는 조력인(피해학생 지원 조력인)을 지정할 수 있다"(국가법령정보센터, 2024).

(3) 학교 밖 청소년 관련

학교 밖 청소년에게는 생계를 유지하는 것이 급할 수 있다. 이와 관련해 어느 유엔기관의 경우, 학교 밖 청소년이 자기 나이에 맞는 방식으로 괜찮은 일자리를 얻도록 지원할 필요가 있다고 보고 있다. 이와 관련된 예로 다음과 같은 것이 있다(United Nations, 2016).

① 교육법과 노동법이 서로 일치하도록 한다.

② 학교 밖 청소년이 나중에 유급 일자리에서 더 일할 수 있는 정책을 실시한다.

그러므로 국가의 경우, 학교 밖 청소년이 일할 수 있도록 법적 · 정책적으로 지원할 필요가 있다.

Points

- 청소년복지 전문가는 여러 청소년이 학교 내부 · 외부의 다양한 자원을 이용할 수 있게 해 주고, 교사 · 학교사회복지사와 협력하면서 청소년의 복리 수준을 높이는 데 관여하고, 학교폭력의 피해 · 가해 청소년에게 개입하고, 자퇴의 조짐이 보이는 청소년에게 개입하고, 장애청소년이 학교생활에서 어려움을 겪지 않도록 도와주고, 학교 밖 청소년이 욕구를 잘 충족하도록 도와주고, 학교 밖 청소년에게 학습 · 근로 기회를 제공하는 데 관여할 필요가 있다.
- 국가는 모든 청소년이 학교에서 높은 수준의 교육을 받을 수 있는 제도를 갖추고, 학교폭력을 예방하고 관련 학생에게 개입하는 기관을 지원하고, 학교 밖 청소년이 일할 수 있게 법적 · 정책적으로 지원할 필요가 있다.

PART 3

특별한 상황에 있는 청소년을 위한 복지

Chapter

08

빈곤청소년 복지

CONTENTS

1. 빈곤청소년에 대한 관심의 필요성

인간의 역사에서 빈곤은 항상 존재해 왔다. 따라서 그동안 여러 국가에서는 빈곤을 없애려고 노력해 왔다. 그럼에도 불구하고, 모든 국가에서 빈곤은 여전히 존재하고 있다(노병일, 2022a). 이런 상황은 우리나라도 예외가 아니다.

빈곤은 여러 영역에서 부정적으로 영향을 미치고 있다. 따라서 빈곤은 복지와 관련된 모든 영역에서 관심을 가져야 할 주제가 되고 있다(노병일, 2022a).

무엇보다도 빈곤은 모든 가족구성원에게 부정적으로 영향을 미치고 있다. 따라서 빈곤은 빈곤한 가족에서 사는 청소년에게도 부정적으로 영향을 미치고 있다.

그러나 빈곤한 가족의 청소년이 빈곤에서 벗어나기 위해서 할 수 있는 일은 많지 않다. 따라서 빈곤한 가족의 청소년은 자신의 의지와는 전혀 상관없이 빈곤 상태에 놓이지만, 자기 힘으로 빈곤 상태에서 벗어나는 것은 쉬운 일이 아니다. 이런 탓에, 청소년기의 빈곤에 대해 이해하는 것은 중요하다. 이 경우, 청소년빈곤과 관련된 요인과 빈곤이 청소년의 삶에 미치는 영향을 이해하는 것이 무엇보다도 중요하다. 왜냐하면 이런 측면을 이해하는 것은 빈곤청소년을 위한 정책을 설계하고 서비스를 제공하는 데 도움이 되기 때문이다. 무엇보다도 빈곤과 관련된 요인이 청소년의 삶에 미치는 영향을 이해하는 것은, 빈곤이 청소년에게 미치는 영향을 줄이는 데 도움이 될 수 있다(Moore, 2017).

그리고 청소년이 빈곤한 상태에 있는 것은 청소년이 자신의 권리를 제대로 누리지 못하고 있음을 보여 주는 것이다. 따라서 청소년빈곤을 줄이는 것은 청소년이 자신의 권리를 더 누리게 하는 것이다. 또한 청소년빈곤을 줄이는 것은 미래를 위해 생산적으로 투자하는 작업이다(Global Coalition to End Child Poverty, 2017). 그러므로 청소년복지에서는 빈곤한 가족에서 사는 청소년에게 관심을 가질 필요가 있다.

특히 청소년기는 아동기에 겪은 빈곤 때문에 생긴 문제를 줄일 수 있는 시기이다. 그러므로 청소년복지에서는 빈곤청소년에 대해 더욱 관심을 가질 필요가 있다.

Points

- 청소년빈곤과 관련된 요인과 빈곤이 청소년의 삶에 미치는 영향을 이해하는 것은, 빈곤청소년을 위한 정책을 설계하고 서비스를 제공하는 데 도움이 된다. 따라서 빈곤청소년에게 관심을 가질 필요가 있다.
- 청소년기는 아동빈곤 때문에 생긴 문제를 줄일 수 있는 시기이므로, 빈곤청소년에 대해 더욱 관심을 가질 필요가 있다.

2. 빈곤과 청소년빈곤의 정의

1) 빈곤의 정의

빈곤이 무엇을 의미하는 것인지는 간단해 보인다. 하지만 엄밀하게 볼 때, 빈곤은 분명하지 않은 용어이다. 그럼에도 불구하고, 많은 기관과 학자들은 빈곤에 대해 나름대로 정의해 왔다(노병일, 2022a).

일반적으로 빈곤에 대해서는 현금이나 재산과 같은 것이 부족한 것과 연관시키면서 정의하는 경우가 많다. 예를 들어 브리태니커(Britannica) 백과사전의 경우, 빈곤은 일반적으로 필요하다고 인식되는 양의 현금이나 재산을 가지고 있지 않은 사람이 놓인 상태라고 보고 있다. 또한 미국 전국사회복지사협회(NASW)에서 발간한 사전의 경우, 빈곤은 현금이나 생계 수단이 적거나 부족한 상태라고 보고 있다(노병일, 2022a; Barker, 2003).

정리하건대, 빈곤은 생활하는 데 필요한 현금이나 기타 물질적 수단이 없거나 부족한 상태라고 볼 수 있다(노병일, 2022a).

빈곤을 다룬 저서의 표지(일부): 일반적으로 빈곤은 생활에 필요한 현금이나 기타 물질적 수단이 없거나 부족한 상태이다. [출처: 노병일(2022a)]

2) 청소년빈곤과 빈곤청소년의 정의

빈곤을 앞에서와 같이 정의할 경우, 청소년빈곤은 청소년이 생활하는 데 필요한 현금이나 기타 물질적 수단이 없거나 부족한 상태라고 볼 수 있다. 그리고 빈곤청소년은 생활하는 데 필요한 현금이나 기타 물질적 수단이 없거나 부족한 상태에서 사는 청소년이라고 볼 수 있다.

한편, 우리나라의 「아동의 빈곤예방 및 지원 등에 관한 법률」에서는 아동빈곤과 빈곤아동에 대해 정의하고 있는데, 이런 정의는 청소년빈곤과 빈곤청소년에게도 그대로 적용할 수 있다. 이 법에 따르면, 아동빈곤은 "아동이 일상적인 생활여건과 자원이 결핍하여 사회적 · 경제적 · 문화적 불이익을 받는 빈곤한 상태"를 일컫는다(국가법령정보센터, 2024). 따라서 청소년빈곤은 청소년이 일상적인 생활 환경과 자원에서 불리한 탓에 사회적 · 경제적 · 문화적 불이익을 받는 상태라고 볼 수 있다.

또한 이 법에 따르면, 빈곤아동은 "생활여건과 자원의 결핍으로 인한 복지 · 교육 · 문화 등의 격차를 해소하기[1] 위하여 지원이 필요한 아동"을 일컫는다(국가법령정보센터, 2024). 따라서 빈곤청소년은 생활 환경과 자원에서 불리한 탓에 복지 · 교육 · 문화 등의 영역에서 차이가 나는 것을 줄이기 위해 지원이 필요한 청소년이라고 볼 수 있다.

Points

- 빈곤은 생활에 필요한 현금이나 기타 물질적 수단이 없거나 부족한 상태이다.
- 청소년빈곤은 청소년이 생활하는 데 필요한 현금이나 기타 물질적 수단이 없거나 부족한 상태이고, 빈곤청소년은 생활에 필요한 현금이나 기타 물질적 수단이 없거나 부족한 상태에서 사는 청소년이다.

1) 해소는 "어려운 일이나 문제가 되는 상태를 해결하여 없애" 버리는 것을 말한다(국립국어원 표준국어대사전, 2024).

3. 청소년빈곤을 유발하는 요인

청소년빈곤을 유발하는 요인에는 여러 가지가 있다. 그러나 청소년빈곤을 유발하는 요인은 부모의 소득이 충분하지 않은 것과 청소년이 가장 역할을 하는 것으로 크게 구분할 수 있다.

1) 불충분한 부모 소득

청소년의 부모가 소득을 충분히 얻지 못하는 상황에 있는 것은 청소년빈곤을 유발하는 요인이 될 수 있다. 청소년의 부모가 가족이 생활하는 데 필요한 소득을 충분히 얻지 못할 경우, 모든 가족구성원은 빈곤 상태에 놓이게 된다. 이때 이런 부모와 함께 사는 청소년은 빈곤청소년이 될 수밖에 없다.

이런 상황에 있는 청소년은 '일반 빈곤청소년'이라고 부를 수 있다. 주위에서 보는 대부분의 빈곤청소년은 일반 빈곤청소년에 속하고 있다.

2) 청소년의 가장 역할

청소년 자신이 가장 역할을 하는 상황에 있는 것은 청소년빈곤을 유발하는 요인이 될 수 있다. 실제로, 자신이 가장 역할을 하고 있는 청소년은 빈곤 상태에서 생활할 가능성이 매우 크다. 따라서 청소년이 가장 역할을 하고 있으나 충분한 소득을 얻지 못할 경우, 청소년은 빈곤청소년이 될 수밖에 없다. 이런 상황에 있는 청소년은 '가장 역할을 하는 빈곤청소년'이라고 부를 수 있다.

대부분의 빈곤청소년은 빈곤 상태에서 살고 있을지라도, 빈곤청소년 자신이 가장 역할을 하고 있지는 않다. 하지만 일부 청소년은 자신이 가족을 주로 돌보아야 하는 상황에 있을 수 있다. 이런 청소년은 자신이 가장 역할을 할 수밖에 없다. 이런 청소년이 가장 역할을 하는 이유를 몇 가지 제시하면 다음과 같다(United Nations, 2016).

① 청소년 자신이 부모이기 때문이다.

② 청소년의 부모가 사망하였거나, 실종되었거나, 기타 이유로 함께 있지 않기 때문이다.

우리나라의 경우, 과거에는 가장 역할을 하는 아동이나 청소년을 '소년소녀가장'이라고 부른 바 있다. 하지만 우리나라에서 아동이나 청소년이 가장 역할을 하는 것은 유엔아동권리협약에 어긋난다는 지적을 받은 바 있다. 따라서 오늘날에는 가정위탁보호를 통해서 이런 아동이나 청소년을 보호하고 있다.

장애청소년과 빈곤

장애청소년은 빈곤 상태에서 살거나 소득이 적은 상태에서 살 가능성이 큰 것으로 알려져 있다. 예를 들어 일반청소년에 비해서, 특수교육 서비스를 받는 장애청소년은 소득이 적은 가정에서 생활할 가능성이 더 큰 것으로 알려져 있다(UN Department of Economic and Social Affairs, 2016; Office of Adolescent Health, 2017a).

Points

- 청소년의 부모가 소득을 충분히 얻지 못하는 상황에 있는 것은 청소년빈곤을 유발하는 요인이 될 수 있다. 이런 상황의 청소년은 '일반 빈곤청소년'이라고 부를 수 있다.
- 청소년 자신이 가장 역할을 하는 상황에 있는 것은 청소년빈곤을 유발하는 요인이 될 수 있다. 이런 상황의 청소년은 '가장 역할을 하는 빈곤청소년'이라고 부를 수 있다.

4. 청소년빈곤이 미치는 영향

1) 일반적 영향

청소년이 빈곤 상태에서 사는 것은 삶의 여러 가지 영역에서 부정적으로 영향을 미치고 있다. 더불어 빈곤은 청소년의 발달에 부정적으로 영향을 미치고 있다.

특히 빈곤은 그 자체로 빈곤청소년에게 부정적으로 직접 영향을 미치고 있다. 예를 들어, 빈곤 때문에 청소년은 다음과 같은 상황에 놓일 수 있다(Global Coalition to End Child Poverty, 2017).

① 일을 더 많이 한다.

② 다른 곳으로 이주한다.

그러나 빈곤은 빈곤청소년에게 간접으로도 부정적인 영향을 미치고 있다. 예를 들어, 빈곤은 청소년의 미래 생활에 부정적으로 크게 영향을 미치고 있다(Moore, 2017; United Nations, 2016; Global Coalition to End Child Poverty, 2017).

빈곤청소년의 삶

청소년빈곤에 관심이 많은 어느 국제조직의 경우, 빈곤청소년의 삶에 대해 다음과 같이 정리한 바 있다(Global Coalition to End Child Poverty, 2017).

① 청소년은 빈곤이 자신의 일상 생활에 미치는 영향에 대해 잘 안다.

② 빈곤과 관련된 수치스러움은 청소년에게 크게 영향을 미친다. 그리고 빈곤청소년은 자신이 빈곤한 상태에 있다고 말하기를 꺼릴 수 있다. 그러나 빈곤청소년은 다음과 같은 것에 대해 이야기하는 경우가 많다.

㉠ 집을 깨끗하게 유지하는 데 어려움을 겪는다.

㉡ 적절하게 옷을 입는 데 어려움을 겪는다.

㉢ 사회 활동에 참여하는 데 어려움을 겪는다.

㉣ 괴롭힘을 당한다.

③ 빈곤청소년은 가족을 경제적으로 도와주기 위해서 유급 일자리에서 일하는 경우가 많다.

2) 영역별 영향

(1) 신체적 영역

빈곤은 청소년의 신체적 영역에서 부정적으로 영향을 미치고 있다. 예를 들어, 빈곤청소년은 신체적 영역에서 다음과 같은 상황에 놓일 수 있다(Moore, 2017).

① 영양이 많은 음식을 제대로 먹지 못한다.

② 적절한 의료서비스를 제대로 이용하지 못한다.

③ 자신이 음식을 먹는 습관에 대해 부모가 제대로 관리하지 않는다.

앞에서와 같은 여러 상황은 청소년의 신체적 건강에 부정적으로 영향을 미치게 된다(Moore, 2017). 그 결과, 빈곤청소년의 신체적 건강이 좋지 않게 될 가능성은 더 커지게 된다.

무엇보다도 빈곤청소년은 경제적으로 어려운 상황에서 살기 때문에, 일반청소년에 비해서 빈곤청소년은 건강에 좋은 음식을 더 적게 먹을 수 있다. 이에 따라서 일반청소년에 비해서 빈곤청소년은 신체적 건강 영역에서 어려움을 더 겪을 수 있다. 그 결과, 일반청소년에 비해서 빈곤청소년은 신체적 발달이 더 더딜 수 있다.

(2) 정서적 영역

빈곤은 청소년의 정서적 영역에서 부정적으로 영향을 미치고 있다. 예를 들어, 빈곤청소년은 정서적 영역에서 다음과 같은 상황에 놓일 수 있다(United Nations, 2016; Moore, 2017).

① 자신을 가치 있다고 인식하지 않는다.

② 불안한 상태에 있다.

③ 우울한 상태에 있다.

앞에서와 같은 상황은 빈곤청소년의 정서와 관련된 건강에 부정적으로 영향을 미치게 된다(Moore, 2017). 그 결과, 빈곤청소년의 정서와 관련된 건강이 좋지 않게 될 가능성은 더 커지게 된다.

무엇보다도 자신의 가족이 경제적으로 어려운 상태에 있을 경우, 가족구성원은 계속해서 경제적 욕구를 충족할 수 있는지에 대해 불안해 할 수 있다. 이에 따라서 일반청소년에 비해서 빈곤청소년은 정서적 영역에서 어려움을 더 겪을 수 있다. 그 결과, 일반청소년에 비해서 빈곤청소년은 정서적 발달이 더 더딜 수 있다. 이런 상황은 빈곤청소년에게 정신건강문제를 유발할 수 있다(Reiss, 2013).

(3) 사회적 영역

빈곤은 청소년의 사회적 영역에서 부정적으로 영향을 미치고 있다. 무엇보다도 청소년이 빈곤 상태에 놓이면 현금과 같은 재정적 자원이 부족할 수밖에 없다. 이런 탓에, 빈곤청소년은 사회적 영역에서 다음과 같은 상황에 놓일 수 있다(Moore, 2017; Chzhen, et al., 2018).

① 친구들과 편하게 어울리지 못한다.
② 사회의 행사에 참여하지 못한다.
③ 또래의 폭력으로부터 제대로 보호받지 못한다.

그 결과, 빈곤청소년은 사회적 영역에서 불리해질 가능성이 크다. 이에 따라서 빈곤청소년은 사회적으로 어울리지 못할 가능성이 크다(United Nations, 2016).

무엇보다도 일반청소년에 비해서 빈곤청소년은 사회적으로 교류하는 기회를 덜 가질 수 있다. 이렇게 될 경우, 빈곤청소년은 사회적 영역에서 어려움을 더 겪을 수 있다. 그 결과, 일반청소년에 비해서 빈곤청소년은 사회적 발달이 더 더딜 수 있다.

(4) 학습 영역

빈곤은 청소년의 학습 영역에서 부정적으로 영향을 미치고 있다. 예를 들어, 빈곤청소년은 학습 영역에서 다음과 같은 상황에 놓일 수 있다(Moore, 2017).

① 학교를 계속 다니지 않는다.

② 학교를 다녀 졸업할 경우, 받은 교육의 질이 낮다.

과거에 공부하던 모습: 빈곤은 청소년의 학습 영역에서 부정적으로 영향을 미친다.
[출처: 저자 촬영]

앞에서와 같은 상황은 빈곤청소년의 지식 수준에 부정적으로 영향을 미치게 된다. 그리고 빈곤청소년은 자신의 가정에 신경을 더 써야 하는 상황을 맞이할 수 있다. 이런 상황을 몇 가지 제시하면 다음과 같다(Moore, 2017).

① 집안일을 더 오래 하여야 한다.

② 어린 동생을 보살펴야 한다.

이렇게 될 경우, 빈곤청소년이 학습하는 데 보내는 시간은 줄어들 수 있다. 이런 상황은 빈곤청소년의 학습에 부정적으로 영향을 미치게 된다.

특히, 빈곤청소년이 학습과 관련해 어려움을 겪거나 또는 학교를 자퇴한 친구와 사뀔 경우, 빈곤청소년은 다음과 같은 상황을 겪을 수 있다(Moore, 2017).

① 학교를 그만둔다.

② 학교 성적이 더 좋지 않게 된다.

앞에서와 같은 상황 역시, 빈곤청소년의 학습에 부정적으로 영향을 미치게 된다. 그리고 이런 상황은 빈곤청소년의 미래에도 부정적으로 영향을 미치게 된다.

또한 빈곤 상태에서 사는 청소년은 이용할 수 있는 경제적 자원이 부족할 수밖에 없다. 따라서 일반청소년에 비해서, 빈곤청소년은 자신의 능력을 키울 기회를 더 적게 가질 수 있다. 예를 들어 일반청소년에 비해서, 빈곤청소년은 새롭게 학습할 기회를 더 적게 가질 수 있다. 이렇게 될 경우, 빈곤청소년은 학습과 관련된 영역에서 어려움을 더 겪을 수 있다. 그 결과, 일반청소년에 비해서 빈곤청소년은 학습과 관련된 발달이 더 더딜 수 있다.

(5) 행동 영역

빈곤은 청소년의 행동 영역에서 부정적으로 영향을 미치고 있다. 무엇보다도, 빈곤청소년은 빈곤 때문에 사회의 가치에 어긋나는 행동에 관여할 수 있다. 실제로 미국에서 조사한 결과, 빈곤은 초기 청소년기에 공격성과 같은 문제가 더 많이 발생하는 것과 관련이 있는 것으로 나타난 바 있다(Kim, McLaughlin, Chibnik, Koenen & Tiemeier, 2022).

그리고 일반청소년에 비해서, 빈곤청소년은 다음과 같은 상황을 더 겪을 수 있다(Moore, 2017).

① 부모가 자녀를 제대로 감독하지 않는다.

② 사회의 가치에 어긋나는 행동을 하는 집단에 관여하는 또래와 어울린다.

③ 학교에서 문제를 일으킨다.

④ 가정에서 문제를 일으킨다.

이렇게 될 경우, 빈곤청소년은 행동과 관련된 영역에서 어려움을 더 겪을 수 있다.

그 결과, 일반청소년에 비해서 빈곤청소년은 행동과 관련된 발달이 더 더딜 수 있다.

(6) 인지적 영역

빈곤은 청소년의 인지적 영역에서 부정적으로 영향을 미치고 있다. 무엇보다도 빈곤은 청소년기에 뇌가 발달하는 데 영향을 미칠 수 있다.

이렇게 될 경우, 빈곤청소년은 인지와 관련된 영역에서 어려움을 더 겪을 수 있다. 그 결과, 일반청소년에 비해서 빈곤청소년은 인지와 관련된 발달이 더 더딜 수 있다. 그리고 빈곤이 뇌가 발달하는 데 미친 영향은 청소년의 행동에 다시 영향을 미칠 수 있다(Kim et al., 2022).

3) 장기적으로 미치는 영향

청소년기에 빈곤 상태에서 자라는 것은, 성인기에도 부정적으로 영향을 미칠 수 있다. 예를 들어, 청소년기에 빈곤을 경험하는 것은 건강에 장기적으로 부정적인 영향을 미칠 가능성이 크다. 실제로 그동안의 연구에서, 청소년기에 겪는 빈곤은 성인기에 신체적 건강문제를 겪는 것과 관련이 있는 것으로 나타나고 있다(Troxel & Hastings, 2014).

4) 권리에 미치는 영향

청소년빈곤은 청소년 권리에도 부정적으로 영향을 미치고 있다. 따라서 청소년빈곤 때문에 청소년은 자신의 권리를 누리지 못할 수 있다. 예를 들어 일반청소년에 비해서, 빈곤청소년은 다음과 같은 상황에 놓일 가능성이 더 크다(노병일, 2020b).

① 자신의 권리를 주장하지 못한다.

② 자신이 가진 능력을 완전하게 펼치지 못한다.

③ 사회에 평등한 구성원으로 참여하지 못한다.

앞에서와 같은 상황은 빈곤청소년이 현재 누리거나 미래에 누릴 복리나 삶의 질에 부정적으로 크게 영향을 미칠 가능성이 크다.

5) 정리

청소년이 빈곤한 환경에서 자라는 것은 청소년의 신체적 복리와 정서적 복리에 계속해서 부정적으로 영향을 미칠 가능성이 크다(Troxel & Hastings, 2014). 이에 따라서 일반청소년에 비해서, 빈곤청소년의 복리 수준은 더 낮을 가능성이 크다.

그리고 청소년빈곤은 청소년과 관련된 여러 영역에서 영향을 미치고 있다. 왜냐하면 빈곤은 다양한 차원(영역)과 관련되는 특성을 지니기 때문이다. 따라서 청소년빈곤은 신체적 · 정서적 · 사회적 · 학습 영역에서의 복리 수준을 낮추는 요인으로 작용하고 있다(노병일, 2022a). 이런 탓에, 청소년빈곤은 다양한 영역에서 빈곤청소년의 발달에 부정적으로 영향을 미칠 가능성이 크다.

또한 일반청소년에 비해서, 빈곤청소년은 여러 가지 위험한 상황을 겪을 가능성이 더 크다. 따라서 일반청소년에 비해서, 빈곤청소년은 삶의 전체에 걸쳐서 어려움을 더 겪을 가능성이 크다(김수린 · 유조안, 2014).

Points

- 빈곤은 청소년의 신체적 · 정서적 · 사회적 · 정치적 · 학습 · 행동 · 인지적 영역에서 부정적 영향을 미친다.
- 청소년빈곤은 성인기에도 부정적 영향을 미칠 수 있다.
- 청소년빈곤은 청소년 권리에 부정적 영향을 미친다.
- 일반청소년에 비해 빈곤청소년의 복리 수준은 더 낮을 가능성이 크다.

5. 빈곤청소년의 대처

청소년이 빈곤 상태에 놓이면, 청소년은 빈곤 상황에 나름대로 대처하고자 한다. 빈곤청소년이 경제적으로 어려운 상태에 대처하는 방법에는 여러 가지가 있을 수 있다. 빈곤청소년이 경제적 어려움을 해결하기 위해 대처하는 방법을 몇 가지 제시하면 다음과 같다(United Nations, 2016).

① 학교를 중간에 그만둔다.
② 어린 나이에 결혼하거나 강제로 결혼한다.
③ 성인이 청소년을 성적으로 이용하는 데 관여한다.
④ 위험한 일이나 성인의 이익을 위한 일을 한다.
⑤ 사회의 가치에 어긋나는 행동을 하는 집단에 가입한다.

학교 수업을 마치고 집에 가는 청소년들: 빈곤청소년은 경제적 어려움을 해결하기 위해 학교를 그만둘 수 있다. [출처: 인도에서 저자 촬영]

이때 빈곤청소년이 어떤 대처 방법을 선택하느냐에 따라서 빈곤청소년의 현재와 미래의 복리가 크게 달라질 수 있다. 예를 들어, 빈곤청소년이 사회에서 바람직한 방법으로 대처할 경우, 청소년의 복리 수준은 높아질 수 있다. 그러나 이와는 반대로, 빈곤청소년이 사회에서 바람직하지 않은 방법으로 대처할 경우, 빈곤청소년의 복리 수준은 낮아질 수 있다. 그리고 빈곤청소년이 사회에서 바람직하지 않은 방법으로 대처할 경우, 빈곤청소년은 위험한 상황을 겪게 될 수도 있다.

Points

- 빈곤청소년은 빈곤 상황에 나름대로 대처하고자 한다.
- 빈곤청소년이 선택하는 대처 방법에 따라 빈곤청소년의 현재 · 미래의 복리가 크게 달라질 수 있다.

6. 청소년복지 전문가와 국가의 역할

1) 청소년복지 전문가의 역할

청소년복지 영역에서 활동하는 전문가의 경우, 빈곤청소년과 관련해 여러 가지 역할을 할 필요가 있다.

(1) 다양한 영역에서의 개입 관련

빈곤은 청소년에게 경제적 영역에서뿐만 아니라 기타 여러 영역에서도 부정적으로 크게 영향을 미치고 있다. 따라서 빈곤에 따른 문제는 여러 영역에서 나타날 수밖에 없다.

그러므로 청소년복지 영역에서 활동하는 전문가의 경우, 빈곤청소년이 경제적 영역을 포함한 다양한 영역에서 겪는 어려움에 주목하면서 서비스를 제공할 필요가 있다.

(2) 교육 관련

빈곤청소년이 계속해서 학교에 다니면서 학습하는 것은, 빈곤청소년이 나중에 사회에서 안정된 소득을 확보하는 것과 관련해 매우 중요하다. 그리고 빈곤청소년이 꾸준히 학교에 다니면서 학습하는 것은, 빈곤청소년이 빈곤의 대물림에서 벗어나기 위해서도 중요하다.

그러므로 청소년복지 영역에서 활동하는 전문가의 경우, 빈곤청소년이 학교에 잘 적응하면서 교육을 잘 받도록 도와줄 필요가 있다. 특히 이를 위해서, 청소년복지 영역에서 활동하는 전문가는 다음과 같이 할 필요가 있다(Moore, 2017).

① 청소년에게 교육이 중요하다는 점을 잘 알려 준다.

② 청소년이 학교에서 하는 활동과 성적을 계속해서 살펴본다.

(3) 영양과 건강의 중요성 홍보 관련

빈곤청소년은 영양이 있는 음식과 건강에 대해 관심이 적을 수 있다. 이런 상황은 빈곤청소년의 발달에 부정적으로 영향을 미칠 수 있다.

그러므로 청소년복지 영역에서 활동하는 전문가의 경우, 청소년기에 신체적으로 발달하고 정서적으로 발달하기 위해서 영양이 있는 음식과 건강이 중요하다는 점을 청소년이 인식하게 할 필요가 있다(Moore, 2017).

(4) 지역사회(동네) 수준에서의 개입 관련

그동안의 연구에 따르면, 청소년기에 빈곤한 지역사회(동네)에서 자라는 것은 나중에 성인기에 건강문제를 유발할 수 있다.[2] 그러므로 청소년복지 영역에서 활동하는 전문

2) 여기에 대해서는 지역사회와 청소년복지를 다루는 장(제6장)에서 이미 설명한 바 있다.

가의 경우, 취약한 청소년의 개인 수준이나 가족 수준에서뿐만 아니라 청소년이 자라는 지역사회(동네) 수준에서도 개입할 필요가 있다(Troxel & Hastings, 2014).

(5) 가장 역할 하는 청소년 관련

유엔 아동권리협약에 따르면, 청소년 자신이 부모이거나 보호자일 때는 이런 청소년에게 다음과 같이 해 주어야 한다(United Nations, 2016).

① 돌보는 아동의 건강과 영양과 젖먹이기와 관련된 기본적 정보를 제공한다.

② 아동을 돌보는 데 필요한 것을 지원한다. 예를 들어 필요할 경우, 음식과 의류와 주택과 관련해 물질적으로 도와준다.

그러므로 청소년복지 영역에서 활동하는 전문가의 경우, 가장 역할을 하는 청소년을 앞에서와 같은 영역에서 도와줄 필요가 있다.

그리고 가장 역할을 하는 청소년은 당연히 교육에 대한 권리, 놀이에 대한 권리, 참여할 권리를 가지고 있다. 그러므로 가장 역할을 하는 청소년이 교육에 대한 권리, 놀이에 대한 권리, 참여할 권리를 누리게 하기 위해서, 청소년복지 영역에서 활동하는 전문가는 이런 청소년에게 추가로 지원할 필요가 있다(United Nations, 2016).

빈곤청소년과 가족을 위한 프로그램에서 주목하는 측면

청소년과 그 가족이 빈곤 상태에 놓이면 물질적 어려움이 당연히 따르지만, 이와 동시에 심리적 어려움도 따르게 된다. 따라서 빈곤청소년과 그 가족을 효과적으로 돕고자 하는 프로그램에서는 다음과 같은 측면에 주목하는 경향이 있다(Chafel & Hadley, 2001).

① 소득을 늘리는 측면이 있다. 빈곤청소년과 그 가족이 겪는 경제적 어려움과 이에 따른 부정적 영향를 줄이기 위한 근본적인 방법은, 빈곤청소년이 사는 가족의 경제 상태를 개선하는 것이다. 따라서 빈곤청소년과 그 가족을 효과적으로 돕고자 하는 프로그램에서는 소득을 늘리는 측면에 주목할 수밖에 없다.

② 서비스 측면이 있다. 빈곤청소년이 사는 가족이 소득을 얻도록 항상 도와줄 수는 없지만, 이런 가족이 서비스를 받도록 해 줄 수는 있다. 다만, 이때 다음과 같은 점을 고려할 필요가 있다.

㉠ 빈곤과 관련해 여러 가지 어려움을 겪는 겪는 가족에게는 폭넓은 사회적 지지를 제공하는 서비스와 연결해 주어야 한다.

㉡ 이런 서비스에서는 가족이 먹고 입고 자는 것 및 의료와 관련된 기본적 욕구뿐만 아니라, 빈곤청소년 가족의 삶의 질을 개선하는 것도 다루어야 한다.

2) 국가의 역할

국가의 경우, 빈곤청소년과 관련해 여러 가지 역할을 할 필요가 있다.

(1) 일반적 역할

빈곤청소년에게는 여러 영역에서 다양한 조치가 필요하다. 그러므로 국가의 경우, 빈곤청소년을 도와주기 위해서는 다음과 같이 할 필요가 있다(Global Coalition to End Child Poverty, 2017).

① 체계적이고 여러 영역에 주목하는 정책을 실시한다.

② 빈곤청소년에게 맞는 서비스를 제공한다.

③ 빈곤청소년이 참여하는 데 효과적인 환경을 제공한다.

④ 빈곤청소년이 권리를 누리게 하고 욕구를 충족하게 한다.

아동기에 겪는 빈곤은 아동기 이후에도 계속해서 부정적으로 영향을 미칠 수 있다. 그러나 청소년기에 청소년을 지지하면서 청소년 개인에 맞게 개입할 경우, 빈곤이 세대 사이에 이어지는 것을 예방할 수 있다(Global Coalition to End Child Poverty, 2017). 그러므로 국가의 경우, 빈곤청소년과 그 가족의 특성에 맞게 적극적으로 개입해 빈곤의 대물림을 예방하는 데 특히 관심을 가질 필요가 있다.

(2) 구체적 역할

(가) 교육 관련

교육은 청소년이 빈곤에서 벗어나고 미래에 더 나은 삶을 사는 데 매우 중요하다(Global Coalition to End Child Poverty, 2017). 그러나 빈곤청소년은 자신이 바라는 교육을 제대로 받지 못하는 경우가 많다.

그러므로 국가의 경우, 빈곤청소년이 교육을 제대로 받도록 해 줄 필요가 있다.

(나) 활동 위한 경제적 지원 관련

오늘날의 학생은 정규 수업 이외에도 다양한 활동에 참여하고 있다. 하지만 학교에 다니는 빈곤청소년은 경제적 상황 때문에 이런 활동에 제대로 참여하지 못할 수 있다.

그러므로 국가의 경우, 학교에 다니는 빈곤청소년이 학교 내부와 외부에서 학습 이외의 여러 가지 활동에 참여하는 데 경제적으로 도움을 줄 필요가 있다. 이 경우, 청소년기는 민감한 시기인 만큼, 빈곤청소년이 수치감을 느끼지 않는 방식으로 지원할 필요가 있다.

(다) 사회적 보호 제도 관련

말할 것도 없이, 청소년이 여러 영역에서 제대로 발달하기 위해서는 청소년이 적절한 생활 수준을 유지하여야 한다. 이때 필요한 것이 사회적 보호 제도이다(노병일, 2020a). 그러므로 국가의 경우, 빈곤청소년과 그 가족에게 다음과 같이 해 주는 사회적 보호 제도를 실시할 필요가 있다(United Nations, 2016).

① 기본적 소득을 유지한다.
② 경제적 어려움에 대해 보호한다.
③ 사회서비스를 제공한다.

일하러 가는 빈곤청소년: 국가는 빈곤청소년의 경제적 어려움에 대해 보호할 필요가 있다. [출처: 픽사베이]

그리고 사회적으로 보호하는 범위를 넓히는 것은, 빈곤청소년의 생활에 부정적으로 영향을 미치는 위험을 줄이기 위해서 중요하다(Global Coalition to End Child Poverty, 2017). 그러므로 국가의 경우, 빈곤청소년과 그 가족에게 사회적으로 보호하는 범위를 넓혀 줄 필요가 있다.

(라) 가장 역할 하는 청소년 관련

가장 역할을 하는 청소년에게는 폭넓고 체계적인 도움이 필요하다. 그러므로 국가의 경우, 가장 역할을 하는 청소년을 법적 · 제도적으로 도와줄 필요가 있다. 특히, 자신이 부모이거나 주요 보호자인 청소년에게 다음과 같이 해 줄 필요가 있다(United Nations, 2016).

① 경제적 소득을 확보하는 것과 관련해 개입한다.

② 해당 청소년이 가진 구체적 욕구를 충족하도록 도와준다.

Points

- 청소년복지 전문가는 빈곤청소년이 다양한 영역에서 겪는 어려움에 주목하면서 서비스를 제공하고, 빈곤청소년이 교육을 잘 받도록 도와주고, 빈곤청소년에게 음식과 건강이 중요하다는 점을 인식하게 해 주고, 빈곤청소년의 개인 · 가족 수준에서뿐만 아니라 동네 수준에서도 개입하고, 가장 역할을 하는 청소년을 여러 관련 영역에서 도와줄 필요가 있다.
- 국가는 빈곤청소년에게 개입해서 빈곤의 대물림을 없애는 데 주목하고, 빈곤청소년이 교육을 제대로 받도록 하고, 학교에 다니는 빈곤청소년이 학습 이외의 여러 활동에 참여하는 데 경제적으로 지원하고, 빈곤청소년 가족이 적절한 생활 수준을 유지할 수 있게 하는 사회적 보호 제도를 실시하고, 가장 역할을 하는 청소년을 법적 · 제도적으로 도와줄 필요가 있다.

Chapter

09

장애청소년 복지

C O N T E N T S

1. 장애청소년에 대한 관심의 필요성

사람은 살아가면서 장애 상태에 놓일 수 있다. 이것은 청소년에게도 마찬가지이다. 이때 어떤 청소년은 태어나면서부터 장애를 겪다가 청소년기에 이를 수 있고, 어떤 청소년은 아동기에 장애를 겪다가 청소년기에 이를 수 있다. 그리고 어떤 청소년은 청소년기에 겪은 사고나 기타 사건 때문에 청소년기에 장애를 겪을 수 있다.

일반청소년과 마찬가지로, 장애청소년도 청소년기에 나타나는 변화와 관련해 여러 가지 어려움을 겪고 있다. 그러나 여러 영역에서 장애청소년은 일반청소년보다 어려움을 더 심각하게 경험하고 있다.

우선, 장애청소년은 교육 영역에서 어려움을 특히 겪고 있고, 고용 영역에서도 어려움을 겪고 있다. 그리고 사회에서 장애청소년을 잘못 인식하는 탓에, 장애청소년은 차별을 받을 수 있고 사회적 관계에서 불리할 수 있다. 또한 장애청소년이 놓인 불리한 상황 때문에, 장애청소년은 학대를 경험할 수 있다. 결국, 이런 탓에 장애청소년은 사회에서 공평하지 않게 대우받는 경우가 많다(Office of Adolescent Health, 2017a; Source, 2019).

그리고 장애청소년은 자신의 취약한 상황 때문에 정신건강이 좋지 않을 가능성이 크다. 또한 장애청소년은 또래관계나 친구관계를 형성하고 유지하는 데 어려움을 겪을 수 있다. 더불어, 장애청소년은 소득이나 주거와 같은 기타 영역에서도 어려움을 겪을 수 있다. 이와 같은 여러 가지 상황은 장애청소년의 복리에 부정적으로 영향을 미치고 있다.

사실, 어떤 면에서 볼 때, 장애청소년은 청소년 중에서 사회에서 가장 취약하고 사회활동에 제대로 참여하지 못하는 집단에 속하고 있다. 이런 상황에서, 오늘날에 장애청소년의 수는 증가하고 있다(UNICEF, 2024; UN Department of Economic and Social Affairs, 2016; World Health Organization, 2021).

그러므로 청소년복지에서는 장애청소년에 대해 관심을 가질 필요가 있다.

Points

- 여러 영역에서 장애청소년은 일반청소년보다 어려움을 더 심각하게 경험한다. 장애청소년은 취약한 집단에 속하므로, 장애청소년에 대해 관심을 가질 필요가 있다.

2. 장애와 장애청소년의 정의

1) 장애의 정의

장애라는 용어는 여러 가지를 포함하는 폭넓은 용어이다. 하지만 그동안 장애를 정의하려고 크게 노력하였음에도 불구하고, 장애와 관련해 전 세계적으로 받아들여지는 정의는 존재하지 않는다(노병일, 2022b). 따라서 장애와 관련된 용어는 분명하지 않을 수도 있고, 서로 일관성이 없을 수도 있다(Office of Adolescent Health, 2017a; U.S. Department of Health & Human Services, 2024a). 그 결과, 장애라는 용어는 여러 가지 측면과 관련되는 경우가 많다.

그러나 일부 기관과 학자는 장애에 대해 정의해 왔다. 장애에 대해 정의한 것을 몇 가지 제시하면 다음과 같다(국가법령정보센터, 2024; Barker, 2003).

① 미국 전국사회복지사협회에서 발간한 사전에 따르면, 장애는 기능이 일시적으로 또는 영구적으로 줄어드는 것을 말한다. 이 경우, 구체적으로 장애는 신체적 · 정신적 상태가 좋지 않거나 질병 등의 이유 때문에, 대부분의 사람이 할 수 있는 활동을 하지 못하는 것을 가리킨다.

② 우리나라의 「장애인차별금지 및 권리구제 등에 관한 법률」에 따르면, 장애는 "신체적 · 정신적 손상 또는 기능상실이 장기간에 걸쳐 개인의 일상 또는 사회생활에 상당한 제약을 초래하는 상태"를 말한다.

정리하건대, 장애는 신체적 · 정신적 상황이 좋지 않은 탓에 일상적 생활이나 사회생활을 하는 데 크게 제약을 받는 상태라고 볼 수 있다(노병일, 2022b).

2) 장애청소년의 정의

장애를 앞에서와 같이 이해할 경우, 장애청소년은 신체적 · 정신적 상황이 좋지 않기 때문에 일상적 생활이나 사회생활을 하는 데 크게 제약을 받는 청소년이라고 볼 수 있다.

Points

- 장애는 신체적 · 정신적 상황이 좋지 않은 탓에 일상적 생활이나 사회생활을 하는 데 크게 제약을 받는 상태이다.
- 장애청소년은 신체적 · 정신적 상황이 좋지 않으므로 일상적 생활이나 사회생활을 하는 데 크게 제약을 받는 청소년이다.

3. 장애청소년의 욕구와 권리

1) 장애청소년의 욕구

(1) 기본적 욕구

장애청소년은 일반청소년과 똑같은 문제를 경험하고 있고 또한 일반청소년과 똑같은 것에 관심을 가지고 있다. 따라서 장애청소년이 기본적으로 가지는 욕구는 일반청소년이 기본적으로 가지는 욕구와 전혀 다르지 않다. 그러므로 장애청소년은 모든 청소년이 가지는 기본적 욕구를 가지고 있다고 볼 수 있다. 이런 탓에, 대부분의 장애청소년은 일반청소년이 성장하면서 하는 경험을 자신도 해 보기를 바라고 있고, 일반청소년이 가지는 사회적 기회를 자신도 가져보기를 바라고 있다(UN Department of Economic and Social Affairs, 2016; Maxey & Beckert, 2017).

장애청소년: 장애청소년은 모든 청소년이 가지는 기본적 욕구를 가진다. [출처: UN Department of Economic and Social Affairs (2016)]

(2) 추가적 욕구

장애청소년은 장애와 관련된 욕구를 추가로 가지고 있다. 이런 욕구는 장애 상태에 있기 때문에 장애청소년이 독특하게 추가로 가지는 욕구라고 볼 수 있다. 예를 들어 장애청소년의 경우, 자신이 겪는 장애 탓에 사회에 참여하는 데 제약을 받을 수 있기 때문에, 추가적 욕구를 가질 수 있다(노병일, 2022b).

그러나 장애청소년이 가지는 추가적 욕구는 장애청소년 개인에 따라 서로 차이가 나고 있다. 또한 장애청소년이 가지는 추가적 욕구는 장애의 형태에 따라 서로 차이가 날 수 있다(노병일, 2022b; Office of Adolescent Health, 2017a; U.S. Department of Health & Human Services, 2024a).

2) 장애청소년의 권리

(1) 기본적 권리

장애청소년은 모든 인간이 누려야 할 기본적 권리를 가지고 있다. 이와 더불어 장애청소년은 모든 청소년이 누려야 할 권리를 가지고 있다.

(2) 구체적 권리

(가) 구체적 권리의 예

일부 학자의 경우, 장애아동이 누려야 할 구체적 권리를 제시한 바 있다(노병일, 2022b). 이런 권리 중에서 많은 부분은 장애청소년에게도 그대로 적용되고 있다. 이런 권리를 몇 가지 제시하면 다음과 같다(Kennedy, 1995).

① 일반청소년과 똑같이 가치 있는 존재로 인정받을 권리가 있다.
② 편견을 겪지 않고 일반 사회에서 어울릴 권리가 있다.
③ 자신이 학대를 신고할 때 이를 믿어 줄 권리가 있다.
④ 자신의 존재를 긍정적으로 인정받을 권리가 있다.
⑤ 자신을 안전하게 하는 정보를 적절하게 이용할 권리가 있다.
⑥ 필요할 때 자기 생각을 정식으로 전달해 주는 사람과 만날 권리가 있다.
⑦ 형사 사건의 과정에 관여할 권리가 있다.
⑧ 장애를 겪는다는 이유 때문에, 자신이 제시하는 증거가 무시되지 않을 권리가 있다.

(나) 교육 영역에서의 권리

장애청소년에게 특히 중요한 구체적 권리는 교육 영역에서의 권리이다. 교육은 청소년에게 특히 중요하므로, 이런 점은 당연하다고 볼 수 있다. 이 경우, 좋은 지침이 되는 것은 유엔 장애인권리협약(Convention on the Rights of Persons with Disabilities)이다.

유엔 장애인권리협약에서는 교육 영역에서의 불평등한 측면을 다루고 있다. 구체적으로 유엔 장애인권리협약에서는 장애인에게 다음과 같이 해 주어야 한다고 밝히고 있는데, 이것은 장애청소년에게도 그대로 적용되고 있다(UN Department of Economic and Social Affairs, 2016).

① 일반 교육체계에서 교육을 받게 한다.

② 장애인 개인이 가진 능력을 완전히 펼칠 수 있도록 하기 위해, 개인적으로 지원하고 편의 시설이나 보조 기구를 제공한다.

장애청소년이 교육 영역에서 가지는 권리는 법이나 기타 문서에 나타나 있다. 예를 들어 미국의 경우, 특수교육법에서 장애청소년이 교육 영역에서 가지는 권리를 제시하고 있다(Office of Adolescent Health, 2017b).

장애청소년의 권리와 관련된 협약과 문서에서 관심을 가지는 점

유엔 장애인권리협약과 기타 국제 문서의 경우, 다음과 같은 상황을 이루는 데 관심을 가지고 있다(UN Department of Economic and Social Affairs, 2016).

① 장애청소년을 사회에서 더 포용한다.

② 장애청소년이 인권을 제대로 누린다.

Points

- 장애청소년의 기본적 욕구는 일반청소년의 기본적 욕구와 다르지 않다. 그러나 장애청소년은 장애와 관련된 추가적 욕구를 가진다.
- 장애청소년은 모든 인간이 누려야 할 기본적 권리와 모든 청소년이 누려야 할 권리를 가진다. 장애청소년에게 특히 중요한 구체적 권리는 교육 영역에서의 권리이다. 이때 좋은 지침이 되는 것은 유엔 장애인권리협약이다.

4. 장애청소년의 어려움

1) 일반적 어려움

청소년은 성장해 나가면서 취약한 상황을 겪는 경우가 많다. 이런 탓에, 청소년은 여러 가지 어려움을 겪고 있다. 당연히 장애청소년도 일반청소년이 겪는 어려움을 많이 겪고 있다(Maxey & Beckert, 2017).

그러나 장애청소년은 일반청소년이 누리는 권리를 똑같이 누리지 못하는 경우가 많다. 그 결과, 장애청소년은 일반청소년보다 사회적 · 경제적 · 문화적으로 크게 불리한 상황에 있는 경우가 더 많다(Source, 2019; UNICEF, 2024). 따라서 일반청소년에 비해서, 장애청소년은 여러 가지 어려움을 더 겪고 있다.

특히 장애청소년은 사회에서 여러 가지 불평등을 경험하고 있다. 이런 불평등은 장애청소년의 건강과 복리에 부정적으로 영향을 미치고 있다(U.S. Department of Health & Human Services, 2024a).

2) 영역별 어려움

장애청소년이 발달하는 것과 관련된 영역에는 여러 가지가 있다. 따라서 장애청소년은 다양한 영역에서 어려움을 겪고 있다. 장애청소년이 겪는 주요한 어려움으로 교육 영역에서의 어려움, 의료 영역에서의 어려움, 고용 영역에서의 어려움, 사회적 인식과 관계 영역에서의 어려움, 성적 활동 영역에서의 어려움이 있다.

(1) 교육 영역

교육 영역은 장애청소년이 현재와 미래에 조직과 사회에서 필요한 기본적 · 전문적 지식을 배우는 것과 관련되고 있다. 따라서 교육 영역은 장애청소년에게 매우 중요하다.

그러나 장애청소년은 교육을 받을 기회가 부족한 경우가 많다. 대체로 일반청소년에 비해서, 장애청소년은 다음과 같은 상황에 있을 가능성이 더 크다(UN Department of Economic and Social Affairs, 2016; U.S. Department of Health & Human Services, 2024a).

① 학교에 입학하지 못한다.

② 학교에 입학하였을 경우, 학교를 계속해서 다니지 못한다.

③ 학교를 졸업하였을 경우, 다음 단계의 학교로 진학하지 못한다.

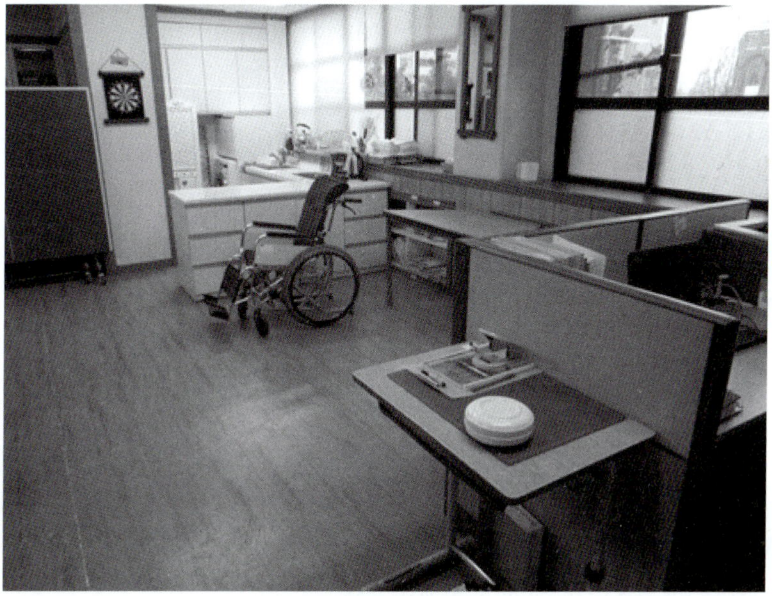

장애청소년이 교육을 받는 교실: 장애청소년은 높은 수준의 교육기관에서 교육받는 데 어려움을 겪을 수 있다. [출처: 저자 촬영]

무엇보다도 장애청소년은 높은 수준의 교육기관에서 교육을 받는 데 어려움을 겪는 경우가 많다. 실제로 전 세계적으로 볼 때, 일반청소년에 비해서 장애청소년은 높은 수준의 교육기관에 다니는 비율이 더 낮은 편이다. 예를 들어 일반청소년에 비해서, 특수교육 서비스를 받는 장애청소년은 고등학교 졸업 후에 대학교에 진학하거나 높은 수준의 교육기관에서 교육을 받는 경우가 더 적은 것으로 알려져 있다(UN Department of

Economic and Social Affairs, 2016; Office of Adolescent Health, 2017a).

그리고 장애청소년이 교육 영역에서 불리한 것은 장애청소년이 사회생활을 잘하는 데 어려움을 유발하는 요인이 되고 있다. 예를 들어, 장애청소년은 교육 영역에서 불리하기 때문에, 미래에 사회생활을 하는 데 필요한 전문적 지식을 체계적으로 배우지 못할 수 있다(United Nations, 2016).

(2) 의료 영역

의료 영역은 장애청소년이 전문적 의료서비스를 받아서 사회구성원으로 역할을 하는 것과 관련되고 있다. 따라서 의료 영역은 장애청소년에게 매우 중요하다.

장애청소년은 자신의 장애 상태에 어울리는 재활서비스가 필요한 경우가 많다. 그러나 장애청소년은 원하는 재활서비스를 이용하고자 할 때 다음과 같은 상황을 겪는 경우가 많다(World Health Organization, 2021).

① 원하는 재활서비스가 없거나 매우 부족하다.

② 원하는 재활서비스의 비용이 비싸다.

③ 해당 장소에 접근하기 어렵다.

④ 도시에만 있다.

장애청소년이 적절하고 효과적인 재활서비스와 기타 의료서비스를 제대로 받지 못하는 상황은, 장애청소년의 현재와 미래의 삶에 부정적으로 크게 영향을 미치고 있다.

(3) 고용 영역

고용은 장애청소년이 현재와 미래에 경제적 활동에 참여하여 소득을 얻는 것과 관련되고 있다. 따라서 고용 영역은 장애청소년에게 매우 중요하다.

그러나 장애청소년은 경제적 활동에 참여할 기회가 부족한 경우가 많다. 우선 장애청소년의 경우, 일자리를 찾는 데 어려움을 크게 겪을 가능성이 크다. 예를 들어 일반 청소년에 비해서, 특수교육 서비스를 받는 장애청소년은 보수를 받는 일자리에서 일하는 경우가 더 적은 것으로 알려져 있다(UN Department of Economic and Social Affairs, 2016; Office of Adolescent Health, 2017a).

또한 장애청소년은 구한 일자리에서 계속 일하는 데 어려움을 겪을 가능성이 크다. 더욱이 장애청소년이 일자리를 구한다고 해도, 장애청소년을 고용하거나 담당하는 사람은 장애청소년에 대해서 다음과 같이 하는 경우가 많다(UN Department of Economic and Social Affairs, 2016).

① 실수하는 것을 잘 허용하지 않는다.

② 일하다가 어려움을 겪으면, 해당 일자리에서 일할 수 없다고 판단한다.

장애청소년이 고용 영역에서 불리한 상황에 있는 것은, 장애청소년이 미래에 안정된 소득을 확보하는 데 어려움을 유발하는 요인이 되고 있다. 예를 들어, 장애청소년이 일자리를 구하거나 유지하는 것이 어려움에 따라서, 장애청소년은 나중에 성인이 되어 빈곤 상태에 놓일 가능성이 커지게 된다(UN Department of Economic and Social Affairs, 2016).

(4) 사회적 인식과 관계 영역

(가) 사회적 인식 영역

사회적 인식 영역은 장애청소년이 사회구성원으로 역할을 제대로 하는 것과 관련되고 있다. 따라서 사회적 인식 영역은 장애청소년에게 매우 중요하다.

그러나 사회는 장애청소년의 상태나 능력에 대해 부정적으로 인식하는 경우가 많다. 이에 따라 장애청소년은 편견을 경험하고 차별을 겪는 경우가 많다.

장애청소년이 사회적 인식 영역에서 불리한 상황에 있는 것은, 장애청소년이 정당한 사회구성원으로 역할을 하는 데 어려움을 유발하는 요인이 되고 있다. 그리고 장애청소년에 대한 부정적인 사회적 인식은 장애청소년의 사회적 관계 영역에 부정적으로 영향을 미치고 있다.[1)]

1) 장애청소년의 사회적 관계 영역에 대해서는 이어서 설명한다.

(나) 사회적 관계 영역

사회적 관계 영역은 장애청소년이 활동에 참여하고, 여러 사람과 교류하고, 정당한 대우를 받는 것과 관련되고 있다. 따라서 사회적 관계 영역은 장애청소년에게 매우 중요하다.

우선, 장애청소년은 친구와 꾸준히 어울리지 못하는 경우가 많다. 또한 장애청소년은 활동에 참여하는 데 어려움을 겪는 경우가 많다. 따라서 장애청소년은 일반청소년과 똑같은 정도로 활동에 참여하지 못할 수 있다. 실제로 일반청소년에 비해서, 장애청소년은 여러 사람이 함께하는 활동에 참여할 기회를 더 적게 가지는 경우가 많다. 예를 들어, 장애청소년은 사회적 · 문화적 · 종교적 활동에 참여하지 못하는 경우가 많다.

그리고 사회가 장애청소년을 포용하지 않는 탓에, 장애청소년은 사회에서 다른 사람들과 어울리는 데 어려움을 겪는 경우가 많다. 실제로 일반청소년에 비해서, 장애청소년은 사회적 관계에서 더 불리한 것으로 나타나고 있다(U.S. Department of Health & Human Services, 2024a; Locke, Ishijima, Kasari & London, 2010; United Nations, 2016; UN Department of Economic and Social Affairs, 2016; Maxey & Beckert, 2017).

장애청소년이 사회적 관계 영역에서 불리한 상황에 있는 것은, 장애청소년이 사회에서 의미 있는 관계를 형성하면서 자신의 능력을 발휘하는 데 어려움을 유발하는 요인이 되고 있다. 특히 장애청소년이 주위에서 함께 어울리지 못하는 것은, 장애청소년이 성인기로 나아가면서 독립하는 데 어려움을 크게 유발할 수 있다(UN Department of Economic and Social Affairs, 2016).

또한 장애청소년이 사회적 관계 영역에서 불리한 상황에 있는 것은, 장애청소년의 정신건강에 부정적으로 크게 영향을 미칠 수 있다.[2)]

2) 장애청소년의 정신건강에 대해서는 뒤에서 자세히 설명한다.

(5) 성적 활동 영역

성적 활동 영역은 장애청소년이 성적으로 잘 발달하는 것과 관련되고 있다. 따라서 성적 활동 영역은 장애청소년에게 중요하다.

그러나 장애청소년은 성 및 출산과 관련된 정보와 서비스를 이용하지 못하는 경우가 많다. 또한 성적 활동과 관련된 정보는 장애청소년이 이용할 수 없는 수단을 통해서 제공되는 경우도 있다(United Nations, 2016; UN Department of Economic and Social Affairs, 2016).

장애청소년이 성적 활동 영역에서 불리한 상황에 있는 것은, 장애청소년이 성적으로 잘 발달하는 데 어려움을 유발하는 요인이 되고 있다. 예를 들어, 성적 활동과 관련된 정보가 부족할 경우, 장애청소년은 안전하고 적절하게 성적 활동을 하는 데 필요한 도구를 구하려고 하지 않을 수 있다. 따라서 성적 활동과 관련된 정보가 부족한 상황은, 장애청소년의 복리에 부정적으로 크게 영향을 미칠 수 있다(UN Department of Economic and Social Affairs, 2016).

(6) 기타 영역

장애청소년은 소득과 관련해 불리한 경우가 많다. 예를 들어 장애가 없는 청소년에 비해서, 장애청소년은 사회에서 가장 빈곤한 집단에 속하는 경우가 많다. 또한 장애청소년은 거주와 관련해 불리한 경우가 많다. 예를 들어 장애가 없는 청소년에 비해서, 장애청소년은 시설에서 생활할 가능성이 더 크다. 그리고 장애청소년은 위급한 상황에서 적절한 음식이나 인간적인 도움을 받지 못하는 경우가 많다(UNICEF, 2024).

Points

- 장애청소년은 일반청소년보다 취약한 경우가 더 많고, 이에 따라 장애청소년은 여러 어려움을 더 겪는다.
- 장애청소년은 교육, 의료, 고용, 사회적 인식 · 관계, 성적 활동을 포함한 다양한 영역에서 어려움을 겪는다.

5. 장애청소년에 대한 학대

1) 장애청소년과 학대

장애청소년은 취약한 상황에 있기 때문에 학대를 경험할 수 있다. 실제로 일반청소년에 비해서, 장애청소년은 학대를 경험하는 경우가 더 많은 것으로 알려져 있다. 특히 일반청소년에 비해서, 장애청소년은 신체적 학대와 성적 학대를 경험할 가능성이 더 큰 것으로 알려져 있다(UN Department of Economic and Social Affairs, 2016; United Nations, 2016).

그러나 장애청소년은 괴롭힘(bullying)의 형태로 학대를 경험하는 경우도 많다. 실제로 일반청소년에 비해서, 장애청소년은 괴롭힘을 겪을 가능성이 더 큰 것으로 알려져 있다. 또한 특정한 형태의 장애를 가진 청소년은 기타 장애청소년이나 일반청소년보다 괴롭힘을 더 자주 겪는 것으로 알려져 있다.

하지만 장애청소년은 자신이 괴롭힘의 대상이 되고 있다는 것을 깨닫지 못하는 경우도 많다(Zeedyk, Rodriguez, Tipton, Baker & Blacher, 2014; Maxey & Beckert, 2017; Office of Adolescent Health, 2017a).

2) 학대를 유발하는 요인

(1) 개인적 요인

장애청소년이 학대를 경험하는 정도는 개인적 특성에 따라 차이가 나고 있다(Maxey & Beckert, 2017). 따라서 개인적 특성은 장애청소년에게 학대를 유발하는 요인이 될 수 있다.

(2) 장애와 관련된 요인

장애에 대한 사회적 인식이 부족할 경우, 장애청소년이 학대를 겪는 사례가 많아질 수 있다. 따라서 장애를 가진 것 자체 때문에 장애청소년은 학대를 경험할 수 있다(Maxey & Beckert, 2017). 이런 탓에, 장애 상태에 있는 것 자체는 장애청소년에게 학대를 유발하는 요인이 될 수 있다.

그리고 장애청소년이 학대를 겪는 정도는 장애의 형태에 따라 차이가 나고 있다. 예를 들어, 자폐 증상을 가진 청소년은 지적 장애를 가진 청소년이나 일반청소년보다 신체적 · 언어적으로 학대를 더 자주 경험하는 것으로 나타난 바 있다(Maxey & Beckert, 2017). 따라서 장애의 형태는 장애청소년에게 학대를 유발하는 요인이 될 수 있다.

그러나 장애청소년에 대한 학대는 장애 자체보다는 장애와 관련된 요인 때문에 나타나는 경우가 많다. 따라서 일반청소년에 비해서, 장애청소년은 장애와 관련된 요인 때문에 학대를 겪을 가능성이 더 크다. 이 경우, 장애와 관련된 요인은 장애인이 일반적으로 가지는 특성과 연관되어 있다. 이런 특성을 몇 가지 제시하면 다음과 같다(Zeedyk et al., 2014; Maxey & Beckert, 2017).

① 사회적 역할을 잘하지 못한다.

② 문제가 될 수 있는 행동을 더 많이 한다.

③ 더 잘 믿는다.

3) 장애청소년에 대한 학대가 미치는 영향

장애가 없는 일반청소년도 학대를 경험하고 있다. 이에 따라 학대를 경험하는 일반청소년은 어려움을 크게 겪고 있다(노병일, 2024).

그러나 학대는 일반청소년보다 장애청소년에게 특히 정서적으로 어려움을 크게 유발하고 있다. 실제로 학대가 정서적으로 미치는 영향은, 일반청소년보다는 장애청소년에게 더 큰 것으로 알려져 있다(Maxey & Beckert, 2017).

Points

- 장애청소년은 일반청소년보다 학대를 더 많이 경험할 수 있다.
- 장애청소년에 대한 학대는 장애 자체보다는 장애와 관련된 요인 때문에 나타나는 경우가 많다.
- 학대는 장애청소년에게 특히 정서적 어려움을 더 유발한다.

6. 장애청소년의 정신건강

1) 장애청소년과 정신건강

일반적으로 장애청소년은 정신건강에서 취약한 경우가 많다. 예를 들어 장애아동이 청소년기를 맞이할 경우, 외롭다고 느끼고 고립되어 있다고 느낄 수 있다. 실제로 일반청소년에 비해서, 장애청소년은 외로움을 더 많이 느끼는 것으로 나타나고 있다(Locke et al., 2010).

장애청소년은 정신건강에서 취약하기 때문에 정신건강문제를 많이 경험할 수 있다. 실제로 장애청소년은 다음과 같은 문제를 경험하는 경우가 많은 것으로 알려져 있다(Office of Adolescent Health, 2017a).

① 불안한 상태에 있다.

② 우울한 상태에 있다.

③ 억압된 감정을 무의식적으로 행동으로 옮긴다.

2) 장애청소년이 정신건강에서 취약한 이유

장애청소년이 정신건강에서 취약한 이유에는 여러 가지가 있을 수 있다. 우선, 일반

청소년에 비해서, 장애청소년은 심리적·사회적 발달이 더 늦는 경우가 많기 때문에 정신건강에서 취약할 수 있다. 이때, 무엇보다도 장애청소년은 활동하는 데 제약을 받기 때문에 정신건강에서 취약할 수 있다. 예를 들어, 장애청소년이 일반청소년과 똑같은 정도로 사회 활동에 참여하기 어려울 경우, 장애청소년은 스트레스를 경험하거나 외로움을 경험할 수 있다(Maxey & Beckert, 2017).

그리고 청소년기에는 발달하면서 다른 사람과 비교하는 경우가 더 많아지게 되고, 다른 사람과의 차이를 더 알게 된다. 따라서 일반청소년에 비해서, 장애청소년은 자신을 가치 있는 존재로 생각하는 정도가 더 적을 수 있다(Maxey & Beckert, 2017). 이런 상황은 장애청소년의 정신건강에 부정적으로 영향을 미칠 가능성이 크다. 그 결과, 장애청소년은 정신건강에서 취약할 수 있다.

또한 장애청소년은 미래에 대해 불안해하기 때문에 정신건강에서 취약할 수 있다. 실제로 장애청소년이 아동기에서 성인기로 성장함에 따라서, 장애청소년은 미래가 불확실한 것과 관련해 어려움을 겪는 경우가 많다(UN Department of Economic and Social Affairs, 2016). 이런 상황은 장애청소년의 정신건강에 부정적으로 영향을 미칠 가능성이 크다. 그 결과, 장애청소년은 정신건강에서 취약할 수 있다.

Points

- 장애청소년은 정신건강에서 취약한 경우가 많다.
- 장애청소년이 정신건강에서 취약한 이유로 심리적·사회적 발달이 늦는 경우가 많은 것, 타인과의 차이를 더 알게 되는 것, 미래에 대해 불안해 하는 것을 들 수 있다.

7. 장애청소년과 가족 및 또래 · 친구

1) 가족과 또래 · 친구의 중요성

장애청소년이 가족구성원이나 또래 · 친구와 맺는 관계는, 장애청소년이 겪는 어려움에 대해 보호하고 장애청소년을 지지하는 역할을 하고 있다. 따라서 장애청소년의 가족구성원과 또래 · 친구는 장애청소년이 의지할 수 있는 중요한 자원이 되고 있다. 이런 탓에, 장애청소년의 가족구성원과 또래 · 친구는 장애청소년의 삶에 긍정적으로 영향을 미칠 수 있다.

그러나 장애청소년의 가족구성원과 또래 · 친구는 장애청소년과의 관계에서 어려움을 겪을 수도 있다. 이 경우, 장애청소년은 가족구성원과 또래 · 친구의 삶에 부정적으로 영향을 미칠 수도 있다.

2) 장애청소년과 가족

(1) 가족의 중요성과 고려할 점

장애청소년이 자신이 누구인지를 파악하고 가족 밖에서 관계를 형성하려고 할 때, 장애청소년은 자신의 가족에 크게 의지하는 경우가 많다. 따라서 장애청소년과 가족구성원들 사이의 관계는 장애청소년이 발달하는 데 중요한 역할을 하고 있다.

그러나 장애청소년의 가족관계와 관련해 다음과 같은 점을 고려하여야 한다(Maxey & Beckert, 2017).

① 가족관계는 양쪽 방향으로 영향을 미치는데, 이것은 장애청소년의 경우에 특히 그렇다. 따라서 한편으로 장애청소년은 자신의 가족구성원에게 영향을 미치고, 다른 한편으로 장애청소년의 가족구성원은 장애청소년에게 영향을 미친다.

② 모든 가족구성원은 나름의 역할을 하지만, 부모의 책임과 형제 · 자매의 책임은

장애청소년에 따라서 크게 차이가 난다.

(2) 장애청소년과 부모

(가) 부모의 역할

당연하게도 장애청소년의 부모는 장애청소년을 여러 영역에서 도와주고 있다. 그리고 장애청소년의 부모가 제공하는 도움의 형태는 매우 다양하다.

실제로 장애청소년이 스스로 독립적인 존재로 성장하려고 할 때, 부모는 장애청소년이 청소년기에 독립적인 존재로 성장하려는 것을 가장 잘 도울 수 있는 방법을 생각하고 찾아보는 경우가 많다(Maxey & Beckert, 2017).

(나) 부모가 겪는 어려움

장애청소년의 부모는 장애가 있는 청소년 자녀와 관련해 여러 가지 어려움을 겪을 가능성이 크다. 우선, 장애청소년의 부모는 자신의 자녀에 대해 안타까움을 느낄 가능성이 크다. 예를 들어 장애청소년의 부모는, 자신의 자녀가 일반청소년처럼 자유롭게 활동하지 못하거나 자유롭게 행동하지 못하는 것에 대해 크게 안타까워할 가능성이 크다.

그리고 때에 따라서 장애청소년의 부모는 자신의 자녀가 장애 상태에 있는 것에 대해 죄의식을 느낄 수도 있다(노병일, 2020b). 부모의 이런 죄의식은 자기 탓에 자녀가 장애 상태에 놓이게 되었다고 믿기 때문에 생기는 경우가 많다(Maxey & Beckert, 2017).

또한 장애청소년의 부모는 자신이 그동안 바란 것을 자녀가 이룩하지 못할 것이라고 생각하기 때문에 어려움을 겪을 수 있다. 이 경우, 장애청소년의 부모는 다음과 같은 상태에 놓일 수 있다(Maxey & Beckert, 2017).

① 실망한다.

② 당혹스러워한다.

③ 부끄러워한다.

한편, 장애청소년의 부모 중에서 어머니는 아버지보다 어려움을 더 겪을 가능성이 크다. 왜냐하면 장애청소년의 어머니가 장애청소년을 주로 돌보는 경우가 더 많기 때문이다. 따라서 장애청소년의 어머니는 부모 역할과 관련된 스트레스를 겪을 가능성이 특히 더 크다고 볼 수 있다(Maxey & Beckert, 2017).

(3) 장애청소년과 형제 · 자매

(가) 형제 · 자매 관계의 중요성

장애청소년에게 형제 · 자매가 있을 경우, 장애청소년의 형제 · 자매는 장애청소년과 함께 살면서 장애청소년을 지지하고 또한 장애청소년에게 여러 가지 실제적 도움을 줄 수 있다. 따라서 장애청소년의 형제 · 자매는 장애청소년의 복리와 관련해 중요한 역할을 할 수 있다.

그리고 장애청소년이 형제 · 자매와 맺는 관계는 장애청소년이 아동기에서 벗어나서 청소년기로 나아가는 데 영향을 미치고 있다. 무엇보다도 장애청소년의 형제 · 자매는 장애청소년에게 역할 모델이 될 수 있다. 이런 역할 모델은 장애청소년이 다음과 같은 것을 할 기회를 제공하고 있다(Maxey & Beckert, 2017).

① 어떤 행동과 태도를 시도한다.

② 장애청소년의 형제 · 자매의 행동을 보고서 간접적으로 배운다.

이런 탓에, 장애청소년의 형제 · 자매는 장애청소년이 건전하게 성장하는 것과 관련해 중요한 역할을 할 수 있다.

(나) 형제 · 자매 관계가 장애가 없는 형제 · 자매에게 미치는 영향

장애가 있는 형제 · 자매와 장애가 없는 형제 · 자매 사이의 관계는, 장애가 없는 형제 · 자매에게 긍정적으로 영향을 미치기도 하고 부정적으로 영향을 미치기도 하는 것으로 알려져 있다.

우선, 장애가 있는 형제 · 자매와 장애가 없는 형제 · 자매 사이의 관계는, 장애가 없는 형제 · 자매에게 긍정적으로 영향을 미칠 수 있다. 예를 들어, 장애가 없는 형제 · 자매는 다음과 같은 것을 할 기회를 가지게 된다(Maxey & Beckert, 2017).

① 상황에 대처한다.

② 스트레스를 관리한다.

③ 책임을 진다.

④ 더 잘 적응한다.

⑤ 인내심을 기른다.

그러나 인간관계에서는 양쪽 방향으로 영향을 미치기 때문에, 장애가 있는 형제 · 자매와 장애가 없는 형제 · 자매 사이의 관계는 장애가 없는 형제 · 자매에게 부정적으로 영향을 미칠 수도 있다. 무엇보다도 장애청소년의 형제 · 자매가 청소년기에 장애의 원인과 장애가 미칠 수 있는 영향에 대해 더 잘 알게 됨에 따라서, 장애청소년의 형제 · 자매는 새로운 어려움을 겪을 수 있다. 이런 예를 몇 가지 제시하면 다음과 같다(Maxey & Beckert, 2017).

① 장애청소년의 형제 · 자매가 다음과 같이 됨에 따라서, 장애청소년의 형제 · 자매는 더 슬퍼하고 더 실망할 수 있다.

㉠ 장애청소년의 생활에 장애가 장기적으로 미치는 영향을 더 안다.

㉡ 장애청소년의 생활이 크게 제약된다는 점을 더 깨닫는다.

② 장애청소년의 형제 · 자매가 나이가 듦에 따라서, 장애청소년의 형제 · 자매는 장애청소년을 위해서 무엇인가를 할 의무가 있다고 생각할 수 있다. 이렇게 될 경우, 장애청소년의 형제 · 자매는 자신의 부모가 사망한 후에 장애청소년을 자신이 돌보아야 한다는 점을 깨닫게 된다. 이런 상황은 장애청소년의 형제 · 자매에게 부담이 될 수 있다.

③ 장애청소년의 형제 · 자매는 자신의 자녀에게 장애와 관련된 유전자가 나타날 가능성이 있는지에 대해 생각해 볼 수 있다. 이렇게 될 경우, 장애청소년의 형제 ·

자매는 자신이 아이를 실제로 가져야 하는지에 대해 고민할 수 있다.

하지만 장애가 없는 형제 · 자매의 경우, 장애를 가진 형제 · 자매가 긍정적으로 미치는 영향은 부정적으로 미치는 영향보다 더 크다고 인식하는 경향이 있다. 구체적으로, 장애가 없는 대부분의 형제 · 자매는 장애를 가진 형제 · 자매와의 긍정적인 경험은 강조하고, 부정적인 경험은 무시하는 경우가 많은 것으로 알려져 있다(Maxey & Beckert, 2017).

(다) 장애청소년의 형제 · 자매 관계에 영향을 미치는 요인

장애청소년이 자신의 형제 · 자매와 맺는 관계의 질과 이런 관계가 친한 정도에는 여러 가지 요인이 영향을 미치고 있다. 장애청소년과 형제 · 자매 사이에 관계를 맺는 정도와 이런 관계의 질에 영향을 미치는 요인을 몇 가지 제시하면 다음과 같다(Maxey & Beckert, 2017).

① 장애청소년의 형제 · 자매가 장애청소년이 겪는 장애를 이해하는 정도가 있다.
② 장애청소년의 형제 · 자매가 장애가 장애청소년에게 미치는 여러 가지 영향을 이해하는 정도가 있다.

3) 장애청소년과 또래 · 친구

(1) 중요성

장애청소년의 또래는 장애청소년과 나이가 같거나 비슷한 집단이다. 따라서 장애청소년의 또래는 가족구성원 다음으로 장애청소년과 어울리고 교류할 가능성이 큰 집단이라고 볼 수 있다.

장애청소년의 또래는 장애청소년을 지지하거나 포용할 수도 있고, 장애청소년을 차별하거나 배척할 수도 있다. 따라서 장애청소년의 또래가 장애청소년에 대해 어떤 입장과 태도를 취하느냐에 따라서, 장애청소년의 복리 수준이 크게 달라질 수 있다.

장애청소년의 친구는 장애청소년과 친한 관계를 형성하는 집단이다. 일반청소년과 마찬가지로, 장애청소년도 친구관계가 중요하다고 보고 있다.

모든 청소년에게는 또래끼리 교류하고 친구관계를 형성하는 것이 중요하다. 그러나 또래끼리 교류하고 친구관계를 형성하는 것은 장애청소년에게 특히 더 중요하다. 왜냐하면 또래끼리 교류하고 친구관계를 형성하는 것은 장애청소년에게 다음과 같은 역할을 하기 때문이다(Maxey & Beckert, 2017).

① 학교에서 잘 어울리게 한다.

② 성인기로 나아가는 데 도움을 준다.

한편, 장애청소년이 장애를 가진 또래 · 친구 및 장애를 가지지 않은 또래 · 친구와 사회적으로 교류하는 것은 장애청소년이 장애에 대해 인식하는 데 크게 영향을 미치고 있다(Forber-Pratt, Minotti, Burdick, Brown & Hanebutt, 2021).

(2) 현황

장애청소년은 접근하고 교류하는 것이 제약되기 때문에, 또래 · 친구 관계를 형성하는 데 어려움을 겪을 수 있다. 또한 장애청소년은 장애를 가진 또래와 친한 관계를 형성하고 유지하는 경우가 많다.

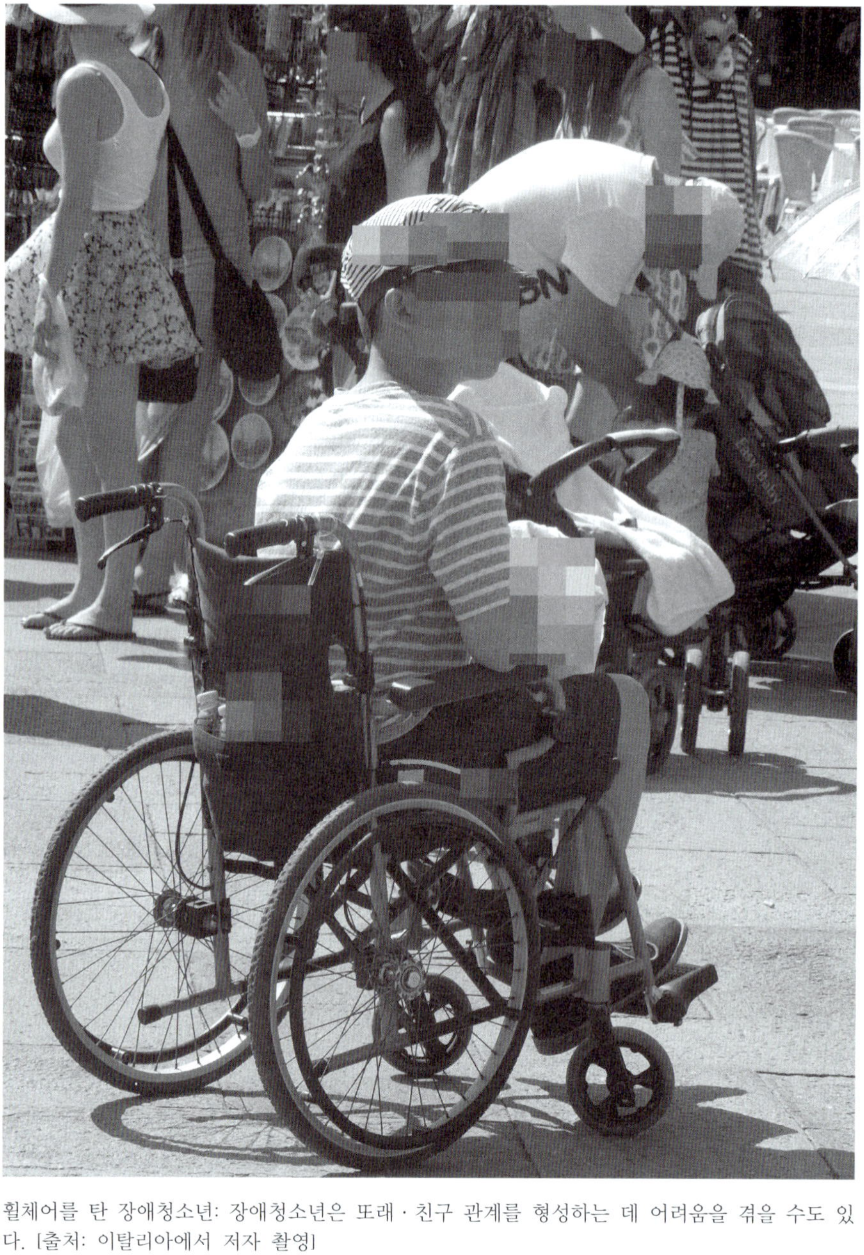

휠체어를 탄 장애청소년: 장애청소년은 또래 · 친구 관계를 형성하는 데 어려움을 겪을 수도 있다. [출처: 이탈리아에서 저자 촬영]

그리고 일반청소년에 비해서, 장애청소년은 학교 밖에서 친구와 보내는 시간이 더 적다. 또한 일반청소년에 비해서, 장애청소년은 끈끈한 친구집단을 형성할 가능성이 더 적다. 실제로 일반청소년에 비해서, 장애청소년은 친구관계의 질이 더 좋지 않은 것으로 나타나고 있다(Locke et al., 2010; Maxey & Beckert, 2017).

(3) 장애청소년의 또래 · 친구 관계에 영향을 미치는 요인

때에 따라서 장애청소년은 자신이 장애가 없는 또래청소년과 다르다고 인식하지 않을 수 있다. 그러나 장애가 없는 또래청소년은 자신과 장애청소년이 서로 다르다고 인식하는 경우가 많다. 이에 따라서 장애가 없는 또래청소년은 장애청소년을 다르게 대우하는 경우가 많다(Maxey & Beckert, 2017). 그러므로 장애가 없는 또래청소년이 장애청소년에 대해 인식하는 바는, 장애청소년의 또래 · 친구 관계에 크게 영향을 미칠 수 있다.

그리고 장애가 없는 또래청소년의 입장에서 볼 때, 다음과 같은 요인은 장애청소년과 좋은 또래관계를 형성하는 데 도움을 줄 수 있다(Kalymon, Gettinger & Hanley-Maxwell, 2010).

① 또래청소년과 장애청소년의 관심거리와 능력이 비슷한 정도가 있다.
② 또래청소년이 자신과 장애청소년 사이의 관계에서 하는 역할이 있다.
③ 또래청소년과 장애청소년이 함께 보내는 시간의 양이 있다.
④ 또래청소년이 장애청소년에 대해 보이는 반응이 있다.
⑤ 성인이 장애청소년에게 하는 행동이 있다.

또한 일부 특성은 장애가 없는 또래청소년이 장애청소년을 더 긍정적으로 인식하게 하는 요인이 될 수 있다. 이런 특성은 장애청소년이 또래청소년과 친한 관계를 형성하는 데 유리하게 작용할 수 있다. 예를 들어, 장애가 없는 또래청소년이 다음과 같은 특성을 지닐 경우, 또래청소년은 장애청소년에 대해 더 긍정적으로 인식할 가능성이 크다(Maxey & Beckert, 2017).

① 여성이다.

② 가까운 가족구성원이나 친한 친구가 장애가 있다.

③ 장애인과 자주 교류한다.

한편, 장애가 없는 또래청소년에 비해서, 장애청소년은 장애 때문에 사회적 역할을 제대로 하지 못할 수 있다. 장애청소년이 장애 때문에 사회적 역할을 제대로 하지 못하는 상황은, 장애청소년이 또래청소년과 의미 있는 관계를 형성하는 데 걸림돌로 작용할 수 있다(Maxey & Beckert, 2017).

Points

- 가족구성원이나 또래 · 친구는 장애청소년이 의지할 수 있는 중요한 자원이다.
- 장애청소년과 가족구성원들 사이의 관계는 장애청소년의 발달에 중요한 역할을 한다.
- 부모는 장애청소년을 여러 영역에서 도와주는데, 부모가 제공하는 도움의 형태는 다양하다. 부모는 장애청소년과 관련해 여러 어려움을 겪을 수 있다.
- 장애청소년의 형제 · 자매는 장애청소년의 복리에 중요한 역할을 할 수 있다. 장애가 있는 형제 · 자매와 장애가 없는 형제 · 자매 사이의 관계는, 장애가 없는 형제 · 자매에게 긍정적 · 부정적 영향을 미칠 수 있다.
- 장애청소년의 또래가 장애청소년에 대해 취하는 입장 · 태도에 따라서 장애청소년의 복리 수준이 달라질 수 있다. 또래끼리의 교류와 친구관계는 장애청소년에게 매우 중요하다.
- 장애청소년은 접근 · 교류하는 것이 제약되기 때문에, 또래 · 친구 관계를 형성하는 데 어려움을 겪을 수 있다. 장애가 없는 또래청소년이 장애청소년에 대해 인식하는 바는 장애청소년의 또래 · 친구관계에 크게 영향을 미칠 수 있다.

8. 장애청소년에 대한 포용

1) 장애청소년에 대한 포용의 중요성

장애청소년이 사회에서 잘 발달하기 위해서는, 장애청소년을 포용하는 것이 무엇보다도 중요하다(Venkatesan, 2022). 장애청소년을 사회에서 포용하지 않는 것은 장애청소년 개인과 사회 모두에 부정적으로 크게 영향을 미치고 있다. 예를 들어, 사회에서 포용하지 않은 장애청소년은 성인이 되었을 때 다음과 같은 상황에 놓일 가능성이 크다(UNICEF, 2024).

① 일하지 않는다.

② 건강 상태가 좋지 않다.

③ 가족과 정부 서비스에 의존한다.

또한 장애청소년을 포용하는 것은 다음과 같은 의미를 지니므로 중요하다(UNICEF, 2024).

① 권리 및 사회 정의와 관련된다.

② 사회의 미래에 투자하는 것과 관련된다.

그러므로 여러 가지 측면에서 볼 때, 장애청소년을 포용하는 것은 장애청소년과 가족과 사회에게 매우 중요하다.

2) 포용을 강조하는 관점에서 주목하는 점

장애청소년의 복리와 관련해 가장 중요한 것은, 장애청소년을 포용하는 것을 강조하는 관점을 취하는 것이다. 장애청소년에 대한 포용을 강조하는 관점의 경우, 장애청소년이 이미 존재하는 환경에 단순히 맞추는 것 이상의 것을 장애청소년에게 해 주는 데 주목하고 있다. 그리고 장애청소년에 대한 포용을 강조하는 관점의 경우, 장애청소년에게 놓인 여러 가지 측면에 주목하고 있다. 더 나아가서, 장애청소년에 대한 포용을 강조하는 관점에서는 다음과 같은 점에 특히 주목하고 있다(Office of Adolescent Health, 2017b).

① 장애청소년이 의료 영역, 교육 영역, 여가 활동 영역에서 서비스를 이용할 수 있도록 하기 위해서, 해당 환경을 장애청소년에 맞게 조정한다. 이런 예를 몇 가지 제시하면 다음과 같다.

㉠ 점자 자료를 이용할 수 있게 하거나, 수화를 사용해 서로 교류할 수 있게 한다.

㉡ 경사로를 설치해 휠체어와 같은 것이 쉽게 이동할 수 있게 한다.

㉢ 장애인을 도와주는 보조 기술을 이용할 수 있게 한다.

② 장애청소년의 인지적 발달 수준을 고려하면서, 나이에 맞는 건강 정보를 제공한다.

장애청소년과 일반청소년이 함께하는 음악발표회: 장애청소년을 포용하는 관점에서는 장애청소년이 여러 영역에 참여할 기회를 제공하는 데 주목한다. [출처: 간순옥 님 제공]

그리고 장애청소년에 대한 포용을 강조하는 관점의 경우, 장애청소년이 여러 영역에 참여할 기회를 제공하는 측면에 주목하고 있다. 장애청소년에게 모든 영역에서 일반청소년과 똑같이 완전하게 참여할 기회를 제공하는 것은, 장애청소년에게 유리할 뿐만 아니라 장애청소년이 속한 사회에게도 유리하게 작용하고 있다. 왜냐하면 이와 같이 할 경우, 장애청소년은 자신의 능력을 사회가 발달하고 국가의 경제가 성장하는 데 크게 이바지할 수 있기 때문이다(UN Department of Economic and Social Affairs, 2016).

사례: 미국 학교의 장애청소년에 대한 포용

미국의 경우, 장애청소년에게 교육 기회를 제공하고자 할 때 강조하는 것은 장애청소년을 통합하고 포용하는 것이다. 미국에서는 2001년에 「아동낙오 방지법(No Child Left Behind Act)」을 만들고 나서, 2004년에 「장애인 교육법(Individuals with Disabilities Education Act)」을 개정하였다. 「장애인 교육법」의 목적은 모든 학생이 지적 · 신체적 · 정서적 상태에 상관없이 제약을 가장 덜 받는 환경에서 적절한 교육을 받도록 해 주는 데 있다.

미국의 경우, 장애학생의 개인적 욕구와 장애학생이 학교의 자원을 이용할 수 있는 정도에 근거해서, 여러 수준과 여러 환경에서 장애학생을 포용하고 있다(Maxey & Beckert, 2017).

Points

- 장애청소년을 포용하는 것은 장애청소년과 가족과 사회에게 매우 중요하다.
- 장애청소년 포용을 강조하는 관점에서는 해당 환경의 조정, 나이에 맞는 건강 정보의 제공, 참여 기회의 제공 등과 같은 측면에 주목한다.

9. 청소년복지 전문가와 국가의 역할

1) 청소년복지 전문가의 역할

청소년복지 영역에서 활동하는 전문가의 경우, 장애청소년과 관련해 여러 가지 역할을 할 필요가 있다.

(1) 정체성 관련

장애청소년은 자신의 장애에 대해 생각할 기회를 많이 가질 수 있다. 또한 장애청소년은 자신의 장애에 대해 인식하는 것과 관련해 여러 측면에서 의미를 찾는 과정에 관여하고 있다.

그러므로 청소년복지 영역에서 활동하는 전문가의 경우, 장애청소년이 장애에 대해 긍정적으로 인식하도록 도와줄 필요가 있다(Forber-Pratt et al., 2021).

(2) 학대 관련

장애청소년은 학대를 경험할 수 있다. 또한 장애청소년은 자신이 학대를 당하고 있다는 사실을 제대로 인식하지 못할 수 있다.

그러므로 청소년복지 영역에서 활동하는 전문가의 경우, 장애청소년이 학대를 겪는지를 잘 살펴볼 필요가 있다. 또한 장애청소년의 가족구성원에게 장애청소년이 또래나 주위로부터 학대를 경험하는 것과 관련해 교육할 필요가 있다.

(3) 정신건강 관련

장애청소년은 정신건강에서 불리한 경우가 많다. 장애청소년의 정신건강과 이에 따른 심리적 · 사회적 발달은 장애청소년이 청소년기에서 성인기로 나아가는 데 특히 중요하다.

그러므로 청소년복지 영역에서 활동하는 전문가의 경우, 장애청소년이 더 나은 정신건강을 유지하는 데 관여할 필요가 있다.

(4) 가족 관련

장애청소년의 가족구성원은 장애청소년을 가장 잘 이해할 수 있고, 가장 가까이에서 도와줄 수 있는 사람이다. 따라서 장애청소년의 가족구성원은, 장애청소년이 안정된 상태에서 독립적으로 하는 활동을 더 장려하고 더 지지할 수 있다(Maxey & Beckert, 2017).

그러므로 청소년복지 영역에서 활동하는 전문가의 경우, 장애청소년의 모든 가족구성원이 장애청소년의 활동에 관여하는 것을 도와줄 필요가 있다.

(5) 부모 관련

장애청소년의 부모는 가장 가까이에서 여러 가지 형태의 어려움을 크게 겪을 수 있다. 이것은 장애청소년의 어머니의 경우에 특히 그렇다.

그러므로 청소년복지 영역에서 활동하는 전문가의 경우, 장애청소년의 부모(특히 어머니)가 자녀 양육과 관련해 겪는 어려움에 잘 대처하도록 도와줄 필요가 있다.

(6) 관계 형성 관련

장애청소년의 형제·자매, 또래·친구, 기타 인물은 장애청소년이 건강하게 발달하는 데 중요한 역할을 하고 있다. 따라서 장애청소년이 청소년기에 이런 사람들과 관계를 잘 형성하는 것은 중요하다. 무엇보다도 장애청소년이 중요한 관계를 잘 형성할 경우, 장애청소년은 청소년기를 잘 헤쳐 나갈 수 있게 된다(Maxey & Beckert, 2017). 그러나 장애청소년은 이런 사람들과 교류하는 데 어려움을 겪을 수 있다.

그러므로 청소년복지 영역에서 활동하는 전문가의 경우, 장애청소년이 다양한 관계를 잘 형성하도록 도와줄 필요가 있다.

(7) 성인기로 나아가는 서비스 관련

장애청소년이 성인이 될 경우, 장애청소년이 그동안 이용하던 서비스를 이용하지 못할 수도 있다. 장애청소년에게 개별적으로 지원해 주고 개별적으로 서비스를 제공하던 것이 장애청소년이 성인이 되어 갑자기 중단되고 또한 이를 대신할 적절한 지원이나 서비스를 찾거나 신청하기가 힘들 경우, 장애청소년은 어려움을 겪을 수 있다. 때에 따라서는 장애청소년이 이런 어려움을 극복하는 것은 쉽지 않을 수 있다.

그러므로 청소년복지 영역에서 활동하는 전문가의 경우, 청소년기를 갓 벗어난 장애인이 자기 나름대로 성공하는 데 필요한 지원을 하기 위해서, 장애청소년이 청소년기에서 벗어나 성인기로 잘 나아가는 데 도움을 주는 서비스를 제공할 필요가 있다(UN Department of Economic and Social Affairs, 2016).

2) 국가의 역할

국가의 경우, 장애청소년과 관련해 여러 가지 역할을 할 필요가 있다.

(1) 기본적 권리 관련

장애청소년에게 중요한 것은 장애청소년이 권리를 누리고 일반청소년과 똑같이 생활하도록 해 주는 것이다. 이렇게 할 경우, 장애청소년은 성인기로 잘 나아갈 수 있게 된다.

그러므로 국가의 경우, 장애청소년과 관련해 다음과 같은 조치를 취할 필요가 있다(United Nations, 2016).

① 장애청소년이 자신의 권리를 누리는 데 방해가 되는 걸림돌을 없앤다.
② 장애청소년의 권리를 일반청소년의 권리와 똑같이 존중한다.
③ 장애청소년이 일반청소년과 똑같이 사회에서 생활하도록 한다.
④ 장애청소년이 청소년기에서 성인기로 잘 나아가도록 한다.

(2) 교육 관련

장애청소년이 나중에 안정된 소득을 얻으면서 사회생활을 하기 위해서는 교육을 잘 받아야 한다. 그러나 장애청소년은 교육 영역에서 불리하다. 그러므로 국가의 경우, 장애청소년이 높은 수준의 교육을 받는 데 적극적으로 관여할 필요가 있다.

그리고 장애청소년을 가진 가족에게는, 가족구성원과 자녀의 문제 행동을 관리하고 줄이도록 도와주는 교육 프로그램을 실시하는 것이 중요하다. 이런 프로그램을 실시할 경우, 부모와 청소년 사이의 관계가 더 좋아지는 방향으로 나아갈 수 있다(Maxey & Beckert, 2017).

그러므로 국가의 경우, 장애청소년의 가족을 위한 교육 프로그램을 설계하고 실시할 필요가 있다.

(3) 의료 관련

장애청소년이 재활서비스를 이용할 수 있는 것은 인권에 속하고 있다. 그러나 장애청소년은 이런 서비스를 이용하기 어려운 경우가 많다. 이런 상황은 장애청소년에게 사회적 고립을 유발하고 있다(World Health Organization, 2021).

그러므로 국가의 경우, 재활서비스를 확대해서 모든 장애청소년이 이용할 수 있도록 할 필요가 있다.

(4) 사회적 인식 관련

장애에 대해 사회에서 잘 인식하지 못하는 것은 장애청소년이 발달하는 데 부정적으로 영향을 미치고 있다. 장애청소년이 더 나은 삶을 살게 하기 위해서는, 사회가 장애에 대해 잘 이해하는 것이 무엇보다도 중요하다.

그러므로 국가의 경우, 장애인에 대한 잘못된 인식과 편견을 없애기 위해 모든 사회구성원에게 정확한 정보를 제공하고 교육할 필요가 있다(UN Department of Economic and Social Affairs, 2016).

(5) 참여와 포용 관련

장애청소년이 사회의 정당한 구성원이 되기 위해서는 장애청소년이 자신의 지역사회에 완전히 참여할 수 있어야 하고, 지역사회가 장애청소년을 더 잘 포용할 수 있어야 한다.

그러므로 국가의 경우, 이를 위해서 다음과 같이 할 필요가 있다(UN Department of Economic and Social Affairs, 2016).

① 사회의 시설을 장애청소년이 접근할 수 있도록 설계한다.

② 청소년이 발달하는 것과 관련되는 모든 영역에 참여할 기회를 일반청소년과 장애청소년 모두에게 똑같이 제공한다.

Points

- 청소년복지 전문가는 장애청소년이 장애에 대해 긍정적으로 인식하도록 도와주고, 장애청소년의 학대에 대해 잘 살펴보고, 장애청소년이 더 나은 정신건강을 유지하는 데 관여하고, 가족구성원이 장애청소년의 활동에 관여하는 것을 도와주고, 부모가 자녀 양육과 관련해 겪는 어려움에 잘 대처하도록 도와주고, 장애청소년이 다양한 관계를 형성하도록 도와주고, 장애청소년이 성인기로 잘 나아가게 하는 서비스를 제공할 필요가 있다.
- 국가는 장애청소년이 권리를 누리고 일반청소년과 똑같이 생활하게 해 주고, 장애청소년이 높은 수준의 교육을 받는 데 관여하고, 장애청소년의 가족을 위한 교육 프로그램을 실시하고, 재활서비스를 확대하고, 장애인에 대한 잘못된 인식을 없애기 위해 모든 국민을 교육하고, 장애청소년을 포용하는 조치를 취할 필요가 있다.

Chapter 10 성과 청소년복지

Chapter 11 정신건강과 청소년복지

Chapter 12 약물사용 및 자살과 청소년복지

PART 4

청소년의 문제 유발 영역

Chapter 10

성과 청소년복지

CONTENTS

1. 청소년의 성에 대한 관심의 필요성

청소년기는 성적으로(sexually) 크게 발달하는 시기이다. 따라서 청소년기는 성적 특성이 두드러지게 나타나는 시기이다. 특히 사춘기는 성적 발달과 관련해 청소년에게 중요한 시기이다.[1] 이런 탓에, 청소년기에는 성적으로 호기심이 많고 성호르몬이 많아져서, 청소년은 성적 활동에 크게 관심을 가지게 된다. 따라서 성적 활동은 청소년기에 정상적으로 나타나는 활동이라고 볼 수 있다.

그러나 청소년의 성적 활동은 매우 복잡하다(Hegde, Chandran & Pattnaik, 2022). 따라서 청소년의 성적 활동은 여러 영역과 관련되고 있다.

청소년의 여러 가지 성적 활동 중에서, 청소년의 이성 교제는 청소년이 친하게 지내고 사랑하고자 하는 욕구를 충족해 주고 있다. 그러나 청소년의 이성 교제는 일부 청소년에게 부정적으로 영향을 미칠 수도 있다.

또한 청소년은 성과 관련된 행위를 하면서 성병에 걸릴 수 있다. 성병은 청소년 본인에게뿐만 아니라 상대방에게도 영향을 미치고 있다.

그리고 청소년은 성관계를 맺으면서 원치 않는 임신을 할 수 있다. 청소년이 임신하는 것은, 임신한 청소년과 가족과 사회에게 여러 가지 측면에서 부정적으로 영향을 미치고 있다.

또한 청소년은 이성 교제를 하거나 기타 관계에서 성적 학대를 겪을 수 있다. 특히 성폭력은 여성청소년에게 부정적으로 영향을 미치고 있다.

결국, 청소년은 성 영역에서 여러 가지 어려움을 겪을 수 있다. 따라서 청소년에게 성 영역에서의 복리는 중요하다. 특히 청소년이 사춘기를 지나게 되면서, 청소년에게 성 영역에서의 건강과 복리는 더욱 중요해진다(Global Coalition to End Child Poverty, 2017).

그러나 청소년은 자신이 성과 관련해 겪는 행동이나 사건에 대해 성인에게 솔직히 얘기하거나 상담하기를 꺼릴 수 있다. 이런 상황 때문에, 청소년이 성 영역에서 겪는

1) 이에 대해서는 청소년의 발달을 다루는 장(제2장)에서 이미 설명한 바 있다.

어려움을 빨리 해결하기는 쉽지 않을 수 있다.

이런 탓에, 청소년기에 성적으로 활동하고 경험하는 것은 청소년 이외의 사람과 사회에게도 커다란 관심거리가 되고 있다. 그러므로 청소년복지에서는 청소년의 성과 관련된 활동에 대해 관심을 가질 필요가 있다.

Points

- 성적 활동은 청소년기에 나타나는 정상적 활동이다.
- 청소년이 성 영역에서 겪는 어려움을 빨리 해결하기는 쉽지 않을 수 있다. 따라서 청소년의 성적 활동에 대해 관심을 가질 필요가 있다.

2. 청소년의 성적 활동의 정의와 내용 및 영향을 미치는 요인

1) 청소년의 성적 활동의 정의

일반적으로 청소년의 성적 활동은 청소년이 성 영역에서 하는 활동을 말한다. 그러나 구체적으로 볼 때, 청소년의 성적 활동은 청소년이 성에 대해 가지는 관심과 인식과 취향을 말한다(Tulloch & Kaufman, 2013).

2) 청소년의 성적 활동의 특징과 내용

청소년기는 성적 활동에 대해 알아보고 성적 활동을 이해하는 시기이다. 그 결과,

청소년기에는 성과 관련된 영역에 호기심을 가지게 된다. 이런 탓에, 청소년은 다음과 같이 할 수 있다(Kar, Choudhury & Singh, 2015).

① 음란물을[2] 본다.

② 적절하지 않은 성적 활동을 한다.

청소년의 성적 활동은 여러 가지 측면과 관련되고 있다. 이런 측면을 몇 가지 제시하면 다음과 같다(Tulloch & Kaufman, 2013).

① 사귀는 상대방과 친한 관계를 형성한다.

② 성과 관련해 자신의 존재를 파악한다.

③ 자신이 좋아하는 성적 취향을 찾는다.

이성과 대화하는 청소년: 청소년의 성적 활동은 사귀는 상대방과 친한 관계를 형성하는 것과 관련된다. [출처: 언스플래시]

2) 음란물은 행동이 막된 내용을 담은 자료를 말한다.

그러나 오늘날에는 인터넷이 발달함에 따라서, 청소년이 성적 활동에 대해 가지는 태도와 생각이 크게 변하고 있다(Kar, Choudhury & Singh, 2015; Hegde, Chandran & Pattnaik, 2022).

3) 청소년의 성적 활동에 영향을 미치는 요인

청소년의 성적 활동에는 여러 가지 요인이 영향을 미치고 있다. 청소년의 성적 활동에 영향을 미치는 요인에는 청소년 개인과 관련된 요인도 있을 수 있고, 청소년의 주위 환경과 관련된 요인도 있을 수 있다.

청소년의 성적 활동에 영향을 미치는 요인을 몇 가지 제시하면 다음과 같다(Rounds & Wike, 2011).

① 생물학적 요인이 있다. 이런 요인의 예로 청소년의 나이, 청소년이 신체적으로 성숙한 정도, 청소년의 성별이 있다.

② 청소년의 사회적 환경과 관련된 요인이 있다. 이런 요인의 예로 사회적 환경이 취약한 정도, 무질서한 정도, 역할을 제대로 하지 못하는 정도가 있다.

③ 성에 대해 가지는 가치, 성적 활동에 대한 태도, 모델로 삼을 수 있는 행동과 관련된 요인이 있다.

④ 성인이나 조직과 교류하는 것과 관련된 요인이 있다. 이런 요인의 예로 청소년이 성행위를 꺼리게 하거나, 피임기구를 사용하고 성행위를 하게 하거나, 일찍 임신하는 것을 꺼리게 지도하는 성인이나 조직과 교류하는 것이 있다.

Points

- 청소년의 성적 활동은 청소년이 성에 대해 가지는 관심 · 인식 · 취향이다.
- 청소년기는 성적 활동이 크게 나타나는 시기이다. 오늘날에는 인터넷의 발달 탓에 청소년이 성적 활동에 대해 가지는 태도 · 생각이 크게 변하고 있다.
- 개인적 · 환경적 요인을 포함한 여러 요인은 청소년의 성적 활동에 영향을 미친다.

3. 청소년의 이성 교제

1) 청소년 이성 교제의 정의

단순하게 볼 때, 청소년의 이성 교제는 청소년이 이성과 사귀는 것을 말한다. 그러나 구체적으로 볼 때, 청소년의 이성 교제는 청소년이 자신과 다른 성별을 가진 청소년과 정서와 사랑을 표현하는(낭만적, romantic) 관계를 맺고자 교류하는 것을 말한다.

2) 청소년기와 이성 교제

청소년기에는 이성과 친하게 지내고 싶은 욕구와 사랑하고 싶은 욕구가 커지게 된다. 이에 따라 청소년기에는 이성에 대해 관심을 가지기 시작한다. 더불어 청소년은 이성에게 친근한 감정과 사랑을 표현하는 여러 가지 적절한 방법을 찾아보게 된다. 그 결과, 청소년은 발달하는 과정에서 사랑에 빠져서 낭만적[3] 관계를 형성하는 경우가 많다.

무엇보다도 대부분의 청소년은 이성 교제를 통해서 성과 관련된 생활을 처음으로 경험하게 된다(Moore, 2016). 따라서 청소년기에는 이성 교제가 중요한 관심거리가 되고 있다.

그러나 모든 청소년이 이성 교제에 관심을 가지고 있는 것은 아니다. 이런 예를 몇 가지 제시하면 다음과 같다(Moore, 2016).

① 일부 청소년의 경우, 자신은 이성 교제를 할 준비가 아직 되어 있지 않다고 생각할 수 있다.
② 일부 청소년의 경우, 공부하거나 운동하는 데 집중하려고 할 수 있다.
③ 일부 청소년의 경우, 이성을 우연히 만나 즐기기를 바랄 수 있다.

3) '낭만적'은 "현실에 매이지 않고 [...] 이상적으로 사물을 대하는"을 말한다(국립국어원 표준국어대사전, 2024).

3) 청소년 이성 교제의 긍정적 측면

청소년의 이성 교제는 청소년에게 긍정적으로 작용할 수 있다. 예를 들어, 청소년이 이성과 낭만적 관계를 형성할 경우, 청소년의 복리 수준은 높아질 수 있다. 실제로, 청소년기에 이성 교제를 통해 친한 관계를 형성하는 것은, 청소년의 발달에도 도움이 되고 청소년의 건강에도 도움이 되는 것으로 알려져 있다(Leung, Moore, Karnilowicz & Lung, 2011; Moore, 2016).

청소년 이성 교제의 주요한 긍정적 측면으로 친함과 사랑에 대한 욕구를 충족하는 것, 새로운 지지를 제공하는 것, 성 역할을 학습하는 것, 자신을 파악하는 것을 꼽을 수 있다.

(1) 친함과 사랑에 대한 욕구 충족

청소년은 이성과 만나서 이야기를 나누고 어울리면서 더 친한 관계를 형성하게 된다. 그리고 이런 관계가 더 발달하게 되면, 청소년은 서로를 사랑하는 관계로 나아가게 된다.

그러므로 청소년의 이성 교제는 청소년이 친하게 지내고 싶은 욕구와 사랑하고 싶은 욕구를 충족하고 있다.

유명한 시인이 사랑에 대해 쓴 시의 제목으로 등장한 미라보 다리: 청소년의 이성 교제는 사랑에 대한 욕구를 충족한다. [출처: 프랑스에서 저자 촬영]

(2) 새로운 지지의 제공

이성 교제를 통해서, 청소년은 가족구성원이나 친구와의 관계에서는 얻을 수 없는 새로운 관계를 형성하게 된다. 그리고 어떤 주제에 대해서는 청소년이 가족구성원이나 친구에게는 이야기할 수 없지만, 이성에게는 이야기할 수 있게 된다. 따라서 청소년이 이성 교제를 통해 형성하는 관계는, 청소년이 편하게 지내는 데 도움을 줄 수 있다.

그러므로 청소년의 이성 교제는 청소년에게 차원이 다른 새로운 지지를 제공하고 있다.

(3) 성 역할의 학습

청소년은 이성 교제를 통해서 남성 역할과 여성 역할을 실제로 해 보게 된다. 이때 청소년은 성과 관련해 사회적으로 적절한 역할을 하려고 노력하게 된다.

그러므로 청소년의 이성 교제는 청소년이 성과 관련된 역할을 배우고 실습하는 기회를 제공하고 있다. 그리고 이런 기회는 청소년이 나중에 성인이 되어 사회에서 남성과 여성 사이에 적절한 관계를 형성하는 데 도움을 주고 있다.

(4) 자신의 파악

청소년이 사귀는 이성은 청소년 자신과는 다른 환경에서 성장하고 생활한 경우가 많다. 이런 점에서 청소년의 이성은 가족구성원이나 친구와는 차이가 날 수 있다. 따라서 청소년은 자신과는 다른 환경에서 성장하고 생활한 사람과 교류하면서 자신의 상황이나 생각을 더 잘 파악할 수 있게 된다.

그러므로 청소년의 이성 교제는 청소년이 자기 자신을 더 분명하게 파악하는 데 도움을 주고 있다. 특히 청소년의 이성 교제는 청소년이 자신이 어떤 존재인지를 파악하는 데 도움을 주고 있다.

4) 청소년 이성 교제의 부정적 측면

청소년의 이성 교제가 긍정적 측면을 많이 지니고 있지만, 청소년의 이성 교제는 청소년에게 부정적으로 작용할 수도 있다. 청소년 이성 교제의 주요한 부정적 측면으로 학습을 소홀히 하는 것, 짧은 교제 기간에 따라 정신건강문제를 겪는 것, 이상적 기대에 따라 실망하는 것, 성적 학대를 겪는 것을 꼽을 수 있다.

(1) 학습의 소홀

학습 활동이나 학습과 관련된 기타 활동은 청소년이 나중에 성인이 되어 안정된 소득을 얻는 데 필요하기 때문에 매우 중요하다. 그러나 청소년이 이성 교제에 너무 신경을 쓰다 보면, 학습 활동이나 기타 활동을 소홀히 할 수 있다.

그러므로 청소년이 정규 학습 활동이나 학습과 관련된 기타 중요한 활동을 소홀히 하면서 이성 교제에 너무 많은 시간을 보내는 것은, 장기적으로는 청소년에게 부정적으로 영향을 미칠 수 있다.

(2) 짧은 교제 기간에 따른 정신건강문제

청소년이 이성 교제를 통해 친하고 정서적인 관계를 형성하는 것이 오래 계속되지 않을 수도 있다. 이렇게 되면, 청소년은 사람들 사이의 관계에서 갈등을 겪고, 기분이 좋지 않게 되고, 정서적으로 상처를 받을 가능성이 크다. 이 경우, 청소년은 스트레스를 크게 겪게 된다(Leung et al., 2011).

그러므로 이성과의 관계가 잘 풀리지 않는 상황이 반복되는 것은, 청소년의 정신건강에 어려움을 유발할 수 있다.

(3) 이상적 기대에 따른 실망

청소년은 이성에 대해 너무 기대하면서 이성 교제를 할 수 있다. 그러나 현실에서는 이런 기대가 맞지 않을 가능성이 크다. 청소년이 이성에 대해 가지는 환상이 깨져서 크게 실망하는 상황이 반복될 경우, 청소년은 이성과의 교류를 꺼리거나 이성에 대해 부정적으로 인식할 수 있다.

그러므로 이성 교제를 하면서 이성에 대해 크게 실망하는 상황을 많이 겪은 청소년은, 나중에 성인이 되어서 사회에서 이성과 관계를 맺는 데 어려움을 겪을 수 있다.

(4) 성적 학대

청소년이 이성 교제를 하는 동안에, 때에 따라서 상대방은 원하지 않는 성관계를 강제로 요구하거나 성적으로 학대하거나 폭력적인 행위를 할 수 있다. 이런 상황은 해당 청소년에게 신체적 · 정서적으로 큰 상처를 주게 된다. 그리고 이런 상황은 청소년이 나중에 성인이 되어 성과 관련된 생활을 하는 데 어려움을 유발할 수 있다.

그러므로 청소년의 이성 교제가 성적으로 학대하는 관계로 나아갈 경우, 학대를 당하는 청소년은 현재와 미래에 커다란 어려움을 겪을 수 있다.

이성 관계를 갖지 못하는 청소년의 상황

사회에서 청소년의 건전한 이성 관계를 허용하기 때문에, 애인이 없는 청소년은 스트레스를 받거나 자신이 다른 청소년과 다르다고 느낄 수 있다. 또한 청소년기는 또래의 방식에 따르라는 압력을 크게 받는 시기이다. 따라서 이성과 낭만적 관계를 갖지 못하는 청소년은 다음과 같은 상황에 놓일 수 있다(Moore, 2016).

① 외롭다고 느낀다.

② 자신이 또래보다 못났다고 느낀다.

Points

- 청소년의 이성 교제는 청소년이 자신과 다른 성별을 가진 청소년과 낭만적 관계를 맺고자 교류하는 것이다.
- 청소년기에는 이성 교제가 중요한 관심거리가 된다.
- 청소년 이성 교제의 긍정적 측면으로 친함·사랑에 대한 욕구 충족, 새로운 지지의 제공, 성 역할의 학습, 자신의 파악이 있다. 청소년 이성 교제의 부정적 측면으로 학습의 소홀, 짧은 교제 기간에 따른 정신건강문제, 이상적 기대에 따른 실망, 성적 학대가 있다.

4. 청소년의 성병 전염

1) 성병의 정의

일반적으로 성병은 “주로 불결한 성행위에 의하여 전염되는 병”을 말한다(국립국어원 표준국어대사전, 2024). 그러나 구체적으로 볼 때, 성병(sexually transmitted disease)은 성적으로 접촉함으로써 전염되는 질병을 일컫는다(University of Rochester Medical Center, 2019).

2) 청소년기와 성병

청소년은 이성과 성관계를 맺는 과정에서 성병에 전염될 수 있다. 그러나 청소년은 성병에 대한 지식이 부족한 경우가 많다. 그러므로 청소년이 성병에 전염되는 것은 관심거리가 되고 있다.

3) 성병의 형태

성병에는 여러 가지 형태가 있다. 일반적인 형태의 성병을 몇 가지 제시하면 다음과 같다(University of Rochester Medical Center, 2019).

① 인간 면역 결핍 바이러스(human immunodeficiency virus)가 있다. 이 병은 에이즈(acquired immunodeficiency symptom, 후천성 면역 결핍증)를 유발하는 병이다.

② 인간 유두종 바이러스(human papillomavirus)가 있다. 이 병은 성적으로 전염되는 일반적인 질병이다.

③ 클라미디아(chlamydia)가 있다. 이 병은 가장 흔한 형태의 성병이다.

④ 임질(gonorrhea)이 있다. 이 병에 전염될 경우, 남성 성기나 여성 성기에서 고름과 같은 것이 나오고, 소변을 볼 때 아프거나 소변을 보는 것이 어렵게 된다.

⑤ 헤르페스(genital herpes)가 있다. 이 병에 전염될 경우, 성기 부분에 물집이 생기거나 심하게 아플 수 있다.

⑥ 매독(syphilis)이 있다. 이 병을 치료하지 않을 경우, 더 심각한 상태로 진행할 수 있다.

4) 성병의 전염

청소년이 성관계를 일찍 가질 경우, 성병에 전염될 가능성은 커지게 된다. 그러나 이런 가능성은 나이가 듦에 따라서 서서히 줄어들게 된다.

그리고 성관계를 더 어린 시기에 가진 청소년은 성관계를 가진 사람의 수가 더 많을 가능성이 크다. 따라서 이런 청소년은 성병에 전염될 가능성이 더 클 수 있다(Kar, Choudhury & Singh, 2015).

한편, 성병은 성관계를 통해서만 전염되는 것이 아니다. 성병은 간접적인 성행위를 통해서도 전염될 수 있다.

5) 성병에 대한 보호

청소년이 성병에 전염되지 않는 가장 좋은 방법은, 다른 사람과 어떤 형태의 성적 접촉도 하지 않는 것이다. 그러나 청소년이 현재 성적으로 적극적이거나 앞으로 성적으로 적극적일 가능성이 있을 경우, 성병에 전염되지 않도록 미리 조치를 취하여야 한다.

청소년이 성병에 전염될 가능성을 줄이기 위해서는, 청소년이 다음과 같이 하도록 하여야 한다(University of Rochester Medical Center, 2019).

① 성병에 걸리지 않은 한 사람하고만 성관계를 가진다.

② 피임기구(예컨대, 콘돔)를 꾸준히 올바르게 사용한다.

③ 정맥주사를 이용하는 약을 넣을 때는 소독한 바늘을 사용한다.

④ 가능하면 성관계를 늦게 가진다.

⑤ 성병에 대해 정기적으로 검사를 받는다.

⑥ 성병의 증상을 잘 안다.

⑦ 생리하는 동안에는 성관계를 피한다.

⑧ 항문을 통해 성행위를 하지 않는다.

6) 성병에 전염되었을 경우의 조치

청소년이 성병에 전염되었을 때는 즉시 적절한 조치를 취하여야 한다. 청소년이 성병에 전염된 것으로 진단을 받을 경우, 청소년이 다음과 같이 하도록 하여야 한다 (University of Rochester Medical Center, 2019).

① 즉시 치료를 받는다.

② 최근에 자신과 성관계를 맺은 모든 사람에게 자신이 성병에 전염된 사실을 알려주고, 이들도 검사를 받도록 권유한다.

③ 성병과 관련된 치료를 받고 있을 동안에는 성행위를 하지 않는다.

④ 성병을 완전히 치료하였는지를 확인하기 위해서, 치료를 마친 후에 검사를 받는다.

Points

- 성병은 성적 접촉으로 전염되는 질병이다. 청소년은 성관계를 맺는 과정에서 성병에 전염될 수 있고, 청소년은 성병 지식이 부족한 경우가 많다. 성병에는 여러 형태가 있다.
- 성관계를 일찍 가질 경우, 성병에 전염될 가능성이 커진다. 성병은 간접적 성행위를 통해서도 전염된다.
- 현재 성적으로 적극적이거나 앞으로 성적으로 적극적일 가능성이 있는 청소년은 성병에 전염되지 않도록 조치를 취하여야 한다. 청소년이 성병에 전염되었을 때는 적절한 조치를 취하여야 한다.

5. 청소년 임신

1) 청소년 임신의 정의와 기간 및 청소년부모

임신은 여성의 자궁 속에서 태아가 발달하는 것을 말한다(National Institute of Child Health and Human Development, 2017). 따라서 청소년 임신은 여성청소년의 자궁 속에서 태아가 발달하는 것을 말한다.

그리고 임신하는 기간은 여성이 마지막으로 생리를 한 때부터 아이를 출산한 때까지의 시기를 말한다. 임신하는 기간은 약 40주가 되는 것으로 알려져 있다(National Institute of Child Health and Human Development, 2017).

청소년 임신과 관련이 있는 것은 '청소년부모'이다 청소년부모는 청소년기에 부모가 되는 것을 말한다. 우리나라의 「청소년복지 지원법」에 따르면, 청소년부모는 "자녀를 양육하는 부모가 모두 청소년인 사람"을 말한다(국가법령정보센터, 2024).

2) 청소년 임신의 상황

일부 청소년은 임신을 계획하고 원하기 때문에 임신하고 출산할 수 있다. 그러나 많은 청소년은 계획하거나 원하지 않은 상태에서 임신과 출산을 하고 있다(World Health Organization, 2018b). 따라서 대부분의 청소년은 준비하지 않은 상태에서 임신하고 있다.

청소년이 임신하는 사례는 전 세계적으로 나타나고 있다. 산업이 발달한 국가 중에서, 미국은 청소년이 임신하는 사례가 많은 국가에 속하고 있다(Carey & Seladi-Schulman, 2018).

3) 청소년 임신을 유발하는 요인

청소년 임신을 유발하는 일반적 요인에는 여러 가지가 있을 수 있다. 청소년 임신을 유발하는 요인을 몇 가지 제시하면 다음과 같다(Rounds & Wike, 2011).

① 청소년이 성관계를 맺는 정도가 있다.

② 청소년이 피임기구를 제대로 사용하는 정도가 있다.

③ 국가에서 청소년 임신을 예방하기 위해 여러 가지 방안을 계획하고 실시하는 정도가 있다.

그리고 다음과 같은 상황에 있는 것은 청소년 임신을 유발할 수 있는 요인으로 알려져 있다(Wall-Wieler, Roos & Nickel, 2016).

① 청소년이 아동기와 청소년기에 어려움을 크게 겪은 적이 있다.

② 청소년기에 임신한 가족구성원이 있다.

③ 청소년이 행동하거나 집중하는 데 어려움을 겪는다.

④ 청소년이 사는 가족이 안정되어 있지 않다.

⑤ 청소년의 교육 수준이 낮다.

한편, 개인과 또래와 가족 수준의 여러 요인은 청소년 임신을 유발할 수 있다. 일부 학자가 연구한 바에 따르면, 개인 · 또래 · 가족 수준에서 청소년 임신을 유발하는 데 가장 크게 영향을 미치는 요인은 다음과 같다(Rounds & Wike, 2011; Wall-Wieler, Roos & Nickel, 2016).

① 개인 수준에서 가장 크게 영향을 미치는 요인은, 청소년이 성적 활동에 대해 가지는 믿음과 태도이다.

② 또래 수준에서 가장 크게 영향을 미치는 요인은, 임신하는 것과 피임기구를 사용하는 것과 관련해 또래가 가지는 태도와 행동이다.

③ 가족 수준에서 가장 크게 영향을 미치는 요인은, 성과 피임에 대해 가족구성원들끼리 서로 이야기를 나누는 정도이다.

원하지 않는 성관계가 발생할 수 있는 공간: 여성청소년은 강요 때문에 임신할 수 있다.
[출처: 노대겸 님 제공]

4) 청소년이 임신하였을 가능성을 보여 주는 상황

청소년이 임신하였을 가능성을 보여 주는 상황에는 여러 가지가 있다. 청소년이 임신하였을 가능성을 보여 주는 상황을 몇 가지 제시하면 다음과 같다(Carey & Seladi-Schulman, 2018).

① 생리를 하지 않거나, 생리의 양이 매우 적다.

② 유방을 만지면 아프다.

③ 메스껍다. 메스꺼움은 아침에 나타나는 경우가 많다.

④ 토한다.

⑤ 어찔하다.

⑥ 기운이 없다.

⑦ 몸무게가 늘고 있다.

⑧ 피곤하다.

⑨ 배가 부풀어 있다.

5) 청소년 임신이 미치는 영향

청소년이 임신하는 것은 임신한 여성청소년, 태어난 자녀, 태어난 자녀의 아버지, 청소년의 가족, 사회와 국가에 부정적으로 영향을 미치고 있다.

(1) 임신한 여성청소년에게 미치는 영향

임신한 일반 성인여성에 비해서, 임신한 여성청소년은 여러 영역에서 어려움을 더 겪을 수 있다.

(가) 신체적 영역에서의 영향

청소년 임신은 임신한 청소년의 신체적 영역에서 부정적으로 영향을 미칠 가능성이 크다. 예를 들어, 일반적인 성인여성에 비해서, 임신한 청소년은 임신과 관련된 고혈압과 이에 따른 합병증을[4] 겪을 가능성이 더 크다.

또한 청소년이 임신할 경우, 안전하지 않게 낙태할 가능성이 크다. 이렇게 될 경우, 해당 청소년은 나중에 계속해서 신체적 건강에서 어려움을 겪을 수 있다. 그리고 20세 이상의 여성이 출산하는 것에 비해서, 청소년이 출산하는 것은 더 위험할 가능성이 있다(Carey & Seladi-Schulman, 2018). 따라서 청소년 임신은 임신한 청소년의 생명을 앗아갈 수도 있다.

4) 합병증은 "어떤 질병에 곁들여 일어나는 다른 질병"을 말한다(국립국어원 표준국어대사전, 2024).

시내에 나온 여성청소년들: 임신한 여성청소년은 여러 영역에서 여러 어려움을 더 겪을 수 있다. [출처: 영국에서 저자 촬영]

(나) 교육적 · 경제적 영역에서의 영향

청소년 임신은 임신한 청소년의 교육적 영역과 경제적 영역에서 부정적으로 영향을 미칠 가능성이 크다. 예를 들어, 임신한 청소년의 경우, 학교를 중간에 그만두거나 더 높은 수준의 학교에 다니지 않아서 교육 수준이 낮아질 수 있다. 이렇게 될 경우, 청소년은 유급 일자리에서 일하는 데 필요한 기술을 덜 갖추게 되고, 일할 기회가 더 적어질 수 있다. 이런 상황은 청소년이 장기적으로 소득을 얻을 수 있는 능력에 부정적으로 영향을 미치고 있다. 그리고 이렇게 될 경우, 나중에 청소년이 빈곤 상태에서 살거나 경제적으로 취약한 상태에서 살 가능성이 커지게 된다(Rounds & Wike, 2011; World Health Organization, 2018b).

(다) 사회적 · 정서적 영역에서의 영향

청소년 임신은 임신한 청소년의 사회적 영역과 정서적 영역에서 부정적으로 영향을 미칠 가능성이 크다. 예를 들어, 결혼하지 않은 상태에서 임신한 청소년의 부모와 또래와 지역사회 주민의 경우, 해당 청소년을 좋지 않게 보거나 해당 청소년과 교류하기를 꺼릴 수 있다(Rounds & Wike, 2011; World Health Organization, 2018b). 이런 상황은 청소년의 사회생활에 부정적으로 영향을 미치게 된다. 그리고 이런 상황은 다시 청소년의 정서에 부정적으로 영향을 미치게 된다.

(2) 출산한 자녀에게 미치는 영향

청소년이 임신할 경우, 임신한 청소년뿐만 아니라 태어나는 자녀도 위험을 크게 겪을 수 있다. 때에 따라서는, 청소년이 임신해 출산하는 것은 해당 여성청소년보다 자녀에게 더 부정적으로 영향을 미칠 수 있다.

우선, 청소년이 출산한 자녀는 다음과 같은 상황에 놓일 가능성이 있다(Carey & Seladi-Schulman, 2018).

① 예정된 날짜보다 더 일찍 태어난다.
② 일반 아이에 비해서, 태어날 때의 몸무게가 더 적다.

앞에서와 같은 상황은 태어난 자녀에게 장기적으로 좋지 않게 영향을 미칠 수 있다. 또한 10대 엄마가 낳은 자녀는 발달문제와 행동문제를 겪을 가능성이 큰 것으로 알려져 있다. 예를 들어, 20대 엄마에게서 태어난 자녀에 비해서, 청소년에게서 태어난 자녀는 발달과 관련된 여러 영역에서 더 불리한 것으로 나타나고 있다(Carey & Seladi-Schulman, 2018; Raneri & Wiemann, 2007; Rounds & Wike, 2011; World Health Organization, 2018b).

그리고 출산한 청소년은 빈곤 상태에서 살 가능성이 커지게 되고, 이에 따라 다음 세대도 빈곤 상태에서 살게 될 가능성이 커지게 된다. 결국, 청소년의 임신과 출산 때문에, 빈곤이 세대 사이에 반복될 가능성이 커지게 된다.

(3) 사회와 국가에 미치는 영향

청소년이 임신할 경우, 해당 청소년과 그 가족뿐만 아니라 사회와 국가도 비용을 크게 부담하는 상황에 놓일 수 있다. 청소년 임신 때문에 사회가 부담하는 비용의 예로 의료서비스와 관련된 비용, 아동복지 서비스와 관련된 비용이 있다(Rounds & Wike, 2011). 따라서 청소년 임신은 사회와 국가에게도 재정적으로 영향을 미칠 수 있다.

Points

- 청소년부모는 자녀를 양육하는 부모가 모두 청소년인 사람이다.
- 대부분의 청소년은 준비하지 않은 상태에서 임신한다.
- 개인 · 또래 · 가족 수준의 요인은 청소년 임신에 영향을 미친다.
- 청소년 임신은 청소년 자신, 자녀, 가족, 사회에 부정적 영향을 미친다.

6. 청소년의 성적 활동과 관련된 서비스와 프로그램

1) 청소년의 성적 활동과 관련된 서비스의 중요성

청소년의 성적 활동과 관련된 서비스는 청소년이 건전하게 발달하는 데 크게 도움을 주고 있다. 따라서 청소년에게 성적 활동과 관련된 서비스를 제공하는 것은 청소년에게 중요하다.

성 및 출산과 관련된 서비스는 여성청소년에게 특히 중요하다. 왜냐하면 이런 서비스를 이용할 수 없을 경우, 여성청소년은 임신하고 출산하는 과정에서 다음과 같은 상황에 놓일 가능성이 매우 크기 때문이다(United Nations, 2016).

① 목숨을 잃는다.
② 크게 다친다.
③ 평생을 아픈 상태에서 생활한다.

2) 청소년의 성적 활동과 관련된 서비스의 종류

청소년의 성적 활동과 관련된 서비스에는 여러 가지가 있다. 이런 서비스의 예를 몇 가지 제시하면 다음과 같다(United Nations, 2016; Global Coalition to End Child Poverty, 2017).

① 낳을 자녀의 수를 결정하는 데 도움을 주는 것과 관련된 서비스가 있다.
② 피임하는 것과 관련된 서비스가 있다.
③ 성병을 예방하고 치료하는 것과 관련된 서비스가 있다.
④ 상담서비스가 있다.
⑤ 임신 전에 보호하는 것과 관련된 서비스가 있다.
⑥ 출산 후에 제공하는 의료서비스가 있다.
⑦ 생리와 관련된 서비스가 있다.

3) 청소년의 성적 활동과 관련된 프로그램

(1) 성교육 프로그램

(가) 성교육의 정의와 중요성

성교육은 인간의 이차적인 성적 특징, 인간의 생식, 성행위, 건강한 성생활, 이성과의 정서적 관계, 성과 관련된 권리와 책임, 피임, 성적 행동의 기타 측면에 대해 교육하는 것을 말한다(위키백과, 2024).

오늘날에는 성을 처음으로 경험하는 시기가 빨라지고 있다. 이에 따라서 오늘날에는 어린 나이에 성에 대해 교육하는 것이 더 중요해지고 있다(위키백과, 2024).

또한 오늘날에는 과학기술의 발달 때문에 여러 매체를 통해서 성적 활동에 대한 정보를 쉽게 얻을 수 있다. 하지만 청소년은 이런 정보가 정확한지를 객관적으로 판단하지 못하거나 판단하기 어려운 경우가 많다. 청소년이 잘못된 지식에 근거해서 성적 활동에 관여하는 것은, 청소년의 현재와 미래에 부정적으로 크게 영향을 미칠 수 있다. 그러므로 청소년에게 청소년의 성적 활동에 대해 정확한 정보를 제공하는 성교육이 중요해지고 있다.

(나) 성교육의 내용

성교육에 대한 정의에서 알 수 있듯이, 성교육의 범위는 넓다. 따라서 성교육 프로그램에서는 성에 대한 모든 측면을 다루고 있다. 예를 들어 성교육 프로그램의 경우, 신체 이미지, 성적으로 추구하는 것, 성적 쾌감, 가치, 결정을 내리는 것, 이야기를 나누는 것, 연애, 성관계, 성병, 피임에 대해 설명하고 있다(위키백과, 2024).

(2) 청소년 임신 예방 프로그램

(가) 목적

청소년 임신을 예방하는 프로그램에서는 여러 가지 목적을 추구하고 있다. 청소년 임신 예방 프로그램에서 추구하는 주요한 목적을 몇 가지 제시하면 다음과 같다(Rounds & Wike, 2011).

① 처음으로 성행위를 시작하는 시기를 늦춘다.
② 피임기구를 올바르게 사용하게 한다.
③ 첫 번째 임신을 늦춘다.
④ 이미 출산한 청소년이 또 임신하는 것을 늦춘다.

청소년 임신 예방 프로그램에서는 앞에서와 같은 목적 이외에 다른 목적을 추구할 수도 있다. 예를 들어, 청소년 임신 예방 프로그램에서는 청소년이 자신은 가치 있는 존재라고 생각하게 해 주고자 할 수 있다(Rounds & Wike, 2011).

(나) 경향

대부분의 청소년 임신 예방 프로그램에서는 일차 예방에 주목하는 경우가 많다. 즉, 대부분의 청소년 임신 예방 프로그램에서는 청소년이 처음부터 임신하지 않게 하는 데 관심을 가지는 경우가 많다(Rounds & Wike, 2011).

Points

- 성적 활동과 관련된 서비스는 청소년의 건전한 발달에 크게 도움이 되기 때문에 중요하다. 청소년의 성적 활동과 관련된 서비스에는 여러 가지가 있다.
- 오늘날에는 성을 처음 경험하는 시기가 빨라지므로, 어린 나이에 성교육을 하는 것이 중요하다. 오늘날에는 여러 매체를 통해 성적 활동 정보를 쉽게 얻을 수 있으므로, 성교육이 중요하다. 성교육 프로그램에서는 성에 대한 모든 측면을 다룬다.
- 청소년 임신 예방 프로그램에서는 여러 목적을 추구한다. 대부분의 청소년 임신 예방 프로그램에서는 일차 예방에 주목한다.

7. 청소년복지 전문가와 국가의 역할

1) 청소년복지 전문가의 역할

청소년복지 영역에서 활동하는 전문가의 경우, 청소년의 성과 관련해 여러 가지 역할을 할 필요가 있다.

(1) 정보 제공 관련

오늘날에는 인터넷이 발달함에 따라서, 청소년은 성에 대한 정보를 인터넷을 통해서 많이 얻고 있다. 또한 청소년은 또래를 통해서 성에 대한 정보를 얻는 경우도 많다. 그러나 인터넷이나 또래를 통해 얻은 정보는 과학적이지 않고 잘못된 정보일 수도 있다. 청소년이 잘못된 정보에 근거해 성적 활동을 할 경우, 청소년에게뿐만 아니라 청소년의 가족과 사회에게도 부정적으로 크게 영향을 미칠 수 있다.

그러므로 청소년복지 영역에서 활동하는 전문가의 경우, 성교육 프로그램을 자주 실시해서 청소년에게 성에 대해 올바른 지식을 전달할 필요가 있다. 이때, 성교육 프로그램에서는 이성 교제, 성병 전염, 임신 등에 대해 구체적으로 교육할 필요가 있다.

(2) 서비스와 프로그램 이용할 때의 수치감과 두려움 관련

청소년이 성적 활동과 관련된 서비스나 프로그램을 이용하고자 할 경우, 청소년은 수치감을 느끼고 두려움을 가질 수 있다. 이렇게 될 경우, 청소년은 이런 서비스나 프로그램에 덜 적극적으로 참여하게 된다. 그 결과, 이런 서비스나 프로그램의 효과가 적어질 수 있다.

그러므로 청소년복지 영역에서 활동하는 전문가의 경우, 청소년이 수치스러워 하거나 두려워하지 않도록 해 주면서 성적 활동과 관련된 서비스나 프로그램을 제공할 필요가 있다.

이용할 때 수치스러워할 필요가 없다는 청소년 센터 안내문: 청소년에게는 수치스러워 하지 않도록 해 주면서 성적 활동과 관련된 서비스를 제공할 필요가 있다. [출처: 라오스에서 저자 촬영]

(3) 학교의 보건교사 관련

청소년의 성교육과 관련해서는, 청소년이 다니는 학교에서 교사가 하는 역할이 중요하다. 이 경우, 청소년이 다니는 학교에서 보건교사가 하는 역할이 특히 중요하다고 볼 수 있다(노병일, 2024). 왜냐하면 청소년이 다니는 학교에서 보건교사는 교직원들 중에서 청소년의 성에 대한 지식을 가장 많이 가지고 있는 전문가이기 때문이다.

그러므로 청소년복지 영역에서 활동하는 전문가의 경우, 청소년이 성과 관련된 문제를 겪을 때 학교의 보건교사와 자주 상담하도록 할 필요가 있다.

일반청소년과 학교 밖 청소년을 위한 성교육 프로그램

유엔에 따르면, 성적 활동을 주제로 하면서 청소년의 나이에 적절하고 폭넓은 성교육 프로그램을 학교의 교육 과정에 포함시킬 필요가 있다. 또한 이런 프로그램을 학교 밖 청소년에게도 실시할 필요가 있다.

그리고 이런 프로그램을 일반청소년과 학교 밖 청소년에게 제공할 경우, 다음과 같은 점을 고려할 필요가 있다(United Nations, 2016).

① 과학적으로 증명된 자료에 근거한다.

② 인권과 관련된 기준에 근거한다.

③ 청소년의 상황에 맞춘다.

(4) 청소년의 임신과 출산 관련

청소년이 원치 않는 임신을 하면, 청소년과 가족구성원은 당황할 수밖에 없다. 이에 따라 청소년과 가족구성원은 어떤 것이 이런 상황에서 가장 좋은 방안인지를 잘 알지 못할 수 있다.

그러므로 청소년복지 영역에서 활동하는 전문가의 경우, 임신한 청소년이 출산할 때까지 건강을 잘 유지하도록 전문적 서비스를 받게 할 필요가 있다. 이 경우, 관련된 기관과 협조해서 임신한 청소년이 출산 전에 관리를 잘하도록 서비스를 제공할 필요가 있다.

특히 전문가는 임신한 청소년이 다음과 같은 것을 잘하도록 관련 서비스를 제공할 필요가 있다(Carey & Seladi-Schulman, 2018).

① 음식을 잘 먹는다.

② 운동을 잘한다.

③ 친구 및 가족구성원과 지지하는 관계를 형성한다.

2) 국가의 역할

국가의 경우, 청소년의 성과 관련해 여러 가지 역할을 할 필요가 있다.

(1) 상담체계 관련

사춘기에 이차 성적 특징이 나타나고 청소년기에 성적으로 새로운 경험을 할 경우, 청소년은 당황하고 고민할 수 있다. 그러나 청소년은 성적 활동에 대해 솔직하게 상의하기를 꺼릴 수 있다. 하지만 청소년의 성적 활동과 관련된 문제는 청소년과 가족과 사회에게 크게 영향을 미치고 있다. 따라서 청소년에게 성적 활동과 관련된 문제를 상의할 기회를 많이 제공하는 것은 중요하다.

그러므로 국가의 경우, 청소년이 성적 활동에 대해 비밀이 유지되면서 편하게 상담하는 체계를 많이 갖출 필요가 있다.

(2) 성적 활동에 대한 정보 · 물품 · 서비스의 이용 관련

청소년은 성적 활동에 대한 정보와 물품과 서비스를 이용할 권리를 가지고 있다. 특히 청소년은 성 및 출산과 관련된 여러 가지 정보와 물품과 서비스를 평등하게 이용할 권리를 가지고 있다. 이와 관련해 유엔 아동권리 위원회의 경우, 성 및 출산과 관련된 정보와 물품과 서비스를 청소년이 평등하게 이용하지 못하는 것은 차별에 해당한다 점을 강조한 바 있다.

이런 탓에, 청소년이 성이나 출산과 관련된 물품과 정보를 구하고 성이나 출산에 대해 상담을 받고자 할 경우, 청소년에게 제약이 없어야 한다. 이런 제약을 구체적으로 제시하면 다음과 같다(United Nations, 2016).

① 제3자의 동의를 받게 한다.

② 국가기관의 허가를 받게 한다.

그러므로 국가의 경우, 청소년이 성이나 출산과 관련된 물품이나 정보를 구하거나 상담서비스를 이용할 때 제약을 받지 않는 환경을 만들어 줄 필요가 있다.

(3) 청소년 임신 관련

(가) 청소년 임신 관련 정책

세계보건기구의 경우, 청소년이 이른 나이에 임신하는 것을 예방하기 위한 지침을 제시한 바 있다. 이런 지침에서 주목하는 것을 몇 가지 제시하면 다음과 같다(World Health Organization, 2018b).

① 20세 이전에 임신하지 않도록 한다.
② 의도하지 않은 임신을 할 가능성이 있는 청소년은 피임기구를 사용하도록 한다.
③ 청소년들 사이에 강제적으로 성관계를 가지지 않도록 한다.
④ 청소년이 안전하지 않게 낙태하는 사례를 줄이도록 한다.
⑤ 임신한 청소년이 출산 당시와 출산 전후에 전문적 서비스를 더 많이 받도록 한다.

그러므로 국가의 경우, 청소년 임신과 관련된 정책을 설계하고 실시하는 데 있어 세계보건기구의 지침에서 제시하는 측면에 주목할 필요가 있다.

(나) 소득이 적은 청소년 엄마를 위한 서비스

소득이 적은 청소년 엄마와 그 가족은 특히 어려움을 겪을 수 있다. 그러므로 국가의 경우, 소득이 적은 청소년 엄마와 가족에게 다음과 같이 할 필요가 있다(Global Coalition to End Child Poverty, 2017).

① 학습과 관련된 서비스를 제공한다.
② 출산과 관련된 건강서비스를 제공한다.
③ 영양과 관련된 서비스를 제공한다.

(4) 여성청소년의 성 영역에서의 건강과 복리 관련

성 영역에서의 건강과 복리는 여성청소년에게 크게 중요하다. 그리고 이것은 빈곤한 여성청소년의 경우에 특히 그렇다. 왜냐하면 빈곤한 여성청소년은 원하지 않는 임신을 할 가능성이 크고, 성병에 걸릴 가능성이 크기 때문이다(Global Coalition to End Child Poverty, 2017).

그러므로 국가의 경우, 여성청소년(특히, 빈곤한 여성청소년)이 성 영역에서 높은 수준의 건강과 복리를 누리는 데 특히 주목할 필요가 있다.

Points

- 청소년복지 전문가는 성교육 프로그램을 자주 실시해 청소년에게 올바른 성 지식을 전달하고, 청소년이 수치스럽거나 두려워하지 않게 하면서 성적 활동 서비스 · 프로그램을 제공하고, 청소년이 성문제를 겪을 때 학교의 보건교사와 자주 상담하도록 하고, 임신한 청소년이 출산할 때까지 건강을 잘 유지하도록 전문적 서비스를 받게 할 필요가 있다.
- 국가는 청소년이 성적 활동에 대해 비밀이 유지되면서 편하게 상담하는 체계를 많이 갖추고, 청소년이 성 · 출산과 관련된 물품 · 정보를 구하거나 상담서비스를 이용할 때 제약을 받지 않는 환경을 만들어 주고, 청소년 임신과 관련된 정책을 설계 · 실시할 때에 세계보건기구의 지침에 주목하고, 소득이 적은 청소년 엄마에게 서비스를 제공하고, 여성청소년이 높은 수준의 건강과 복리를 누리는 데 주목할 필요가 있다.

Chapter

11

정신건강과 청소년복지

CONTENTS

1. 청소년의 정신건강에 대한 관심의 필요성

청소년기는 여러 영역에서 발달하는 것과 관련해 민감한 시기이다. 또한 청소년기에는 삶에 대해서 부정적으로 인식하고 미래가 확실하지 않을 가능성이 크다. 따라서 청소년은 정신건강문제를 크게 겪는 집단에 속하고 있다. 실제로, 다른 나이층에 비해서, 16~24세 나이층에서 심각한 정신건강문제가 더 발생하는 것으로 나타난 바 있다(Kim, Park & Kim, 2022; World Health Organization, 2018a; Lok, Bademli & Canbaz, 2017; Kim et al., 2022; Diaz, Hessel, Avendano & Evans-Lacko, 2022; Yu, Xu, Jiang, Hua, Zhou & Guo, 2022).

이런 탓에, 청소년기는 정신건강문제와 관련될 가능성이 큰 시기이다.[1)] 더불어 청소년기는 정신건강문제에 따른 심리적 · 사회적 문제도 겪을 가능성이 큰 시기이다. 이런 상황은 세계의 모든 청소년에게 해당하지만, 우리나라의 청소년에게 특히 더 해당할 수 있다.

청소년기에 정신건강이 좋지 않은 것은, 다양한 영역에서 청소년의 발달과 삶의 질에 부정적으로 영향을 미치고 있다. 그리고 청소년기에 겪는 정신건강문제는 성인기의 정신건강과 삶의 질에 부정적으로 크게 영향을 미칠 가능성이 크다. 실제로, 성인기에 겪는 정신건강문제는 청소년기의 정신건강문제에서 시작하는 경우가 많다(Kim, Park & Kim, 2022). 따라서 청소년의 정신건강은 청소년의 현재와 미래의 복리에 영향을 미치는 요인이 되고 있다.

이런 탓에, 청소년의 정신건강은 사회에서 중요하게 관심을 가져야 할 영역이 되고 있다. 그러므로 청소년복지에서는 청소년의 정신건강에 대해 크게 관심을 가질 필요가 있다.

1) 여기에 대해서는 청소년기의 발달을 다루는 장(제2장)에서 이미 설명한 바 있다.

청소년기의 정신건강문제에 대한 세계적 관심

정신건강은 세계가 발전하는 것과 관련해 매우 중요한 주제가 되고 있다. 예를 들어, 유엔의 '지속가능 발전 목표(Sustainable Development Goals, SDGs)'에서는 정신건강을 더 좋게 하기 위해 노력하겠다고 약속하고 있다. 특히 세 번째 목적의 경우, 모든 나이의 사람이 건강하게 살고 복리를 더 누리도록 할 것을 목표로 삼고 있다.

이에 따라서, 청소년의 정신건강도 지속가능 발전 목표를 이루기 위해 중요한 주제가 되고 있다. 더 나아가서, 청소년의 정신건강은 미래 세대에 불평등을 줄이고 더 포용하고 더 활기를 가지는 것과 관련된 목표를 이루기 위해서도 중요한 주제가 되고 있다(Diaz et al., 2022).

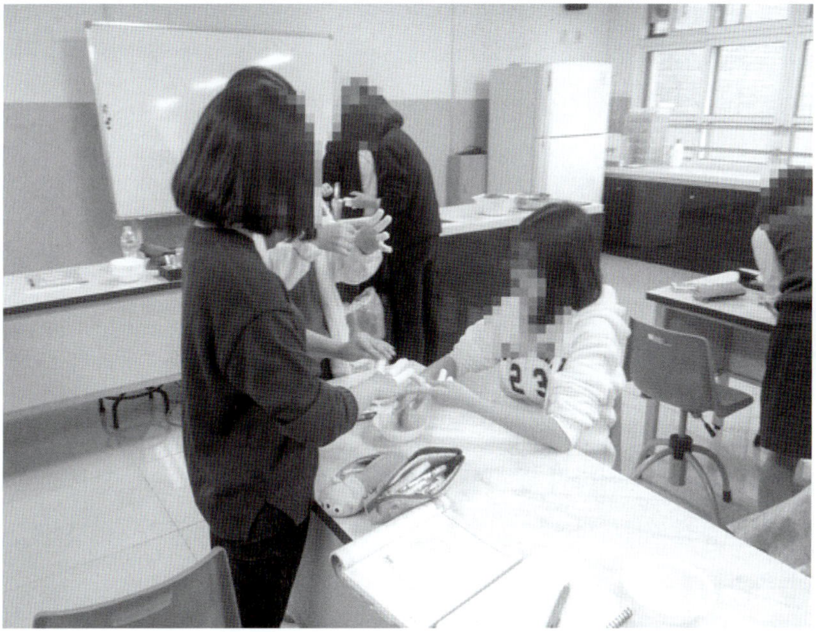

더 나은 정신건강을 위해 미술치료 프로그램에 참여한 청소년들: 청소년복지에서는 청소년의 정신건강에 대해 크게 관심을 가질 필요가 있다. [출처: 저자 촬영]

Points

- 청소년기에는 정신건강문제와 관련될 가능성이 크다.
- 청소년기의 정신건강문제는 청소년기의 발달과 삶의 질뿐만 아니라, 성인기의 삶의 질에까지 부정적 영향을 미칠 수 있다. 따라서 청소년의 정신건강에 크게 관심을 가질 필요가 있다.
- 청소년의 정신건강은 지속가능 발전 목표(SDG)를 이루기 위해 중요한 주제가 되고 있다.

2. 청소년의 주요한 정신건강문제

청소년이 크게 경험하는 정신건강문제에는 여러 가지가 있을 수 있다. 그리고 청소년이 겪는 여러 가지 정신건강문제는 서로 관련되는 경우가 많다.

청소년이 자주 경험하는 정신건강문제로 우울, 불안, 외로움(고독)을 꼽을 수 있다(Diaz et al., 2022).

1) 우울

청소년기에는 우울을 자주 경험하는 경우가 많다. 그러나 사회는 청소년이 우울을 자주 겪는다는 점을 인식하지 못하는 경우가 많다.

청소년이 우울을 겪는 사례는 사춘기가 지나고 나서 크게 증가하고 있다. 그리고 청소년이 우울을 겪는 사례는 후기 청소년기에 이르러서도 증가하고 있다(Thapar, Collishaw, Pine & Thapar, 2012; Lok, Bademli & Canbaz, 2017).

청소년의 우울은 여러 영역에서 부정적으로 영향을 미치고 있다. 예를 들어, 세계에서 우울은 청소년에게 질병과 장애를 유발하는 주요한 요인에 속하고 있다(노병일, 2022c; Moghaddam et al., 2016).

2) 불안

청소년기에는 불안을 경험하는 경우가 많다. 사실, 모든 청소년은 어느 정도의 불안을 경험하고 있다. 예를 들어, 청소년은 여러 사람 앞에서 말하거나, 시험을 보거나, 중요한 경기에 나갈 때 두려워하고 불안해 하는 경우가 많다. 심지어 청소년은 이성과 교제하기 위해 나갈 때도 불안해 할 수 있다(Lok, Bademli & Canbaz, 2017; Hurley, 2018).

3) 외로움

청소년기에는 외롭다고 느끼는 경우가 많다. 예를 들어, 청소년은 친구 및 부모와 관련해 외로움을 겪을 수 있다.

청소년의 경우, 외로움에 대해 긍정적 태도를 취할 수도 있고 부정적 태도를 취할 수도 있다. 그러나 청소년은 외로운 감정에 대해 잘 대처하지 못하는 경우가 많다(Danneel, Maes, Vanhalst, Bijttebier & Goossens, 2018).

Points

- 청소년이 크게 경험하는 정신건강문제로 우울, 불안, 외로움이 있다.

3. 청소년의 정신건강에 영향을 미치는 요인

청소년과 관련된 여러 수준의 요인은 청소년의 정신건강에 영향을 미치고 있다. 예를 들어, 개인, 가족, 또래, 학교, 지역사회, 사회의 수준에서 존재하는 여러 요인과 사회에 깊게 깔려 있는 불평등은 청소년의 정신건강에 영향을 미치고 있다(United Nations, 2016). 이 중에서 청소년의 정신건강에 특히 영향을 미치는 요인으로 개인 수준의 요인, 가족 수준의 요인, 학교 수준의 요인을 꼽을 수 있다.

1) 개인 수준의 요인

개인 수준의 요인은 청소년의 정신건강에 영향을 미치고 있다. 예를 들어, 청소년이 자신은 가치 없는 존재라고 인식하는 것이나 모욕을 당하는 것은 청소년의 정신건강에 부정적으로 영향을 미칠 수 있다.

특히, 스트레스와 관련된 요인은 청소년의 정신건강에 심각하게 영향을 미치는 것으로 알려져 있다. 청소년은 살아가면서 스트레스를 유발하는 여러 가지 요인을 경험하고 있다. 예를 들어, 청소년은 학교와 가정에서 살아가면서 스트레스를 유발하는 다양한 요인을 경험하고 있다. 청소년이 스트레스를 제대로 관리하지 못할 경우, 청소년은 정신건강문제를 자주 겪을 수 있다(Roberts, Roberts & Chan, 2009; Lok, Bademli & Canbaz, 2017).

2) 가족 수준의 요인

가족 수준의 요인은 청소년의 정신건강에 영향을 미치고 있다. 예를 들어, 가정이 빈곤한 상태에 있는 것, 가정에서 폭력을 경험하거나 목격하는 것은 청소년의 정신건강에 부정적으로 영향을 미칠 수 있다.

특히, 좋지 않은 가족 상황은 청소년의 정신건강에 심각하게 영향을 미치는 것으로 알려져 있다. 예를 들어, 부모와 청소년 사이에 맺는 관계는 청소년의 정신건강에 영향을 미치고 있다. 왜냐하면 부모와 청소년 사이에 맺는 관계는 청소년이 자신은 가치 있는 존재라고 인식하는 정도에 영향을 미치고 있기 때문이다. 특히 청소년이 자신은 중요하고 가치 있는 존재라고 인식하는 데 있어, 부모의 지지는 중요한 요인이 되고 있다. 따라서 부모의 지지는 청소년이 좋은 정신건강을 유지하는 데 긍정적으로 영향을 미치고 있다(Roberts, Roberts & Chan, 2009; Lok, Bademli & Canbaz, 2017).

또한 가정에서 청소년을 제대로 보살피지 못하거나 가족의 성인이 비공식 영역에서 일하거나 가족구성원이 장기적으로 실업 상태에 있을 경우, 청소년이 정신건강문제를 겪을 가능성은 더 커질 수 있다(Diaz et al., 2022).

강아지와 함께 엄마와 대화를 나누는 청소년: 부모의 지지는 청소년의 정신건강에 긍정적으로 영향을 미친다. [출처: 전영신 님 제공]

3) 학교 수준의 요인

학교 수준의 요인은 청소년의 정신건강에 영향을 미치고 있다. 예를 들어, 청소년이 학교에서 교사나 또래와 좋은 관계를 맺지 못하는 것, 학교에 제대로 적응하지 못하는 것은 청소년의 정신건강에 부정적으로 영향을 미칠 수 있다(노병일, 2024).

4) 기타 요인

개인 · 가족 · 학교 수준의 요인이 아닌 요인도 청소년의 정신건강에 영향을 미치고 있다. 특히 유전적 요인, 신체와 관련된 요인, 성격과 관련된 요인, 환경적 요인은 복잡하게 서로 관련되면서 청소년의 정신건강에 영향을 미치고 있다.

한편, 오늘날에는 다음과 같은 상황이 자주 나타나고 있는데, 이런 상황과 관련된 요인은 청소년의 정신건강에 영향을 미칠 수 있다(United Nations, 2016).[2)]

① 사회의 분위기가 신체의 이미지를 좋게 보이려는 방향으로 나아간다.

② 사회의 문화가 완벽함을 가치 있게 보는 방향으로 나아간다.

③ 차별을 당한다.

④ 괴롭힘을 당한다.

⑤ 사회에서 어울리지 못한다.

2) 이런 구체적 요인의 일부는 앞에서 이미 제시한 바 있다.

청소년의 성별과 정신건강

성별은 정신건강과 관련되는 것으로 알려져 있다. 따라서 청소년의 정신건강은 성별에 따라 차이가 날 수 있다. 일반적으로 여성청소년은 남성청소년보다 정신건강 영역에서 어려움을 더 겪을 가능성이 있다. 여성청소년이 남성청소년보다 정신건강과 관련해 어려움을 겪을 가능성이 더 큰 이유를 몇 가지 제시하면 다음과 같다(Lok, Bademli & Canbaz, 2017).

① 청소년기에 나타나는 변화는 남성청소년과 여성청소년 사이에 서로 다르기 때문이다.
② 신체에 대한 인식이 미치는 영향은 남성청소년과 여성청소년 사이에 서로 다르기 때문이다.

무엇보다도, 남성청소년에 비해서 여성청소년은 다음과 같은 상황을 더 경험하는 것으로 알려져 있다(Lok, Bademli & Canbaz, 2017).

① 우울한 상태에 있다.
② 자신을 의식한다.
③ 스트레스를 유발하는 사건을 겪는다.
④ 자신의 신체에 대해 만족하지 않는다.
⑤ 자신을 가치 있는 존재로 인식하지 않는다.

앞에서 제시한 모든 상황은 정신건강에 불리하게 작용할 가능성이 크다. 이런 탓에, 여성청소년은 남성청소년보다 정신건강이 더 좋지 않을 가능성이 크다.

5) 고려할 점

문화와 관련된 요인은 청소년의 정신건강에 영향을 미칠 수 있다. 특히, 아시아의 국가에서는 학생이 공부에 대해 크게 부담을 느끼는 경우가 많다. 아시아의 국가에서 학생은 학교 수업이 끝난 후에도 숙제, 시험 준비, 학습과 관련된 기타 활동(예컨대, 과외하기나 학원 다니기)에 많은 시간을 보내고 있다. 그 결과, 아시아의 청소년 학생은 학습에 지치는 경우가 많다(Yu et al., 2022). 이런 상황은 청소년 학생의 정신건강에 부정적으로 영향을 미치고 있다.

그리고 청소년의 정신건강에 영향을 미치는 여러 요인들은 서로 관련되면서 청소년의 정신건강에 영향을 미치는 경우가 많다. 또한 청소년의 정신건강에 부정적으로 영향을 미치는 요인이 여러 가지 존재할 경우, 청소년에게 심각한 정신건강문제가 처음으로 발생할 가능성이 더 커지게 된다. 왜냐하면 청소년의 정신건강에 좋지 않은 요인이 여러 가지 존재할 때는 정신건강과 관련된 어려움이 계속 쌓이기 때문이다.

Points

- 개인 · 가족 · 학교 수준의 요인과 기타 요인은 청소년의 정신건강에 영향을 미친다.
- 정신건강에 부정적 영향을 미치는 요인이 여러 가지 존재하면, 청소년에게 심각한 정신건강문제가 처음 발생할 가능성이 더 커진다.

4. 청소년의 정신건강문제가 미치는 영향

1) 일반적 영향

청소년의 정신건강문제는 여러 영역에서 청소년에게 부정적으로 영향을 미치고 있다. 특히 청소년의 좋지 않은 정신건강은 청소년의 건강 및 발달과 관련된 여러 영역에서 부정적으로 영향을 미치고 있다. 예를 들어, 청소년이 정신건강문제를 치료하지 않을 경우, 청소년은 다음과 같이 될 수 있다(World Health Organization, 2018a).

① 발달이 크게 늦어진다.

② 자신이 바라는 바를 이루지 못하고, 사회에 이바지하지 못한다.

그리고 현재 겪는 정신건강문제은 청소년의 현재 삶의 질에 영향을 미칠 뿐만 아니라, 청소년이 나중에 성인이 되었을 때의 삶의 질에도 영향을 미칠 수 있다(Kim, Park & Kim, 2022).

2) 영역별 영향

(1) 건강 영역

청소년의 정신건강문제는 청소년의 일반적 건강과 관련된 영역에서 부정적으로 영향을 미치고 있다. 우선, 청소년의 정신건강문제는 청소년에게 심각한 질병을 유발할 수 있다. 더 나아가서, 청소년의 정신건강문제는 청소년에게 자살을 유발할 수도 있다. 실제로, 청소년의 정신건강이 좋지 않은 것은 청소년에게 질병과 죽음을 유발하는 요인이 되는 경우가 많은 것으로 알려져 있다. 이것은 취약한 집단에 속하는 청소년에게 특히 그렇다. 또한 세계에서 정신건강문제는 청소년에게 장애를 유발하는 주요한 요인이 되고 있다(노병일, 2022c; World Health Organization, 2018a; United Nations, 2016).

그리고 청소년의 정신건강이 좋지 않은 것은 출산 및 성(sex)과 관련된 건강에 부정적으로 영향을 미치고 있다. 예를 들어, 청소년이 경험하는 정신건강문제는 출산 및 성과 관련된 건강을 악화시키는 식으로 영향을 미칠 수 있다(Lok, Bademli & Canbaz, 2017).

(2) 정서적 영역

청소년의 정신건강문제는 청소년의 정서와 관련된 영역에서 부정적으로 영향을 미치고 있다. 예를 들어, 심각한 정신건강문제를 겪는 청소년은 다음과 같은 상황에 놓일 수 있다(World Health Organization, 2018a).

① 수치스러워한다.

② 사람들과 잘 어울리지 못한다.

③ 차별을 받는다.

(3) 가족과 친구 영역

청소년의 정신건강문제는 청소년의 가족 및 친구와 관련된 영역에서 부정적으로 영향을 미치고 있다. 예를 들어, 청소년이 심각한 정신건강문제를 겪을 경우, 다음과 같은 상황이 나타날 수 있다(Lok, Bademli & Canbaz, 2017).

① 가족과의 관계가 좋지 않다.

② 또래와의 관계가 좋지 않다.

(4) 학습 영역

청소년의 정신건강문제는 청소년의 학습과 관련된 영역에서 부정적으로 영향을 미치고 있다. 예를 들어, 청소년이 경험하는 정신건강문제는 청소년의 학습을 방해하는 식으로 영향을 미칠 수 있다. 그 결과, 정신건강문제를 겪는 청소년은 학교에서 성적이 낮아질 가능성이 크다(Lok, Bademli & Canbaz, 2017; World Health Organization, 2018a; Diaz et al., 2022).

한편, 청소년기의 정신건강문제가 학습에 불리하게 작용하는 상황은, 청소년이 성인이 될 때의 소득에 부정적으로 영향을 미치게 된다. 따라서 청소년이 정신건강문제를 겪을 경우, 나중에 성인기에 빈곤한 상태에서 살거나 취약한 상태에서 살 가능성이 매우 커지게 된다(Diaz et al., 2022).

(5) 행동 영역

청소년의 정신건강문제는 청소년의 행동과 관련된 영역에서 부정적으로 영향을 미치고 있다. 실제로, 청소년의 정신건강이 좋지 않은 것은 청소년이 바람직하지 않은 여러 가지 행동을 하는 것과 관련되고 있다. 이런 행동을 몇 가지 제시하면 다음과 같다(Moghaddam et al., 2016; Lok, Bademli & Canbaz, 2017; World Health Organization, 2018a).

① 알코올과 담배와 불법 약물을 많이 사용한다.

② 임신한 상태에 있다.

③ 학교를 중간에 그만둔다.

④ 사회의 가치에 어긋나는 행동을 한다.

⑤ 폭력을 사용한다.

Points

- 현재 겪는 정신건강문제는 청소년의 현재 삶의 질과 성인이 되었을 때의 삶의 질에 영향을 미친다.
- 좋지 않은 정신건강은 청소년의 건강 · 발달과 관련된 여러 영역(일반적 건강, 정서, 가족 · 친구, 학습, 행동 등의 영역)에서 부정적 영향을 미친다.

5. 청소년 정신건강문제의 예방과 개입

1) 청소년 정신건강문제의 예방

아동기와 청소년기에 잘 성장하고 건전하게 발달할 경우, 청소년이 정신건강문제를 겪을 가능성은 줄어들게 된다. 따라서 청소년의 정신건강문제를 예방하는 가장 좋은 방법은, 청소년이 잘 성장하고 건전하게 발달하도록 해 주는 것이다. 실제로 많은 학자들의 연구에 따르면, 아동기와 청소년기에 건전하게 발달하는 것은 정신건강문제를 예방하는 데 도움을 주고 있다. 이런 탓에, 청소년기는 정신건강문제를 예방하는 데 있어 중요한 시기이다(Moghaddam et al., 2016; Yu et al., 2022).

일부 구체적 요인은 청소년이 좋은 정신건강을 유지하는 데 도움을 주고 있다. 따라서 이런 구체적 요인은 청소년의 정신건강문제를 예방하는 데 유리하게 작용할 수 있다. 청소년의 정신건강문제를 예방하는 데 도움을 주는 요인과 관련된 상황을 몇 가지 제시하면 다음과 같다(United Nations, 2016).

① 주요한 성인들과 친한 관계를 맺으면서 지지를 받는다.
② 긍정적인 역할 모델이 있다.
③ 적절한 생활 수준을 누린다.
④ 질이 좋은 중 · 고등학교에 다닌다.
⑤ 폭력을 당하지 않는다.
⑥ 차별을 겪지 않는다.
⑦ 영향을 미치는 기회가 있다.
⑧ 결정을 내리는 기회가 있다.
⑨ 문제를 해결하는 방법과 대처하는 방법에 대해 안다.
⑩ 안전하고 건전한 지역사회 환경에서 생활한다.

지역사회에서 어울려 운동을 하는 청소년들: 안전하고 건전한 지역사회 환경에서 생활하는 것은 청소년의 정신건강문제를 예방하는 데 도움이 된다. [출처: 저자 촬영]

2) 청소년 정신건강문제에 대한 개입

(1) 중요한 접근방식

청소년의 정신건강문제를 없애거나 줄이고자 할 때는 청소년을 지지하는 접근방식을 취하는 것이 무엇보다도 중요하다. 이와 관련해 유엔 아동권리 위원회의 경우, 청소년의 정신건강문제와 이에 따른 심리적 · 사회적 문제에 대해서는 일반적 건강과 사회적 · 심리적 지지에 근거하는 접근방식을 취하여야 한다고 주장하고 있다(United Nations, 2016).

(2) 개입

청소년의 정신건강문제를 줄이거나 없애기 위해 개입하는 방법에는 여러 가지가 있을 수 있다. 청소년의 정신건강문제에 대해 개입하는 방법을 몇 가지 제시하면 다음과 같다(Moghaddam et al., 2016).

① 상담한다.

② 인식을 바꾸게 함으로써 행동에 변화를 준다.

③ 약물을 사용한다.

청소년상담복지센터

청소년은 정신건강과 관련해 여러 기관에서 상담할 수 있다. 우리나라에서 이와 관련된 기관의 하나가 청소년상담복지센터이다.

우리나라의 「청소년복지 지원법」에 따르면, 지방자치단체의 장은 "청소년에 대한 상담 · 긴급구조 · 자활 · 의료지원 등의 업무를 수행하기 위하여 청소년상담복지센터를 설치 · 운영할 수 있다"(국가법령정보센터, 2024).

청소년의 정신건강문제를 줄이거나 없애기 위해 개입하는 과정에서는, 청소년에게 전문적 정신건강 서비스를 제공하는 경우가 많다. 이런 정신건강 서비스에서는 다음과 같은 점에 주목하고 있다(Lok, Bademli & Canbaz, 2017).

① 청소년이 역할을 제대로 하지 못하는 상황을 줄인다.
② 청소년이 역할을 제대로 하는 상황을 늘린다.

그리고 정신건강문제를 경험하는 청소년에게 개입해서 여러 가지 서비스를 제공하는 것은, 여러 영역에서 청소년의 복리 수준을 높이는 데 도움을 주고 있다. 예를 들어, 정신건강문제를 겪는 청소년에게 적절한 서비스를 제공하는 것은 다음과 같이 긍정적으로 영향을 미칠 수 있다(Moghaddam et al., 2016).

① 청소년이 목숨을 끊는 것을 예방한다.
② 청소년이 이후에 살아가면서 어려움을 적게 겪는다.

3) 학교와 청소년 정신건강문제

학교는 청소년의 정신건강을 더 좋게 하고자 할 때 중요하다. 실제로 그동안의 연구에 따르면, 학교는 학생의 정신건강을 더 좋게 하는 데 긍정적으로 영향을 미칠 수 있다(노병일, 2024).

특히, 청소년이 학교에서 맺는 인간관계는 청소년의 정신건강에 중요하다. 학교에서 또래나 교사와의 인간관계에서 갈등이 있는 것은 청소년에게 정신건강문제를 유발할 가능성이 크다. 이에 비해서, 학교에서 인간관계가 좋은 것은 청소년이 정서적으로 더 발달하는 데 도움을 줄 수 있다. 따라서 학교에서 또래나 교사와의 인간관계가 좋은 것은 학생의 정신건강에 유리하게 작용하고 있다(Yu et al., 2022).

그러나 일부 청소년에게는 학교가 스트레스와 불안을 유발하는 장소가 될 수 있다. 이런 청소년에게는 학교가 정신건강문제를 유발하는 장소가 될 수 있다.

Points

- 청소년의 정신건강문제를 예방하는 가장 좋은 방법은 청소년이 잘 성장·발달하게 하는 것이다. 일부 구체적 요인은 청소년의 정신건강문제를 예방하는 데 유리하게 작용할 수 있다.
- 청소년의 정신건강문제를 해결하고자 할 때는 청소년을 지지하는 접근방식을 취하는 것이 중요하다.
- 청소년의 정신건강과 관련해 개입하는 방법에는 여러 가지가 있다. 이런 개입에서는 전문적 정신건강 서비스를 제공하는 경우가 많고, 이런 개입은 청소년의 복리 수준을 높이는 데 도움이 된다.
- 학교는 청소년의 정신건강을 더 좋게 하고자 할 때 중요하다.

6. 청소년복지 전문가와 국가의 역할

1) 청소년복지 전문가의 역할

청소년복지 영역에서 활동하는 전문가의 경우, 청소년의 정신건강과 관련해 여러 가지 역할을 할 필요가 있다.

(1) 정신건강 상태의 파악과 도움 관련

청소년이 더 나은 정신건강을 유지하기 위해서는, 청소년의 정신건강 상태를 파악하는 것이 우선 중요하다. 그러고 나서는 정신건강 영역에서 도움이 필요한 청소년에게 전문적 서비스를 제공하는 것이 중요하다.

그러므로 청소년복지 영역에서 활동하는 전문가의 경우, 청소년의 정신건강 상태를 파악하는 데 크게 관심을 가질 필요가 있다. 이와 더불어, 청소년의 정신건강문제를 예방하고 청소년의 정신건강을 더 좋게 하기 위해서, 전문적으로 도와줄 필요가 있다.

특히 청소년복지 영역에서 활동하는 전문가의 경우, 다음과 같이 할 필요가 있다(Lok, Bademli & Canbaz, 2017).

① 정신건강이 취약한 청소년을 가능하면 이른 시기에 파악한다.

② 필요할 경우, 정신건강이 취약한 청소년을 정신건강을 전공한 의사에게 보내서 치료받도록 한다.

(2) 폭넓은 대처 관련

청소년의 정신건강을 더 좋게 하기 위해서는 여러 요소를 고려하는 방안을 사용할 필요가 있다(Yu et al., 2022). 따라서 청소년의 정신건강문제에 대해서는 여러 영역에서 폭넓게 대처할 필요가 있다. 이때 할 수 있는 방법을 구체적으로 제시하면 다음과 같다(United Nations, 2016).

① 통합된 청소년 정신건강 체계를 갖춘다. 이런 체계는 청소년의 부모, 청소년의 또래, 더 넓은 가족구성원, 학교를 포함한다.

② 전문가가 청소년을 지지하고 도와준다.

그러므로 청소년복지 영역에서 활동하는 전문가의 경우, 여러 영역에서 폭넓게 개입하면서 청소년의 정신건강문제를 다룰 필요가 있다.

(3) 심리적 · 사회적 지지의 제공 관련

청소년을 지지하는 것은 여러 가지 측면에서 청소년에게 긍정적으로 영향을 미치고 있다. 이 중에서도 청소년에게 심리적 지지와 사회적 지지를 제공하는 것은 청소년이 좋은 정신건강을 유지하는 데 특히 도움이 되고 있다.

그러므로 청소년복지 영역에서 활동하는 전문가의 경우, 청소년을 학교와 지역사회와 기타 상황에서 심리적 · 사회적으로 지지할 필요가 있다.

심리적 · 사회적으로 지지하는 안내문: 청소년에게 심리적 · 사회적 지지를 제공하는 것은 청소년의 정신건강에 특히 도움이 된다. [출처: 언스플래시]

(4) 가족 유대 관련

가족은 청소년의 삶에서 중요한 역할을 하고 있다. 특히, 청소년이 가족구성원과 친한 관계를 맺는 것은 청소년이 좋은 정신건강을 유지하는 데 도움이 되고 있다. 그러므로 청소년복지 영역에서 활동하는 전문가의 경우, 청소년과 가족구성원이 친한 관계를 형성하도록 도와줄 필요가 있다.

(5) 비학습 활동 관련

청소년이 학습과 직접 관련되지 않은 여러 가지 활동에 참여하는 것은 청소년의 정신건강에 유리하게 작용하는 것으로 알려져 있다. 그러므로 청소년복지 영역에서 활동하는 전문가의 경우, 학습과 직접 관련되지 않은 여러 가지 활동에 청소년이 계속 참여하는 프로그램을 학교에서 실시할 필요가 있다(Yu et al., 2022).

2) 국가의 역할

국가의 경우, 청소년의 정신건강과 관련해 여러 가지 역할을 할 필요가 있다.

(1) 정신건강 상황 파악 관련

청소년의 정신건강과 관련해 적절한 전략을 짜기 위해서는, 국가가 청소년의 정신건강과 관련된 상황을 알고 있어야 한다. 이와 더불어, 국가는 청소년이 정신건강과 관련된 서비스를 이용할 때 겪을 수 있는 어려움에 대해 알고 있어야 한다.

그러므로 국가의 경우, 미래에 폭넓은 의료정책과 의료 프로그램을 실시하기 위해서, 청소년과 협력해서 다음과 같이 할 필요가 있다(United Nations, 2016).

① 청소년이 경험하는 정신건강문제의 특성과 현황을 폭넓고 다양하게 파악한다.

② 청소년이 의료서비스를 이용할 때 겪는 어려움을 폭넓고 다양하게 파악한다.

(2) 취약한 청소년 관련

가족의 경제적 상황이나 신체적 건강이 좋지 않은 청소년(예컨대, 빈곤청소년, 장애청소년, 다문화청소년)은 정신건강도 좋지 않을 가능성이 크다. 이런 청소년이 더 나은 정신건강을 유지하기 위해서는, 다음과 같은 것이 모두 필요하다(Reiss, 2013).

① 개인적 수준에서 개입한다. 이런 개입의 예로 어린 시기에 일찍 개입하는 것이 있다.

② 사회적 수준에서 개입한다. 이런 개입의 예로 사회적·경제적 불평등을 없애는 것이 있다.

그러므로 국가의 경우, 가족의 경제적 상황이나 신체적 건강이 좋지 않은 청소년의 정신건강과 관련해, 개인적 수준과 사회적 수준에서 개입하는 정책이나 프로그램을 설계하고 실시할 필요가 있다.

Points

- 청소년복지 전문가는 청소년의 정신건강 상태를 파악하고, 여러 영역에서 폭넓게 개입하면서 정신건강문제를 다루고, 청소년을 심리적 · 사회적으로 지지하고, 가족구성원들 사이에 더 친한 관계를 형성하도록 도와주고, 비학습 활동에 청소년이 계속 참여하는 프로그램을 실시할 필요가 있다.
- 국가는 청소년 정신건강문제의 현황과 청소년이 의료서비스를 이용할 때의 어려움을 파악하고, 경제적 상황이나 신체적 건강이 좋지 않은 청소년을 위해 개인적 · 사회적 수준에서 개입하는 정책 · 프로그램을 설계 · 실시할 필요가 있다.

Chapter 12

약물사용 및 자살과 청소년복지*

CONTENTS

* 본 장은 노병일(2022c)을 많이 참고하였음을 밝힌다. 그리고 청소년과 관련된 기타 사회문제는 『청소년문제와 보호』(노병일, 2022c)에서 자세히 설명한다.

1. 청소년의 약물사용과 자살에 대한 관심의 필요성

청소년기는 새로운 것에 대해 호기심이 많은 시기이다. 또한 청소년기는 충동에 휩싸이기 쉬운 시기이다. 이에 따라서 일부 청소년은 바람직하지 않은 행동을 할 수 있다. 그리고 청소년기는 스트레스를 겪거나 기타 여러 가지 이유 때문에 정신건강문제를 겪을 가능성이 큰 시기이다. 이에 따라서 일부 청소년은 바람직하지 않은 행동을 할 수 있다.[1)]

오늘날, 사회에서 바람직하지 않은 행동에는 여러 가지 형태가 있을 수 있다. 이 중에서 청소년과 크게 관련되는 행동으로 약물을 잘못 사용하는 것과 자살을 생각하거나 시도하는 것을 꼽을 수 있다.

우선, 오늘날에는 청소년이 약물을 사용하는 사례가 적지 않다. 일부 청소년은 알코올이나 담배를 사용하고 있고, 일부 청소년은 쉽게 구할 수 있는 환각성 물질(예컨대, 본드)을[2)] 사용하고 있다. 또한 일부 청소년은 불법 약물을 사용하고 있다(노병일, 2022c).

그리고 오늘날에는 청소년이 자살을 시도한 사례가 신문과 방송에 드물지 않게 나오고 있다. 실제로 우리나라와 선진국에서 자살은 청소년을 사망에 이르게 하는 주요한 요인에 속하고 있다(노병일, 2022c).

청소년이 약물을 잘못 사용하는 것은 청소년의 신체적 건강과 정신건강에 심각하게 영향을 미치고 있다. 그리고 청소년이 자살을 생각하거나 시도하는 것은 청소년의 건강뿐만 아니라 생명 그 자체에도 크게 영향을 미치고 있다.

더 나아가, 청소년의 약물사용과 자살은 청소년 자신에게뿐만 아니라 청소년의 가족과 사회에게도 부정적으로 크게 영향을 미치고 있다. 따라서 청소년이 약물이나 자살과 관련해 하는 행동은 현재와 미래의 청소년의 복리, 청소년 가족의 복리, 사회의 복

1) 청소년의 정신건강문제가 청소년의 행동에 미치는 영향에 대해서는 청소년의 정신건강을 다루는 장(제11장)에서 이미 설명한 바 있다.

2) 환각성 물질은 "감각 기관을 자극하는 외부 자극이 없는데도 마치 어떤 사물이 있는 것처럼" 느끼게 하는 물질을 말한다(국립국어원 표준국어대사전, 2024).

리에 매우 부정적으로 영향을 미치고 있다.

이런 탓에, 청소년이 약물을 잘못 사용하는 것과 청소년이 자살을 생각하거나 시도하는 것은 청소년복지에서 중요한 주제가 될 수밖에 없다. 그리고 당연하게도 청소년의 약물사용과 자살은 심각한 사회문제로 자리 잡고 있다(노병일, 2022c).

그러므로 청소년복지에서는 청소년이 약물을 잘못 사용하는 것과 청소년이 자살을 생각하거나 시도하는 것에 대해 크게 관심을 가질 필요가 있다.

Points

- 일부 청소년은 바람직하지 않은 행동을 할 수 있다. 이런 행동의 대표적인 예로 약물사용과 자살(또는 자살 시도)이 있다.
- 청소년의 약물사용과 자살은 청소년 자신과 가족과 사회에 크게 부정적 영향을 미치므로, 청소년의 약물사용과 자살에 대해 크게 관심을 가질 필요가 있다.

2. 청소년과 약물사용

1) 약물의 정의와 청소년이 사용하는 약물의 형태

일반적으로 약물은 병을 진단하거나 치료하거나 예방하거나 증상을 줄이기 위해 사용하는 물질을 말한다(U.S. Food and Drug Administration, 2024). 그러나 약물문제에 대해 살펴볼 때, 약물은 뇌와 신경에 직접 영향을 미치면서 습관적으로 사용하게 하는 물질을 의미하는 경우가 많다(노병일, 2022c).

약물과 관련해 자주 사용하는 용어는 약물 남용(drug abuse)이다. 일반적으로 약물 남용은 개인의 건강이나 사회생활에 어려움을 끼치는 식으로 약물을 사용하는 것을 말한다(노병일, 2022c).

청소년은 여러 가지 형태의 약물을 사용하고 있다. 이 경우, 청소년이 사용하는 약물에는 합법적인 약물도 있고 불법적인 약물도 있다. 합법적으로 사용할 수 있는 약물의 예로 알코올, 처방을 받은 약품, 본드와 같은 용매,[3] 처방전 없이 구할 수 있는 감기약과 수면제와 다이어트약이 있다(American Academy of Child and Adolescent Psychiatry, 2018).

알코올과 담배는 청소년이 가장 많이 잘못 사용하는 약물로 알려져 있다(노병일, 2022c).

2) 청소년의 약물사용을 보여 주는 신호

청소년이 특별한 이유가 없이 이전과 다르게 행동하는 것은, 청소년이 약물과 관련된 문제를 겪고 있음을 보여 주는 것일 수 있다.

청소년이 약물과 관련된 문제를 겪고 있음을 보여 주는 신호를 몇 가지 제시하면 다음과 같다(National Institute of Drug Abuse, 2014).

① 떨어져 지낸다.

② 자주 피곤해하거나 우울해한다.

③ 적대감을 가진다.

④ 또래의 구성원이 바뀐다.

⑤ 학교 성적이 더 나빠진다.

⑥ 학교 수업에 나가지 않거나 학교를 제대로 다니지 않는다.

⑦ 좋아하는 활동에 관심을 가지지 않는다.

⑧ 먹는 습관이나 잠자는 습관이 바뀐다.

⑨ 가족구성원 및 친구와의 관계가 더 나빠진다.

3) 용매는 한 가지 이상의 물질을 녹이거나 분산시킬 수 있는 액체 물질을 말한다(Merriam-Webster Dictionary, 2024).

약물을 잘못 사용하지 말 것을 홍보하는 포스터: 청소년이 특별한 이유 없이 이전과 다르게 행동하는 것은 청소년이 약물문제를 겪음을 보여 주는 것일 수 있다. [출처: 일본에서 저자 촬영]

3) 청소년의 약물사용 이유와 약물사용 가능성이 큰 청소년

(1) 청소년이 약물을 사용하는 이유

오늘날의 청소년은 여러 가지 이유 때문에 약물을 사용하고 있다. 청소년이 약물을 처음에 사용하는 이유를 몇 가지 제시하면 다음과 같다(마약류대책협의회, 2013).

① 청소년기에는 또래의 영향력이 크기 때문이다. 청소년기에는 소속하고 싶은 욕구가 큰 탓에, 청소년은 또래가 약물을 사용하라는 압력에 크게 영향을 받을 수 있다.

② 청소년은 성인 세대에 반항하는 경향이 있기 때문이다. 청소년은 성인 세대의 권위에 도전하기 위해 약물을 사용할 수 있다.

③ 청소년은 자신에게 상처를 주었다고 생각하는 사람에게 앙갚음하려고 할 수 있기 때문이다. 예를 들어, 청소년은 자신의 부모가 자기에게 상처를 주었다고 생각하고, 이에 대한 앙갚음으로 약물을 사용할 수 있다.

④ 자신이 크게 가치가 있다고 생각하지 않기 때문이다. 자신이 크게 가치가 있다고 생각하지 않는 청소년은 긍정적인 방법을 사용해 성공하는 길을 선택하기보다는, 자신에게 부닥친 도전을 피하는 길을 선택할 수 있다. 이 경우, 도전을 피하는 길의 하나가 약물을 사용하는 것일 수 있다.

(2) 약물을 사용할 가능성이 큰 청소년

일부 청소년은 약물문제를 겪을 가능성이 더 크다. 예를 들어, 다음과 같은 상황에 있는 청소년은 약물문제를 겪을 가능성이 큰 것으로 알려져 있다(American Academy of Child and Adolescent Psychiatry, 2018).

① 가족구성원 중에 약물을 사용해서 어려움을 크게 겪은 사람이 있다.

② 우울해한다.

③ 자신을 가치 있는 존재로 생각하지 않는다.

④ 일반 세상에 어울리지 않다고 느끼거나, 일반 세상에서 벗어나 있다고 느낀다.

4) 약물사용이 청소년에게 미치는 영향

약물은 인간의 주요한 신경 체계에 영향을 미칠 수 있다. 따라서 약물은 생각하고 판단하는 데 영향을 미치는 경우가 많다. 그리고 약물은 인간이 일상적 활동을 하는 능력에 영향을 미치는 경우가 많다(노병일, 2022c).

청소년이 약물을 사용하는 것은 여러 가지 영역에서 특히 부정적으로 영향을 미칠 가능성이 크다. 어느 경우에는 약물을 사용하기 때문에, 청소년이 생명을 잃을 수도 있다.

우선, 알코올을 사용하는 것은 청소년에게 부정적으로 영향을 미치고 있다. 알코올을 사용하는 것이 청소년에게 미치는 영향을 몇 가지 제시하면 다음과 같다(Franke & de Anda, 2011).

① 뇌가 상하고, 지적 발달이 늦어질 수 있다.
② 사고를 내거나, 다른 사람을 사망하게 할 수 있다.
③ 자살을 유발할 수 있다.

또한 흡연은 흡연하는 청소년에게 부정적으로 영향을 미치고 있다. 구체적으로 흡연은 신체의 모든 기관에 부정적으로 영향을 미치고 있다(노병일, 2022c). 오늘날에는 연기가 없는 담배 제품(예컨대, 전자담배)이 많이 나오고 있다. 그러나 연기가 없는 담배 제품도 위험하다. 연기가 없는 담배 제품은 입과 관련된 질병, 심장과 관련된 질병, 잇몸과 관련된 질병을 유발할 수 있다(National Institute on Drug Abuse, 2020).

그리고 불법 약물이 성인에게 미치는 영향은 청소년에게도 거의 그대로 적용되고 있다. 특히, 불법 약물을 사용하는 청소년은 다음과 같은 상황에 놓일 가능성이 더 크다(Straussner & Isralowitz, 2011).

① 학교에서 어려움을 겪는다.
② 다른 사람들과의 관계에서 어려움을 겪는다.
③ 정신건강과 신체적 건강이 좋지 않다.

술병으로 만든 작품: 청소년의 약물사용은 여러 영역에서 부정적으로 영향을 미칠 수 있다. [출처: 저자 촬영]

이런 탓에, 불법 약물은 청소년의 건강을 해치고 있고, 더 나아가서 청소년의 미래를 해치고 있다(노병일, 2022c).

5) 청소년의 약물사용과 부모

청소년이 약물을 잘못 사용하는 것을 예방 및 파악하고 이에 대해 치료하는 것과 관련해, 부모는 중요한 역할을 하고 있다.

(1) 약물사용의 예방 관련

부모는 청소년 자녀가 약물을 사용하지 않도록 하는 데 도움을 줄 수 있다. 청소년의 부모가 자녀의 약물사용을 예방하는 데 도움을 줄 수 있는 방법을 몇 가지 제시하면 다음과 같다(American Academy of Child and Adolescent Psychiatry, 2018).

① 청소년 자녀에게 약물에 대해 이야기한다.

② 청소년 자녀와 솔직하게 대화를 나눈다.

③ 책임지는 행동을 한다.

④ 청소년 자녀에게 역할 모델이 된다.

(2) 약물사용의 파악 관련

청소년의 부모는 청소년 자녀가 약물을 사용하는 것이 위험하거나 심각한 문제를 유발할 수 있다는 점에 대해 크게 신경을 쓰지 않는 경우가 많다. 따라서 청소년의 부모는 약물을 사용하는 것과 관련해 청소년이 보이는 신호를 제대로 알아채지 못할 수 있다. 이 경우, 부모는 청소년 자녀가 보이는 이런 신호가 사춘기에 나타나는 정상적인 행동의 한 부분이라고 생각하면서, 이런 신호를 무시할 수 있다(National Institute of Drug Abuse, 2014).

하지만 약물을 사용하는 것과 관련된 신호가 청소년 자녀에게 나타날 경우, 청소년의 부모는 청소년 자녀가 심각한 문제를 이미 겪고 있을 수도 있다는 점을 알아야 한다. 따라서 이런 신호가 나타날 경우, 청소년의 부모는 근본적 원인이 무엇인지를 파악하여야 한다. 이때, 근본적 원인은 약물과 관련된 문제일 수도 있고 다른 문제일 수도 있다(National Institute of Drug Abuse, 2014).

(3) 약물사용의 치료 관련

청소년 자녀가 약물로 어려움을 겪고 있어 치료할 경우, 청소년의 부모는 여러 가지 역할을 할 수 있다. 이런 역할을 몇 가지 제시하면 다음과 같다(National Institute of Drug Abuse, 2014).

① 청소년 자녀를 치료하고 청소년 자녀를 회복하는 과정에서, 청소년 자녀를 적극적으로 지지하고 청소년 자녀와 자주 교류한다.

② 청소년 자녀를 치료하는 데 필요한 실제적인 일을 한다. 이런 일의 예로 다음과 같은 것이 있다.

㉠ 치료 일정을 짠다.

㉡ 치료와 관련된 예약을 한다.

㉢ 청소년 자녀를 계속 살펴본다.

Points

- 약물은 뇌와 신경에 직접 영향을 미치면서 습관적으로 사용하게 하는 물질이다. 약물 남용은 개인의 건강이나 사회생활에 어려움을 끼치는 식으로 약물을 사용하는 것이다.
- 청소년은 여러 형태의 합법적 · 불법적 약물을 사용한다. 알코올과 담배는 청소년이 가장 많이 잘못 사용하는 약물이다.
- 청소년이 특별한 이유가 없이 이전과 달리 행동하는 것은 약물문제를 겪고 있음을 보여 주는 신호일 수 있다.
- 청소년이 약물을 처음 사용하는 이유로 또래의 영향력, 성인 세대에 대한 반항, 상처 준 사람에 대한 앙갚음, 낮은 자아존중감을 들 수 있다.
- 일부 청소년은 약물문제를 겪을 가능성이 크다. 청소년의 약물사용은 여러 영역에서 부정적 영향을 미칠 수 있다.
- 부모는 청소년의 약물사용을 예방 · 파악 · 치료하기 위해 여러 역할을 할 수 있다.

3. 청소년과 자살

1) 자살의 정의

자살에 대한 정의는 간단할 수 있다. 그동안 자살에 대해 정의한 것을 몇 가지 제시하면 다음과 같다(Barker, 2003; Centers for Disease Control and Prevention, 2020; Freedenthal, 2011).

① 미국 전국사회복지사협회에서 발간한 사전에 따르면, 자살은 의도적으로 자신을 죽이는 행위를 말한다.

② 미국 질병통제 · 예방센터에 따르면, 자살은 죽으려는 의도를 가지고 자신을 해침으로써 생기는 죽음을 말한다.

③ 프리덴탈(Freedenthal)에 따르면, 자살은 자기 스스로 의도적으로 하는 죽음을 말한다.

정리하건대, 자살은 자기 목숨을 스스로 끊는 행위라고 볼 수 있다. 이렇게 정리할 경우, 청소년 자살은 청소년이 일부러 자기의 목숨을 스스로 끊는 행위를 말한다(노병일, 2022c).

2) 청소년 자살을 유발하는 요인

청소년에게 자살을 유발하는 요인에는 여러 가지가 있다. 그리고 성인에게 자살을 유발하는 여러 가지 요인은 청소년에게도 그대로 해당하는 경우가 많다.

청소년 자살을 유발하는 요인을 몇 가지 제시하면 다음과 같다(노병일, 2022c).

① 정신건강과 관련된 요인이 있다. 자살로 사망한 청소년은 정신건강문제를 겪은 경우가 매우 많다. 이와 관련된 정신건강문제의 예로 우울한 것, 행동장애를 겪는 것이 있다.

② 알코올과 관련된 요인이 있다. 청소년이 알코올을 많이 사용할 경우, 자살할 가능성은 더 커질 수 있다.

③ 가족과 관련된 요인이 있다. 이런 예로, 청소년의 가족이 스트레스를 겪는 것, 가족이 역할을 제대로 하지 못하는 것이 있다.

④ 가족구성원의 자살 경험과 관련된 요인이 있다. 청소년의 가족구성원 중에 자살한 사람이 있는 것은 청소년에게 자살을 유발하는 중요한 요인이 될 수 있다.

⑤ 환경과 관련된 요인이 있다. 이런 예로, 가정에 자살에 사용할 수 있는 도구가 있는 것이 있다.

⑥ 애정과 관련된 요인이 있다. 이런 예로, 사랑하는 사람의 죽음을 잊지 못하는 것, 이성 교제가 좋지 않게 끝난 것이 있다.

⑦ 학교와 관련된 요인이 있다. 이런 예로, 학교에서 어려움을 겪는 것이 있다.

⑧ 지역사회와 관련된 요인이 있다. 이런 예로, 최근에 청소년이 자살한 지역사회에 거주하는 것이 있다.

⑨ 다른 사람이 자살한 사례를 아는 것과 관련된 요인이 있다. 이런 예로, 자살한 사건을 뉴스를 통해 알게 된 것, 자살한 사례를 소설과 같은 문학 작품에서 읽은 것이 있다.

⑩ 신문과 방송 등의 매체나 인터넷과 관련된 요인이 있다. 이런 예로, 대중매체에서 청소년의 자살에 대해 다룬 내용 때문에 여러 청소년이 자살하는 것이 있다.

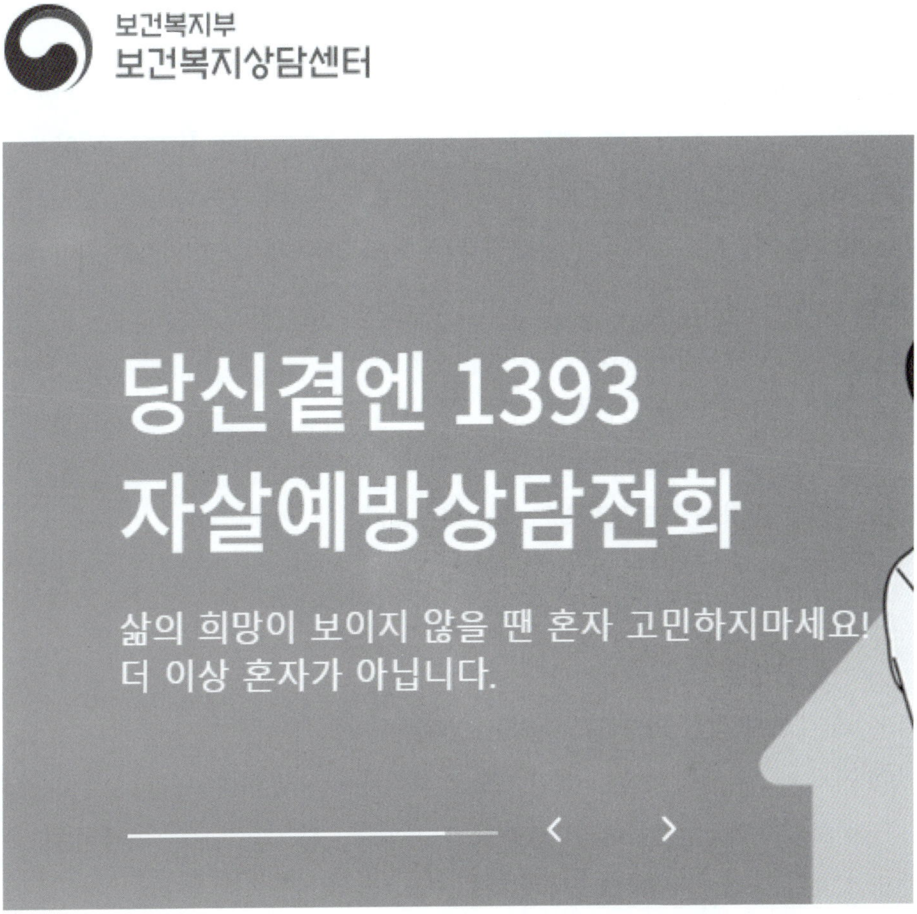

자살예방 상담전화의 안내문: 청소년에게 자살을 유발하는 요인에는 여러 가지가 있다. [출처: 보건복지부 보건복지상담센터(2024)]

앞에서 제시한 모든 요인은 우리나라의 청소년에게도 해당하고 있다. 그러나 우리나라의 경우, 청소년에게 자살을 유발하는 것과 특히 더 관련되는 요인이 있을 수 있다. 예를 들어, 우리나라에서 청소년에게 자살을 유발하는 주요한 요인은 공부와 관련된 스트레스로 알려져 있다(Kwak & Ickovics, 2019).

3) 청소년 자살과 관련된 특징

오늘날의 청소년은 스트레스를 유발하는 요인에 대해 대처하는 능력이 부족한 경우가 많다(Bluth, 2018). 이런 상황 때문에, 청소년은 자살하는 길을 선택할 수 있다.

자살하는 청소년은 자살할 가능성을 미리 보여 주는 경우가 많다(노병일, 2022c). 청소년이 자살할 가능성을 보여 주는 일반적 상황을 몇 가지 제시하면 다음과 같다(Stanford Children's Health, 2021).

① 먹는 습관과 잠자는 습관이 변한다.
② 일상 활동에 대해 관심을 가지지 않는다.
③ 친구나 가족구성원과 어울리지 않는다.
④ 억압된 감정을 무의식적으로 행동으로 옮기거나, 가출한다.
⑤ 알코올이나 기타 약물을 자주 사용한다.
⑥ 자신의 외모에 대해 신경을 쓰지 않는다.
⑦ 위험한 일을 쓸데없이 한다.
⑧ 죽는 것에 대해 과도하게 관심이 있다.
⑨ 정서적 스트레스 때문에 생긴 것으로 보이는 신체적 어려움을 더 겪는다. 이런 어려움의 예로 배가 아픈 것, 머리가 아픈 것, 심하게 피로한 것이 있다.
⑩ 학교나 공부에 대해 관심이 없다.
⑪ 따분하다고 느낀다.
⑫ 집중하는 데 어려움을 겪는다.
⑬ 누가 자신을 칭찬해도 이에 대해 반응하지 않는다.

그리고 청소년이 자살하려는 계획을 세우거나 자살을 시도하려고 애쓰는 것은, 자살할 가능성을 보여 주는 신호일 수 있다. 이와 관련된 상황을 몇 가지 제시하면 다음과 같다(National Association of School Psychologists, 2013; Stanford Children's Health, 2021).

① "나는 죽고 싶어" 또는 "나는 자살할 거야"와 같이 말한다.
② 자살과 관련된 내용을 담고 있는 말을 한다. 이런 예로 "나는 더는 문젯거리가

되고 싶지 않아"나 "내게 어떤 일이 생기면 네가 그것을 알아 주면 좋겠어"라고 말하는 것이 있다.

③ 자신이 좋아하는 것을 다른 사람에게 주거나, 자신의 중요한 물건을 버린다.
④ 우울한 상태에 있다가 갑자기 명랑해진다.
⑤ 유서를 쓴다.

4) 청소년 자살이 미치는 영향

청소년이 자살하는 것은 가족, 친구, 학교, 사회, 국가에 부정적으로 크게 영향을 미치고 있다. 우선, 청소년 자살은 자살한 청소년의 가족에게 부정적으로 크게 영향을 미치고 있다. 무엇보다도, 자살한 청소년의 부모는 엄청난 슬픔에 잠기게 된다. 이런 슬픔은 청소년의 부모가 살아가는 동안에 엄청난 고통으로 바뀌게 된다. 극단적인 경우, 청소년의 부모가 자살할 수도 있다(노병일, 2022c).

그리고 청소년 자살은 지역사회에서 친하게 지내던 친구나 학교의 친구에게 부정적으로 크게 영향을 미치고 있다. 더구나 전혀 그럴 것 같지 않던 청소년이 갑자기 자살한 경우, 청소년의 친구는 커다란 슬픔에 잠기게 된다. 특히 일부 친구의 경우, 자살한 청소년을 제대로 보살펴 주지 못한 것이나 마음을 헤아려 주지 못한 것에 대해 죄의식을 느낄 수도 있다(노병일, 2022c).

또한 학교에 다니던 청소년의 자살은 학교 전체에 부정적으로 크게 영향을 미치고 있다. 학교에 다니던 청소년이 자살한 경우, 자살 소식을 들은 모든 학교구성원은 충격을 받게 된다. 따라서 학교의 모든 구성원은 해당 청소년의 자살에 따른 슬픔과 상처를 평생 간직하면서 살아가게 된다. 이 경우, 자살한 청소년이 다니던 학교의 학생은 말할 것도 없고, 학교의 교사와 직원도 자살한 청소년의 어려운 상황을 헤아려 주지 못한 것에 대해 죄의식을 느끼게 된다(노병일, 2022c).

그리고 청소년 자살은 사회와 국가에 부정적으로 크게 영향을 미치고 있다. 청소년이 자살한 경우, 나중에 사회와 국가에 크게 이바지할 수 있는 인물이 사라지게 된다.

따라서 사회와 국가는 유능한 인물을 잃기 때문에, 커다란 손해를 입을 수밖에 없다(노병일, 2022c).

5) 청소년 자살을 예방하는 요인

청소년이 자살할 가능성을 줄이기 위해서는 청소년 자살을 예방하는 요인에 주목하여야 한다. 청소년 자살을 예방하는 데 도움을 주는 요인을 몇 가지 제시하면 다음과 같다(National Association of School Psychologists, 2013).

① 가족구성원들이 서로 지지한다. 여기에는 가족구성원들 사이에 서로 자주 교류하는 것도 포함된다.
② 친구가 지지하고, 친구들끼리 친한 관계를 형성한다.
③ 학교에서 관계가 좋다.
④ 자살을 꺼리게 하고 건전한 생활을 하도록 권장하는 문화나 종교적 신념이 존재한다.
⑤ 상황에 잘 적응하는 방법과 문제를 해결하는 방법을 안다. 여기에는 갈등을 해결하는 방법도 포함된다.
⑥ 삶에 크게 만족하고, 자신을 가치 있는 존재라고 생각하고, 목표가 뚜렷하다.
⑦ 효과적인 의료서비스과 정신건강 서비스를 쉽게 이용할 수 있다.

Points

- 청소년 자살은 청소년이 일부러 자기의 목숨을 스스로 끊는 행위이다. 청소년 자살을 유발하는 요인에는 정신건강 관련 요인, 알코올 관련 요인, 가족 관련 요인, 가족구성원의 자살 경험 관련 요인, 환경 관련 요인, 애정 관련 요인, 학교 관련 요인, 지역사회 관련 요인, 다른 사람이 자살한 사례를 아는 것과 관련된 요인, 신문과 방송 등의 매체나 인터넷과 관련된 요인이 있다.
- 스트레스 유발 요인에 대해 대처하는 능력이 부족한 탓에, 청소년은 자살을 선택할 수 있다. 자살하는 청소년은 자살할 가능성을 미리 보여 주는 경우가 많다.
- 청소년 자살은 가족 · 친구 · 학교 · 사회 · 국가에 부정적 영향을 미친다.
- 청소년 자살을 줄이기 위해서는 청소년 자살을 예방하는 요인에 주목하여야 한다.

4. 청소년복지 전문가와 국가의 역할

1) 청소년의 약물사용과 관련된 역할

(1) 청소년복지 전문가의 역할

청소년복지 영역에서 활동하는 전문가의 경우, 청소년의 약물사용과 관련해 여러 가지 역할을 할 필요가 있다.

(가) 조기 개입 관련

약물을 어린 시기에 사용하면, 나중에 약물문제를 겪을 가능성은 더 커지게 된다. 그러므로 청소년복지 영역에서 활동하는 전문가의 경우, 청소년이 약물을 처음 사용하는 나이를 늦추는 데 주목하는 예방 프로그램을 적극적으로 실시할 필요가 있다.

특히 청소년이 약물을 사용하면 건강 영역에서뿐만 아니라 학교 생활이나 인간관계에서도 어려움을 더 겪게 된다. 그러므로 청소년복지 영역에서 활동하는 전문가의 경우, 가능하다면 이른 시기에 약물에 대해 교육할 필요가 있다(노병일, 2022c).

(나) 불법 약물 교육 관련

불법 약물은 청소년의 학교 생활과 인간관계에 부정적으로 영향을 미쳐 청소년의 미래를 파괴하고 있다. 그러나 청소년은 불법 약물이 자신에게 장기적으로 심각하게 부정적인 영향을 미친다는 사실을 잘 모르기 때문에, 불법 약물에 빠져들 수 있다. 그러므로 청소년복지 영역에서 활동하는 전문가의 경우, 불법 약물의 심각한 부정적 영향을 알려 주는 교육 프로그램을 청소년에게 자주 실시할 필요가 있다(Straussner & Isralowitz, 2011).

마약을 시작하지 말라는 캠페인을 하는 청소년협의회 대표: 청소년복지 전문가는 불법 약물의 부정적 영향을 알려 주는 교육 프로그램을 자주 실시할 필요가 있다. [출처: 유호석 님 제공]

(2) 국가의 역할

국가의 경우, 청소년의 약물사용과 관련해 여러 가지 역할을 할 필요가 있다.

(가) 알코올을 구하는 것 관련

청소년은 알코올을 쉽게 구할 수 있는 경우가 많다. 따라서 청소년이 알코올을 사용하기 때문에 발생하는 문제를 없애기 위해서는, 청소년이 알코올을 구하는 통로를 막아야 한다.

그러므로 국가의 경우, 청소년이 알코올을 구하는 것을 더 강력하게 막을 필요가 있다(노병일, 2022c).

(나) 담배 광고 관련

담배를 제조하는 기업이 세련되게 광고하는 것은 청소년이 담배를 피우는 데 영향을 미칠 수 있다. 예를 들어, 청소년이 좋아하는 연예인을 등장시켜 담배 광고를 하는 것은 청소년이 담배를 피우는 데 영향을 미칠 수 있다.

그러므로 국가의 경우, 기업이 담배를 광고하는 방식을 크게 제약함으로써, 청소년이 흡연을 꺼리게 할 필요가 있다(Zastrow, 2010).

2) 청소년의 자살과 관련된 역할

(1) 청소년복지 전문가의 역할

청소년복지 영역에서 활동하는 전문가의 경우, 청소년의 자살과 관련해 여러 가지 역할을 할 필요가 있다.

(가) 자기 애정을 키우는 프로그램 관련

자살을 시도하거나 자살을 생각하는 사람은 자신에 대한 애정이 부족한 경우가 많다. 이런 상황은 청소년에게 특히 해당하고 있다.

그러므로 청소년복지 영역에서 활동하는 전문가의 경우, 청소년을 대상으로 자기 애정(self-compassion) 프로그램과 같은 것을 실시할 필요가 있다. 자기 애정 프로그램에서는, 친한 친구가 어려움을 겪고 있으면 그 친구를 잘 대해 주고 잘 보살피는 것처럼, 자기 자신을 잘 대해 주고 잘 보살피는 것을 크게 장려하고 있다(Bluth, 2018).

(나) 정신건강 프로그램 관련

우리나라에서는 경쟁을 특히 강조하고 있다. 이런 탓에, 우리나라에서 청소년의 자살 생각은 성적이나 진학에 대한 부담과 크게 관련되는 경우가 많다.

그러므로 청소년복지 영역에서 활동하는 전문가의 경우, 성적이나 진학 등과 관련된 부담 때문에 나타나는 심리적 불안감을 줄이는 프로그램을 청소년에게 자주 실시할 필요가 있다(노병일, 2022c).

(2) 국가의 역할

국가의 경우, 청소년의 자살과 관련해 여러 가지 역할을 할 필요가 있다.

(가) 자살 신호 파악 관련

자살을 생각하는 청소년은 도움을 직접 찾지 않는 경향이 있다. 그러나 자살을 생각하고 있는 청소년은 자신이 겪는 어려움을 알리는 신호를 보내는 경우가 많다. 그리고 부모, 학교의 교사와 직원, 친구는 자살을 암시하는 신호를 미리 인식할 수 있다.

그러므로 국가의 경우, 청소년의 자살과 관련된 신호를 알려 주는 교육을 계속해서 실시하게 할 필요가 있다(노병일, 2022c).

(나) 상담 관련

청소년은 자신의 이미지에 대해 민감하다. 따라서 청소년이 자살과 관련해 도움을 찾지 않는 이유는 비밀 유지에 대해 걱정하기 때문인 경우가 많다.

그러므로 국가의 경우, 청소년이 자신의 어려움을 자유롭게 상담할 기회를 더 많이 제공하고, 상담 내용에 대해서 제도적으로 비밀을 보장하는 조치를 취할 필요가 있다 (노병일, 2022c).

Points

- 청소년복지 전문가는 청소년이 약물을 처음 사용하는 나이를 늦추는 데 주목하는 예방 프로그램을 실시하고, 불법 약물의 심각한 부정적 영향을 알려 주는 교육 프로그램을 자주 실시할 필요가 있다.
- 국가는 청소년이 알코올을 구하는 길을 더 강력하게 막고, 담배를 광고하는 방식을 크게 제약할 필요가 있다.
- 청소년복지 전문가는 청소년에게 자기 애정 프로그램을 실시하고, 성적 · 진학 등과 관련된 부담 때문에 생기는 심리적 불안감을 줄이는 프로그램을 자주 실시할 필요가 있다.
- 국가는 청소년 자살과 관련된 신호를 알려 주는 교육을 계속 실시하고, 청소년에게 비밀 보장이 되면서 자유롭게 상담할 기회를 더 많이 제공할 필요가 있다.

Chapter 13 청소년복지의 전망과 과제

PART 5

청소년복지의 전망과 과제

Chapter 13

청소년복지의 전망과 과제

CONTENTS

1. 청소년복지의 전망

청소년복지와 관련해서, 앞으로 여러 가지 상황이 나타날 것으로 예상되고 있다. 청소년복지와 관련해 나타날 것으로 예상되는 측면으로 청소년기의 기간과 관련된 측면, 청소년기의 상황과 관련된 측면, 사이버 공간과 관련된 측면을 꼽을 수 있다.

1) 청소년기의 기간 관련

오늘날과 같이 기술이 발달한 사회에서는, 청소년이 적절하게 교육을 받는 시간과 유급 일자리를 구해서 경제적으로 독립하는 시간이 더 길어지고 있다. 이런 상황은 앞으로도 계속될 것으로 보인다. 즉, 청소년이 아동기에서 성인기로 나아가는 기간이 앞으로 더 길어지고 또한 더 복잡해질 것으로 예상되고 있다(Oswalt, 2019).

그러므로 이런 상황 때문에, 청소년기를 지금보다 더 길게 보려는 움직임은 앞으로 더 힘을 얻을 것으로 예상되고 있다. 이에 따라서 청소년복지에서 관여하는 기간은 앞으로 더 길어질 것으로 예상되고 있다.

2) 청소년기의 상황 관련

청소년기는 아동기에서 성인기로 넘어가는 중간에 있는 중요한 시기이다. 하지만 청소년기는 어려움을 크게 겪는 시기이기도 하다. 특히 청소년기가 길어지는 경향을 보이고 있고 또한 일자리 상황이 좋지 않을 가능성이 커짐에 따라서, 청소년은 앞으로 다양한 영역에서 어려움을 크게 겪을 것으로 예상되고 있다.

그러므로 청소년복지에서 관여하는 문제 영역은 앞으로 더 넓어질 것으로 예상되고 있다. 이에 따라서 청소년복지와 관련된 문제의 형태와 종류는 앞으로 더 다양할 것으로 예상되고 있다.

3) 사이버 공간 관련

현대에 들어서 모든 사회에서 사이버 공간은 더욱더 중요해지고 있다. 그리고 현대에 들어서 사이버 공간의 형태와 방식은 매우 다양해지고 있다. 이런 상황은 청소년과 특히 더 관련되고 있다. 예를 들어, 사이버 공간은 청소년이 다음과 같은 것을 새롭고 다양한 방식으로 하는 기회를 제공하고 있다(Global Coalition to End Child Poverty, 2017).

① 학습한다.

② 기술을 익힌다.

③ 사회적으로 교류한다.

그러므로 청소년복지에서 사이버 공간은 학습하고 교류하고 활동하는 것과 관련해 앞으로 더 중요한 공간이 될 것으로 예상되고 있다.

Points

- 청소년복지에서 관여하는 기간은 앞으로 더 길어질 것으로 예상된다.
- 청소년복지에서 관여하는 문제 영역은 앞으로 더 넓어지고, 청소년문제의 형태와 종류는 더 다양할 것으로 예상된다.
- 청소년복지에서 사이버 공간은 학습 · 교류 · 활동과 관련해 앞으로 더 중요한 공간이 될 것으로 예상된다.

2. 청소년복지의 일반적 과제[1)]

1) 청소년 발달 관련

(1) 어려움 대처

청소년기는 어려움을 많이 겪는 시기이다. 그러나 청소년이 학습을 잘하고 개인적으로 성공하고 높은 수준의 복리를 누리기 위해서는, 청소년기에 겪는 어려운 상황을 지혜롭게 헤쳐 나가는 것이 중요하다(National Center for Children on Poverty, 2017).

그러므로 청소년복지의 경우, 청소년이 청소년기에 겪는 어려움을 잘 이겨 내면서 잘 발달할 수 있도록 하기 위해서, 여러 가지 복지자원을 제공하는 방향으로 나아갈 필요가 있다.

(2) 적극적 활동과 지지받는 기회 제공

청소년기에는 적극적으로 활동하는 기회와 지지를 받는 기회를 가지는 것이 중요하다. 왜냐하면 청소년에게 적극적으로 활동할 기회와 지지를 받을 기회를 제공하는 것은 다음과 같은 효과가 있기 때문이다(United Nations, 2016).

① 어린 아동기에 겪은 어려움 때문에 생긴 부정적 결과를 줄인다.

② 탄력성을[2)] 형성한다. 탄력성은 미래에 나타나는 어려움을 줄이는 데 도움을 준다.

그러므로 청소년복지의 경우, 청소년에게 적극적으로 활동하는 기회와 지지를 받는 기회를 더 제공하는 방향으로 나아갈 필요가 있다.

---

1) 청소년복지 영역에는 여러 가지 과제가 앞에 놓여 있다. 본 장에서는 청소년복지 영역에서의 과제를 일반적 과제와 구체적 과제로 나누어 살펴본다.

2) 탄력성은 "상황에 따라 알맞게 대처하는 성질"을 말한다(국립국어원 표준국어대사전, 2024).

2) 청소년 권리 관련

(1) 기본적 권리

청소년은 자신의 기본적 권리를 누리지 못할 수 있다. 청소년이 인간으로서의 기본적 권리를 누리지 못하는 상황은 청소년의 현재 복리와 미래 복리에 부정적으로 영향을 미칠 수밖에 없다. 그러므로 청소년복지의 경우, 모든 청소년이 기본적 권리를 누리게 하는 방향으로 나아갈 필요가 있다.

그리고 청소년복지의 경우, 법과 정책과 프로그램에서 취하는 모든 조치는 다음과 같은 점을 모두 고려하는 방향으로 나아갈 필요가 있다(United Nations, 2016).

① 청소년은 자신의 권리를 누리지 못할 수 있다.

② 청소년이 권리를 누리지 못하는 것은 청소년에게 부정적으로 다양하게 영향을 미친다.

한편, 권리와 관련된 어느 유엔 기관의 경우, 국가기관은 다음과 같이 하는 것에 크게 주목하라고 권고한 바 있다(United Nations, 2016).

① 청소년이 자신의 권리를 더 누리게 한다.

② 청소년이 사회를 더 나은 방향으로 변화시키는 데 이바지할 수 있는 능력을 더 갖추게 한다.

③ 점점 세계화되고 복잡한 세상에서, 청소년이 아동기에서 벗어나 성인기로 나아가는 과정에서 부딪치는 어려움을 잘 극복하게 한다.

그러므로 청소년복지의 경우, 앞에서와 같은 것에 크게 주목하는 방향으로 나아갈 필요가 있다.

(2) 자기 결정에 대한 권리

청소년기는 성인기로 나아가는 시기이므로, 청소년기에는 독립적으로 생활하려는 경향이 강해지게 된다. 따라서 청소년이 스스로 결정할 권리는 중요한 의미를 지니게 된다.

씩씩하게 걷는 청소년들: 청소년기에는 독립적으로 생활하려는 경향이 강해진다. [출처: 독일에서 저자 촬영]

그러므로 청소년복지의 경우, 청소년이 자신의 삶에 영향을 미치는 결정을 내리는 권리를 인정하는 법을 국가가 검토하거나 만드는 방향으로 나아갈 필요가 있다(United Nations, 2016).

(3) 참여에 대한 권리

청소년은 참여할 권리가 있다. 이 경우, 참여는 정치적 영역에 대한 참여도 포함하고 있다. 실제로 유엔의 '청소년기의 아동 권리에 대한 일반 논평'에[3] 따르면, 청소년은 또래들과 교류해 정치적 과정에 참여할 수 있도록 되어 있다. 청소년이 이렇게 참여할 경우, 청소년은 자신과 관련된 정보를 들은 후에 자신이 스스로 결정하고 선택할 수 있다는 생각을 더 가질 수 있게 된다(United Nations, 2016).

그러므로 청소년복지의 경우, 청소년이 여러 영역에 참여할 수 있는 조직을 형성하는 것을 지원하는 방향으로 나아갈 필요가 있다. 이런 영역은 사이버 공간과 관련된 영역도 포함하고 있다(United Nations, 2016).

이와 더불어 청소년복지의 경우, 청소년이 참여하게 하는 조치를 취한 후에는 다음과 같이 하는 방향으로 나아갈 필요가 있다(United Nations, 2016).

① 청소년이 안전하고 편하게 불만을 제시하고 이에 따라 배상하는 제도를 도입한다.

② 비용을 보조하거나 무료로 제공하는 법률서비스와 기타 적절한 도움을 청소년이 이용할 수 있게 한다.

(4) 모임에 대한 권리

청소년은 모임을 만들거나 모임에 가입할 권리가 있다. 이런 권리는 청소년의 정당한 권리에 속하고 있다.

그러므로 청소년복지의 경우, 청소년이 다음과 같은 것을 법적으로 정당하게 하는 방향으로 나아갈 필요가 있다(United Nations, 2016).

① 학교의 안과 밖에서 모임이나 조직을 만든다.

② 사이버 공간에서 네트워크를 형성한다.

③ 정당에 가입한다.

④ 청소년과 관련된 노동조합에 가입하거나 노동조합을 만든다.

3) 유엔의 '청소년기의 아동 권리에 대한 일반 논평'에 대해서는 권리와 청소년복지를 다루는 장(제4장)에서 자세히 설명한 바 있다.

3) 청소년의 다양성 관련

(1) 청소년의 다양한 구성

청소년은 다양한 층으로 구성되어 있다. 즉, 청소년이 모두 다 같은 것은 아니다. 예를 들어, 청소년은 가족의 소득 수준이 서로 다를 수 있고, 믿는 종교가 서로 다를 수 있고, 성적 취향이 서로 다를 수 있다. 특히 오늘날에는 다문화청소년이 많아짐에 따라서, 청소년의 다양성 측면이 더 중요해지고 있다(노병일, 2024).

그러나 청소년을 위한 일반적 정책이나 프로그램에서는 청소년이 다양하다는 점을 고려하지 않는 경우가 많다(Moghaddam et al., 2016; United Nations, 2016).

다양한 청소년들: 청소년은 다양한 층으로 구성되어 있다. [출처: 영국에서 저자 촬영]

그러므로 청소년복지의 경우, 청소년을 위한 정책이나 프로그램은 청소년이 다양한 집단이라는 점을 고려하는 방향으로 나아갈 필요가 있다.

(2) 청소년에 대한 포용

오늘날에는 사회가 모든 종류의 다양성을 더 인정하고 포용하는 방향으로 나아가고 있다(Office of Adolescent Health, 2017a). 이것은 청소년에게도 그대로 해당되고 있다.

그러므로 청소년복지의 경우, 청소년을 위한 정책이나 프로그램에서 다양한 청소년을 포용하는 방향으로 나아갈 필요가 있다.

4) 차별 관련

모든 집단에서와 마찬가지로, 청소년집단 내에서도 어떤 특성에 따라 차별할 수 있다. 예를 들어, 청소년을 성별에 따라 차별할 수 있고, 가족의 소득에 따라 차별할 수 있고, 부모의 인종에 따라 차별할 수 있다. 그러나 청소년이 이렇게 차별을 겪는 것은 청소년의 인권에 어긋나는 것이다.

그러므로 청소년복지의 경우, 청소년이 차별을 받지 않는 조치를 국가가 취하는 방향으로 나아갈 필요가 있다.

한편, 권리와 관련된 어느 유엔 기관에서는 국가가 다음과 같이 할 것을 권고하고 있다(United Nations, 2016).

① 남성청소년과 여성청소년의 모든 권리를 똑같이 존중하고 보호한다.

② 일부 청소년집단에 대해서 직접 · 간접으로 차별하기 때문에 생기는 상황을 줄이거나 없애기 위해서, 폭넓고 적절한 조치를 취한다.

그러므로 청소년복지의 경우, 앞에서와 같은 권고를 청소년에 대한 차별을 없애는 것에 대한 지침으로 삼는 방향으로 나아갈 필요가 있다.

청소년복지와 관련된 기관의 기본적 과제

청소년과 관련된 모든 기관은 청소년의 복리 수준을 높이는 데 관여할 필요가 있다. 이와 관련해 '청소년기의 아동 권리에 대한 일반 논평'의 경우, 국가기관과 민간기관은 청소년과 대화를 나누고 청소년과 활동하면서, 청소년기가 가지는 고유한 가치를 인정하는 환경을 더 만들어 주어야 한다고 보고 있다.

그러므로 청소년과 관련된 모든 국가기관과 민간기관은 청소년이 다음과 같이 하는 것을 도와주는 제도와 프로그램을 실시하는 방향으로 나아갈 필요가 있다(United Nations, 2016).

① 잘 성장한다.
② 자신이 어떤 존재인지를 알고, 자신이 추구할 가치를 정하고, 성적 활동을 하고, 기회를 찾는다.
③ 위험한 요소는 줄이고, 안전한 요소는 늘린다.
④ 자유롭고 정보에 근거해 결정하는 능력을 키운다.
⑤ 성인기로 잘 헤쳐 나아간다.

Points

- 발달과 관련해, 청소년복지에서는 청소년의 어려움에 대처하기 위해 복지자원을 제공하고, 청소년이 적극적으로 활동하고 지지받는 기회를 제공하는 데 주목할 필요가 있다.
- 권리와 관련해, 청소년복지에서는 모든 청소년이 기본적 권리를 누리고, 청소년이 자기 삶에 영향을 미치는 결정을 내리는 권리를 인정하는 법을 국가가 만들고, 청소년이 참여할 수 있는 조직을 형성하는 것을 지원하고, 모임과 관련된 활동을 법적으로 정당하게 하는 데 주목할 필요가 있다.
- 다양성과 관련해, 청소년복지에서는 정책 · 프로그램에서 청소년은 다양한 집단이라는 점을 고려하고, 다양한 청소년을 포용하는 데 주목할 필요가 있다.
- 차별과 관련해, 청소년복지에서는 청소년이 차별을 받지 않는 조치를 국가가 취하는 데 주목할 필요가 있다.

3. 청소년복지의 구체적 과제

1) 정체성 관련

청소년은 자신의 가족 및 문화와 복잡하게 교류하면서, 자신이 어떤 존재인지를 알게 된다. 따라서 청소년은 정체성을 형성하고 있다. 또한 청소년은 청소년만의 문화도 경험하고, 사회 전체의 일반 문화도 경험하고 있다. 따라서 정체성을 형성하고 표현하는 과정은 청소년에게 특히 복잡하다(United Nations, 2016).

그러므로 청소년복지의 경우, 청소년이 정체성을 잘 형성하는 데 관심을 가지는 방향으로 나아갈 필요가 있다.

2) 건강 관련

(1) 일반적 건강

청소년기는 성인이 되었을 때 좋은 건강을 유지하기 위한 바탕이 되는 중요한 시기이다. 그리고 건강 영역에서 청소년이 하는 행동은 현재와 미래의 건강에 영향을 미치는 경우가 많다. 특히, 건강과 관련된 많은 행동과 상황은 청소년기에 시작하거나 청소년기에 더 심각해지는 경향이 있다(Moghaddam et al., 2016). 그러므로 청소년복지의 경우, 청소년의 건강과 관련된 정책과 프로그램에 관심을 가지는 방향으로 나아갈 필요가 있다.

특히 청소년복지의 경우, 성인기에 건강문제가 나타나는 것을 예방하고 또한 미래에 건강한 인적 자원을 확보하기 위해서, 다음과 같이 하는 방향으로 나아갈 필요가 있다(Moghaddam et al., 2016).

① 청소년기에 건강한 활동을 하도록 한다.

② 청소년을 건강과 관련된 위험으로부터 더 잘 보호하는 조치를 취한다.

(2) 특정한 영역의 건강

청소년기에는 특정한 건강문제를 경험할 가능성이 크다. 이 경우, 이런 건강문제의 예로 약물을 잘못 사용하는 것, 정신건강 영역에서 어려움을 겪는 것, 사고를 겪는 것을 들 수 있다. 청소년기의 이런 건강문제는 다음과 같은 특성을 지닐 수 있다(Moghaddam et al., 2016).

① 사춘기에 생물학적으로 변화하는 것과 관련된다.
② 청소년이 자라는 사회적 환경과 관련된다.

그러므로 청소년복지의 경우, 청소년기에 많이 나타나는 특정한 건강문제에 특히 관심을 가지는 방향으로 나아갈 필요가 있다.

(3) 사고

청소년기에 의도하지 않게 발생한 사고나 폭력 때문에 생긴 사고는, 청소년이 사망하거나 청소년이 장애를 겪는 주요한 원인이 되고 있다. 이때, 청소년기에 의도하지 않게 발생한 사고는 다음과 같은 원인 때문에 생기는 경우가 많다(United Nations, 2016).

① 길거리에서 교통사고를 당한다.
② 물에 빠진다.
③ 화상을 입는다.
④ 높은 곳에서 떨어진다.
⑤ 독이 있는 물질에 중독된다.

그러므로 청소년복지의 경우, 청소년이 이런 사고 때문에 겪는 위험을 줄이는 폭넓은 방안을 국가가 실시하는 데 관심을 가지는 방향으로 나아갈 필요가 있다. 이런 방안을 몇 가지 제시하면 다음과 같다(United Nations, 2016).

① 위험한 상황에서는 청소년이 보호 장비를 의무적으로 사용하게 하는 법을 만든다.

② 청소년에게 음주 운전을 하지 못하게 한다.
③ 청소년이 사회에서 생활하는 데 필요한 방법을 익히게 하고, 청소년이 자신의 행동을 바꾸는 프로그램을 실시한다.
④ 청소년이 주위 환경에 잘 적응하도록 도와준다.
⑤ 사고를 겪은 청소년에게 돌봄서비스와 재활서비스를 제공한다.

3) 가족 관련

오늘날에는 청소년이 가족과 맺는 관계가 변하고 있다. 하지만 다음과 같은 것은 청소년이 건전하게 발달하는 데 여전히 중요하다(Jesuit Social Services, 2009).

① 청소년이 가족과 계속해서 관계를 맺는다.
② 청소년이 가족에서 정서적 안정을 찾는다.

그리고 가족 내에서 청소년에 대해 더 좋게 인식하는 분위기를 만들려고 노력하는 것은 청소년에게 긍정적으로 영향을 미칠 수 있다(Jesuit Social Services, 2009). 그러므로 청소년복지의 경우, 청소년이 사는 가족의 분위기를 개선하는 데 관심을 가지는 방향으로 나아갈 필요가 있다.

4) 안전 관련

청소년기는 성장하고 변화하는 시기이다. 그러나 이때 중요한 것은 청소년이 안전하게 성장하고 변화하는 것이다. 따라서 청소년이 안전하게 발달하기 위해서 청소년을 잘 보호할 필요가 있다.

하지만 청소년의 상황은 안전하지 않은 경우가 많다. 실제로 청소년은 사람들과 관계를 맺으면서 여러 형태의 폭력을 겪을 수 있다(Global Coalition to End Child Poverty, 2017).

청소년의 성별에 따른 폭력 형태

청소년이 안전하지 않은 상황은 성별에 따라 차이가 날 수 있다. 이런 측면을 구체적으로 제시하면 다음과 같다(Global Coalition to End Child Poverty, 2017).

① 일반적으로 남성청소년에 비해서, 여성청소년은 성적 폭력과 성희롱을 겪을 가능성이 더 크다.

② 일반적으로 여성청소년에 비해서, 남성청소년은 신체적 폭력을 겪을 가능성이 더 크다.

그러므로 청소년복지의 경우, 청소년을 안전하게 보호하기 위해서 여러 수준에서 조치를 취하는 방향으로 나아갈 필요가 있다. 이때, 다음과 같은 측면에 주목하는 방향으로 나아갈 필요가 있다(Global Coalition to End Child Poverty, 2017).

① 청소년을 지지한다.

② 청소년을 처벌하는 접근방식을 취하기 때문에 청소년이 더 큰 위험에 놓이지 않게 한다.

그리고 여성청소년에 대한 폭력을 해결하고자 할 때는, 다음과 같은 측면에 주목하는 접근방식이 가장 효과적인 것으로 보인다(Global Coalition to End Child Poverty, 2017).

① 여러 차원을 고려한다.

② 바탕에 깔린 성차별을 없앤다.

그러므로 청소년복지의 경우, 여성청소년을 안전하게 보호하고자 할 때는 앞에서와 같은 접근방식을 취하는 방향으로 나아갈 필요가 있다.

5) 사이버 공간 관련

오늘날에 사이버 공간은 청소년이 활동하고 교류하는 중요한 공간이 되고 있다. 따라서 오늘날에는 사이버 공간에서 관계를 맺는 것이 청소년의 삶에서 점점 중요해지고 있다. 그 결과, 오늘날에 스마트폰, 모바일 기구, 모바일 앱과 같은 것은 청소년이 만나서 교류하는 데 중요한 역할을 하고 있다(Blum et al., 2022). 그러므로 청소년복지의 경우, 여러 수준에서 맺는 관계의 질을 더 좋게 하기 위해서, 사이버 공간이 도움을 주는 측면을 살펴볼 필요가 있다.

그러나 사이버 공간을 사용하는 것은 청소년의 복리에 부정적으로 영향을 미칠 수도 있다. 예를 들어, 여러 국가를 대상으로 조사한 결과, 사이버 공간을 통한 교류가 증가함에 따라서 외로움도 증가한 것으로 나타난 바 있다(Blum et al., 2022).

특히, 사이버 공간은 청소년에게 위험한 상황을 유발할 수도 있다(Global Coalition to End Child Poverty, 2017). 따라서 청소년이 사이버 공간을 이용할 경우, 청소년은 여러 가지 위험을 겪을 수 있다. 이런 위험을 몇 가지 제시하면 다음과 같다(United Nations, 2016).

① 사이버 공간에서 사기를 당한다.

② 사이버 공간에서 폭력을 경험하거나 험한 말을 듣는다.

③ 사이버 공간에서 여성청소년이나 동성애 청소년이나 성전환 청소년에 대해 성적으로 좋지 않은 소리를 듣는다.

④ 사이버 괴롭힘을 당한다.

⑤ 사이버 공간에서 성적으로 이용하려고 꼬드긴다.

⑥ 사이버 공간에서 음란물을 보여 주거나 음란물을 찍자고 요구당한다.

그러므로 청소년복지의 경우, 폭넓은 전략을 짜서 청소년이 사이버 공간을 더 쓸모있고 안전하게 이용하는 데 관심을 가지는 방향으로 나아갈 필요가 있다. 이 경우, 폭넓은 전략의 예로 사이버 공간의 위험에 대해 알려 주는 것이 있다(United Nations, 2016).

그리고 청소년복지의 경우, 청소년이 사이버 공간을 더 안전하게 이용하도록 하기 위해, 국가가 다음과 같이 하는 데 관심을 가지는 방향으로 나아갈 필요가 있다(United Nations, 2016).

① 사이버 공간에서 사기를 치는 것에 대해서, 법을 더 강력하게 만들고 또한 관련되는 법을 더 엄격히 적용한다.
② 청소년을 대상으로 활동하는 부모와 전문가에게 이와 관련해 교육한다.

더불어, 청소년을 사이버 공간에서 보호하기 위한 방안을 설계할 경우, 청소년복지에서는 다음과 같이 하는 방향으로 나아갈 필요가 있다(Global Coalition to End Child Poverty, 2017).

① 사이버 공간의 장점을 고려한다.
② 청소년은 새로운 것을 시도하고자 하는 욕구를 가진다는 점을 고려한다.
③ 청소년이 문제를 해결하기 위해 사용하는 방법을 고려한다.

그러나 청소년복지의 경우, 사이버 공간에 위험이 존재한다고 해서, 국가가 청소년이 사이버 공간을 이용하는 것을 제약하지 않는 방향으로 나아갈 필요가 있다.

자연 체험을 하는 청소년들: 청소년복지에서는 청소년이 문화 활동 등에 참여하는 데 관심을 가질 필요가 있다. [출처: 저자 촬영]

6) 여가 · 레크리에이션 · 예술 활동 관련

청소년은 여가 · 레크리에이션 · 예술 영역에 참여하는 데 어려움을 겪을 수 있다. 이런 탓에, 권리와 관련된 어느 유엔 기관의 경우, 여가 · 레크리에이션 · 예술 영역에서의 권리가 청소년에게 무시되는 사례가 많다고 분석한 바 있다. 예를 들어, 다음과 같은 상황은 청소년이 레크리에이션 활동과 운동 활동에 참여하는 데 부정적으로 영향을 미칠 수 있다(United Nations, 2016).

① 공공장소에서 청소년을 두려워하고, 공공장소에서 청소년을 부정적으로 인식한다.
② 도시를 계획할 때, 청소년을 덜 고려한다.
③ 청소년을 위한 교육시설과 여가시설이 부족하다.

그러므로 청소년복지의 경우, 청소년이 여가 활동, 놀이 활동, 레크리에이션 활동, 문화 활동, 예술 활동에 더 많이 참여하는 데 관심을 가지는 방향으로 나아갈 필요가 있다.

7) 취약한 청소년 관련

(1) 취약한 청소년의 일반적 복리

사회에는 여러 형태의 취약한 청소년이 있다. 취약한 청소년의 형태를 몇 가지 제시하면 다음과 같다(United Nations, 2016).

① 빈곤 상태에서 사는 청소년이 있다.
② 동성애 청소년이 있다.
③ 부모가 소수민족에 속하는 청소년이 있다.
④ 장애를 가진 청소년이 있다.
⑤ 다른 국가에서 살다 이주한 청소년이 있다.

⑥ 노숙하는 청소년이 있다.

⑦ 유급 일자리에서 일하는 청소년이 있다.

앞에서와 같은 형태의 취약한 청소년은 자신의 권리를 누리지 못할 가능성이 크다. 따라서 일반청소년에 비해서, 취약한 청소년은 어려움을 심각하게 겪을 가능성이 더 크다. 이런 탓에, 취약한 상태에 있는 청소년의 복리 수준은 낮을 가능성이 크다.

그러나 취약한 청소년에게 관여하는 것은 여러 가지 측면에서 긍정적으로 영향을 미치고 있다. 예를 들어, 취약한 청소년에게 효과적으로 개입하는 것은 취약한 청소년에게 다음과 같이 긍정적으로 영향을 미칠 수 있다(Global Coalition to End Child Poverty, 2017).

① 건강이 더 좋아진다.

② 배울 기회가 늘어난다.

③ 위험한 상황으로부터 더 보호한다.

④ 경제와 관련된 기회가 늘어난다.

⑤ 참여할 기회가 늘어난다.

⑥ 사회적으로 더 보호를 받는다.

그러므로 청소년복지의 경우, 취약한 청소년의 일반적 복리 수준을 높이는 방향으로 나아갈 필요가 있다.

(2) 취약한 청소년의 권리

당연하게도, 취약한 청소년은 일반청소년이 가지는 권리를 누릴 권리가 있다. 그러나 취약한 청소년에게는 다음과 같은 권리가 특히 필요하다(Global Coalition to End Child Poverty, 2017).

① 배울 권리가 있다.

② 좋은 건강을 유지할 권리가 있다.

③ 생활 및 일자리와 관련해 자신의 능력을 키울 권리가 있다.

④ 사회에서 정상적 역할을 할 권리가 있다.

⑤ 폭력으로부터 보호받을 권리가 있다.

⑥ 외부의 어려움으로부터 보호받을 권리가 있다.

그러므로 청소년복지의 경우, 취약한 청소년이 앞에서와 같은 권리를 누리도록 지원하는 방향으로 나아갈 필요가 있다. 다만, 취약한 청소년이 앞에서와 같은 권리를 누리도록 지원하는 방안의 경우, 빈곤을 줄이기 위한 폭넓은 경제정책 및 사회정책과 조화를 맞추며 실시할 필요가 있다(Global Coalition to End Child Poverty, 2017).

(3) 취약한 청소년의 교육

취약한 상태에 있는 청소년은 교육을 받을 기회에서 불리할 가능성이 크다. 이런 탓에, 권리와 관련된 어느 유엔 기관의 경우, 중·고등학교 과정에서 배울 기회를 가지기 어려운 취약한 청소년에 대해 관심을 가지고 있다(United Nations, 2016).

그러므로 청소년복지의 경우, 취약한 청소년의 교육을 위해서 적극적인 조치를 취하는 방향으로 나아갈 필요가 있다. 이런 조치를 몇 가지 제시하면 다음과 같다(United Nations, 2016).

① 현금을 제공한다.

② 소수민족의 문화를 존중하고, 다른 사회의 문화를 존중한다.

③ 장애청소년과 함께하는 교육을 더 실시한다.

④ 학교에서 학생을 괴롭히는 사례를 없앤다.

⑤ 특정한 청소년을 차별하는 태도를 없앤다.

8) 장애청소년 관련

(1) 장애청소년의 포용

오늘날에도 사회는 장애청소년을 완전하게 포용하지 못하는 경우가 많다. 사회가 장애청소년을 완전하게 포용하지 못할 경우, 장애청소년은 사회적으로 고립될 수 있다

(UN Department of Economic and Social Affairs, 2016).

그러므로 청소년복지의 경우, 장애청소년을 포용하고 장애청소년과 일반청소년이 똑같이 평등한 사회를 만드는 방향으로 나아갈 필요가 있다.

(2) 장애청소년의 과외 활동

장애청소년은 과외 활동에 참여하는 데 어려움을 겪는 경우가 많다. 그러나 과외 활동은 장애청소년이 다음과 같은 것을 할 기회를 제공하고 있다(Maxey & Beckert, 2017).

① 친구관계를 형성한다.
② 자신이 어떤 존재인지에 대해 파악한다.
③ 더 자율적으로 나아간다.
④ 자신감을 더 갖는다.

이런 탓에, 장애청소년의 과외 활동은 장애청소년이 발달하는 데 여러 가지 측면에서 긍정적으로 영향을 미치고 있다. 그러므로 청소년복지의 경우, 장애청소년이 체육 활동을 포함한 다양한 형태의 과외 활동에 더 많이 참여하는 데 관심을 가지는 방향으로 나아갈 필요가 있다.

청소년기: 장애를 유발하는 위험 요인

청소년기에 있는 것은 장애를 유발하는 위험 요인이 될 수 있다는 점에 주목할 필요가 있다. 왜냐하면 오늘날에는 청소년이 장애 상태에 놓일 가능성이 커지고 있기 때문이다. 예를 들어 오늘날의 경우, 청소년이 교통사고를 당하거나, 운동하다 다치거나, 폭력 행위에 관여하다 장애 상태에 놓일 가능성이 커지고 있다(Source, 2019).

9) 다문화청소년 관련

우리나라에서 결혼이민 여성이 꾸준히 증가함에 따라서, 다문화청소년의 수가 빠르게 증가하고 있다. 다문화청소년은 두 개의 문화와 관련되므로, 일반 문화에 적응하여야 한다. 이런 과정에서 다문화청소년은 여러 가지 어려움을 겪을 가능성이 크다. 따라서 다문화청소년은 취약한 집단에 속하고 있다(노병일, 2022b; Choi, 2021; Kim, Park & Kim, 2022). 이런 상황에서 다문화청소년에게 특히 필요한 것은 여러 수준에서 지지해 주는 것이다.

그러므로 청소년복지의 경우, 다문화청소년의 복리 수준을 높이기 위해서, 다문화청소년에게 여러 형태의 사회적 지지를 더 제공하는 방향으로 나아갈 필요가 있다. 그리고 이와 관련해, 다문화청소년에게뿐만 아니라 다문화청소년의 가족과 지역사회에 대해서도 개입하는 데 주목할 필요가 있다.

다문화사회를 나타낸 벽화: 다문화청소년에게는 여러 형태의 사회적 지지를 제공할 필요가 있다.
[출처: 저자 촬영]

10) 정신건강 관련

청소년은 정신건강문제를 경험하는 경우가 많다. 특히 우리나라의 청소년은 정신건강 영역에서 어려움을 겪는 경우가 많은 것으로 알려져 있다.

그러므로 청소년복지의 경우, 청소년의 정신건강문제를 일찍 파악해서 치료하는 방향으로 나아갈 필요가 있다(Moghaddam et al., 2016).

Points

- 정체성과 관련해, 청소년복지에서는 정체성을 잘 형성하는 데 주목할 필요가 있다.
- 건강과 관련해, 청소년복지에서는 건강에 대한 정책 · 프로그램에 주목하고, 청소년기에 많이 나타나는 특정한 건강문제에 주목하고, 사고에 따른 위험을 줄이는 폭넓은 방안을 실시하는 데 주목할 필요가 있다.
- 가족과 관련해, 청소년복지에서는 가족 분위기를 개선하는 데 주목할 필요가 있다.
- 안전과 관련해, 청소년복지에서는 여러 수준에서 조치를 취하는 데 주목할 필요가 있다.
- 사이버 공간과 관련해, 청소년복지에서는 사이버 공간이 도움을 주는 측면을 살펴보고, 사이버 공간을 더 안전하게 이용하는 데 주목할 필요가 있다.
- 여가 · 레크리에이션 · 예술 활동과 관련해, 청소년복지에서는 이런 활동에 더 참여하는 데 주목할 필요가 있다.
- 취약한 청소년과 관련해, 청소년복지에서는 취약한 청소년의 일반적 복리 수준을 높이고, 권리를 누리도록 지원하고, 교육을 위해 적극적 조치를 취하는 데 주목할 필요가 있다.
- 장애청소년과 관련해, 청소년복지에서는 장애청소년을 포용하고, 과외 활동에 더 참여하는 데 주목할 필요가 있다.
- 다문화청소년과 관련해, 청소년복지에서는 다문화청소년에게 여러 형태의 사회적 지지를 제공하는 데 주목할 필요가 있다.
- 정신건강과 관련해, 청소년복지에서는 정신건강문제를 일찍 파악하고 치료하는 데 주목할 필요가 있다.

참고문헌

국가법령정보센터(2024). http://www.law.go.kr/

김수린 · 유조안(2014). 빈곤 청소년의 자아탄력성이 학교생활적응 궤적 변화에 미치는 영향. 학교사회복지, 29, 153-175.

노대겸 · 전영신(2017). 알기 쉬운 미술 · 사진치료. 경기: 양성원.

노병일(1998). 비교사회복지의 장 · 단점. 사회과학논문집, 17(2), 243-259.

노병일(2017). 현대 사회복지의 이해. 경기: 양서원.

노병일(2018). 아동권리와 복지. 경기: 지식공동체.

노병일(2020a). 사회보장론(제3판). 경기: 공동체.

노병일(2020b). 아동복지론(제4판). 경기: 공동체.

노병일(2021a). 사회복지정책론(제3판). 경기: 공동체.

노병일(2021b). 현대 산업복지론(제3판). 경기: 공동체.

노병일(2022a). 빈곤론(제2판). 경기: 공동체.

노병일(2022b). 사회문제론(제2판). 경기: 양서원.

노병일(2022c). 청소년문제와 보호. 경기: 양성원.

노병일(2023). 사회복지조사론. 경기: 공동체.

노병일(2024). 학교사회복지론(제2판). 경기: 양서원.

노병일 · 곽현근(2003). 지역사회빈곤과 사회적 유대가 도시주민의 우울증에 미치는 영향에 대한 다수준분석. 정신보건과 사회사업, 16, 180-209.

노병일 · 곽현근(2005). 동네의 맥락적 특성이 주민의 정신건강에 미치는 영향: 동네빈곤, 무질서, 네트워크형성을 중심으로. 보건과 사회과학, 17, 5-31.

노병일 · 노대겸(2017). 가족정책론. 경기: 정민사.

노병일 · 노미향(2019). 유엔 '청소년기의 아동권리에 대한 일반 논평'에 나타난 청소년의 권리에 대한 일반적 논의. 사회과학논문집, 37(1), 41-54.

노병일 · 심희숙(2013). 사회적 지지와 지역사회 사회자본이 미취학 아동의 자기효능감에 미치는 영향에 관한 탐색적 연구. 정신보건과 사회사업, 41(1), 90-113.

노혁(2010). 청소년복지론(제3판). 서울: 교육과학사.

대한민국 전자민원센터(2024). 보호처분. https://help.scourt.go.kr/nm/min_19/min_19_5/index.html

마약류대책협의회(2013). 청소년코너.
http://team.mw.go.kr/drug/contents/contents_view.jsp?content=prevent/prevent05_01&menu_cd=D_05_05

보건복지부 보건복지상담센터(2024). 당신곁엔 1393 자살예방상담전화. https://www.129.go.kr/1393/

송근원 · 김태성([1995] 2003). 사회복지정책론. 서울: 나남출판.

위키백과(2024). 성교육. https://ko.m.wikipedia.org/wiki/%EC%84%B1%EA%B5%90%EC%9C%A1

청소년인권운동연대(2024). 청소년 헌장(1998년).
https://yhrjieum.kr/data/?q=YToyOntzOjEyOiJrZXl3b3JkX3R5cGUiO3M6MzoiYWxsIjtzOjQ6InBhZ2UiO2k6Mzt9&bmode=view&idx=4945421&t=board

한국아동복지협회(2018). 청소년 헌장.
http://www.adongbokji.or.kr/contents/sub0405_3.html?strBoardID=sub0603&page=&keyfield=&SearchKeyword=&uid=19&State=View

황은주(2024). 미래의 주인공 청소년을 생각하다: 청소년헌장.
http://theme.archives.go.kr/next/koreaOfRecord/youth.do

Adolescent and School Health(2015). Glossary. http://www.cdc.gov/healthyyouth/shi/glossary.htm

American Academy of Child and Adolescent Psychiatry(2018). Teens: Alcohol and other drugs. https://www.aacap.org/aacap/families_and_youth/facts_for_families/fff-guide/Teens-Alcohol-And-Other-Drugs-003.aspx

American Academy of Pediatrics(2015). Stages of adolescence.
https://www.healthychildren.org/English/ages-stages/teen/Pages/Stages-of-Adolescence.aspx

American Psychological Association(2024). Civic engagement.
http://www.apa.org/education/undergrad/civic-engagement.aspx

Antonishak, J., Sutfin, E. L. and Reppucci, N. D.(2005). Community influence on adolescent development. In Handbook of Adolescent Behavioral Problems: Evidence-Based Approaches to Prevention and Treatment, edited by T. P. Gullotta and G. R. Adams. Switzerland: Springer.

Astor, R. A., Benbenishty, R. and Estrada, J. N.(2011). School violence. In Encyclopedia of Social Work(20th ed). Washington, DC and New York: NASW Press and Oxford University Press.

Augustyn, A.(2023). Oedipus complex. https://www.britannica.com/science/Oedipus-complex

Ballard, P. J. and Syme, S. L.(2016). Engaging youth in communities: A framework for promoting adolescent and community health. Journal of Epidemiology and Community Health, 70(2), 202-206.

Barker, R. L.(2003). Social Work Dictionary(5th ed). Washington D.C.: NASW Press.

Ben-Arieh, A. and Kosher, H.(2014). Youth/adolescent rights. Encyclopedia of Quality of Life and Well-Being Research, edited by Michalos, A. C. Dordrecht: Springer.

Bhabha, J.(2016). Abstract. In Human Rights and Adolescence, edited by J. Bhabha. Princeton, NJ: Princeton University Press.

Bickley-Green, C.(2007). Visual arts education: Teaching a peaceful response to bullying. Art

Education, 60(2), 6-12.

Blum, R. W., Lai, J., Martinez, M. and Jessee, C.(2022). Adolescent connectedness: cornerstone for health and wellbeing. BMJ, 379, 1-4.

Bluth, K.(2018). How can we keep teens from killing themselves? https://www.psychologytoday.com/us/blog/the-mindful-teen/201804/how-can-we-keep-teens-killing-themselves

Capp, G., Moore, H., Pitner, R., Iachini, A., Berkowitz, R., Astor, R. A. and Benbenishty, R.(2017). School violence. Oxford Research Encyclopedias. http://oxfordre.com/education/view/10.1093/acrefore/9780190264093.001.0001/acrefore-9780190264093-e-78

Carey, E. and Seladi-Schulman, J.(2018). Teenage pregnancy. Healthline. https://www.healthline.com/health/adolescent-pregnancy

Centers for Disease Control and Prevention(2020). Teen substance use & risks. https://www.cdc.gov/ncbddd/fasd/features/teen-substance-use.html

Chaaban, J.(2014). Youth Welfare Index. In Encyclopedia of Quality of Life and Well-Being Research, edited by A. C. Michalos. Dordrecht: Springer.

Chafel, A. and Hadley, K. G.(2001). Poverty and the well-being of children and families. In Handbook of Clinical Child Psychology, edited by C. Eugene Walker and Michael C. Roberts. New York: John Wiley & Sons.

Chang, M., Park, B., Singh, K. and Sung, Y.(2009). Parental involvement, parenting behaviors, and children's cognitive development in low-income and minority families. Journal of Research in Childhood Education, 23(3), 309-324.

Children's Bureau(2019). The importance of a community for teenagers. https://www.all4kids.org/news/blog/the-importance-of-a-community-for-teenagers/

Choi, S. Y.(2021). Factors influencing positive subjective health awareness in multicultural adolescents in South Korea: Data from the multicultural adolescents panel study. Child Health Nursing Research, 27(4), 328-338.

Chzhen, Y., Bruckauf, Z., Toczydlowska, E., Elgar, F., Moreno-Maldonado, C., Stevens, G. W., Sigmudova, D. and Gariepy, G.(2018). Multidimensional poverty among adolescents in 38 countries: Evidence from the Health Behaviour in School-aged Children (HBSC) 2013/14 Study. Child Indicator Research, 11, 729-753.

Council of Europe(2024). Glossary on youth. https://pjp-eu.coe.int/en/web/youth-partnership/glossary

Csikszentmihalyi, M.(2019). Adolescence. https://www.britannica.com/science/adolescence

Danneel, S., Maes, M., Vanhalst, J., Bijttebier, P. and Goossens, L.(2018). Developmental change in loneliness and attitudes toward aloneness in adolescence. Journal of Youth & Adolescence, 47(1), 148-161.

de Anda, D. and Franke, T.(2011). Adolescents: Overview. In Volume 1 of Encyclopedia of Social Work(20th ed). Washington D.C. and New York: NASW Press and Oxford University Press.

de Souza, E. M.(2011). Intergenerational integration, social capital and health: A theoretical framework and results from a qualitative study. Ciencia & Saude Coletiva, 16(3), 1733-1744.

Diaz, Y., Hessel, P., Avendano, M. and Evans-Lacko, S.(2022). Multidimensional poverty and adolescent mental health: Unpacking the relationship. Social Science & Medicine, 311, 1-9.

Division of Violence Prevention(2015). Understanding school violence: Fact sheet 2015. National Center for Injury Prevention and Control.

Forber-Pratt, A. J., Minotti, B. J., Burdick, C. E., Brown, M. K. and Hanebutt, R. A.(2021). Exploring disability identity with adolescents. Rehabilitation Psychology, 66(4), 550-564.

Franke, T. and de Anda, D.(2011). Adolescents: Demographics and social issues. In Volume 1 of Encyclopedia of Social Work(20th ed). Washington D.C. and New York: NASW Press and Oxford University Press.

Freedenthal, S.(2011). Suicide. In Volume 4 of Encyclopedia of Social Work(20th ed). Washington DC. and New York: NASW Press and Oxford University Press.

French, J. P.(2015). Adolescence and context: The relevance of the neighbourhood and family for adolescent health and well-being. Doctoral Dissertation, University of London.

Frey, A. and Walker, H.(2007). School social work at the school organization level. In School Social Work: Theory to Practice, edited by L. Bye and M. Alvarez. Belmont, CA: Thomson Brooks/Cole.

Gilbert, N. and Terrell, P.(2014). Dimensions of Social Welfare Policy(8th ed). Essex, UK: Pearson Education, Inc.

Global Coalition to End Child Poverty(2017). Child poverty and adolescent transitions. www.endchildhoodpoverty.org

Hashmi, S.(2013). Adolescence: An age of storm and stress. Review of Arts and Humanities, 2(1), 19-33.

Hegde, A., Chandran, S. and Pattnaik, J. I.(2022). Understanding adolescent sexuality: A developmental perspective. Journal of Psychosexual Health, 4(4), 237-242.

Hurley, K.(2018). 6 hidden signs of teen anxiety. https://www.psycom.net/hidden-signs-teen-anxiety/

Hussey, D. L.(2011). Adolescents: Practice interventions. In Volume 1 of Encyclopedia of Social

Work(20th ed). Washington D.C. and New York: NASW Press and Oxford University Press.

Jesuit Social Services(2009). Understanding families: Role of family in adolescent development. http://www.strongbonds.jss.org.au/workers/families/role.html

Jones, E. D., Herrick, C. and York, R. F.(2004). An intergenerational group benefits both emotionally disturbed youth and older adults. Issues in Mental Health Nursing, 25(8), 753-767.

Jones, M.(2012). Adolescents: Advice for parents. http://www.mydr.com.au/kids-teens-health/adolescents-advice-for-parents

Kalymon, K., Gettinger, M. and Hanley-Maxwell, C.(2010). Middle school boys' perspectives on social relationships with peers with disabilities. Remedial and Special Education, 31(4), 305-316.

Kar, S. K., Choudhury, A. and Singh, A. P.(2015). Understanding normal development of adolescent sexuality: A bumpy ride. Journal of Human Reproductive Sciences, 8(2), 70-74.

Kim, H. H., McLaughlin, K. A., Chibnik, L. B. Koenen, K. C. and Tiemeier, H.(2022). Poverty, cortical structure, and psychopathologic characteristics in adolescence. JAMA Network, 5(11).

Kim, J. and Lee, J.(2018). Intergenerational program for nursing home residents and adolescents in Korea. Journal of Gerontological Nursing, 44(1), 32-41.

Kim, M-J., Park, J-H and Kim, S-E.(2022). Stress factors in multicultural adolescents. Adolescents, 2(2), 326-335.

Kennedy, M.(1995). Rights for children who are disabled. In The Handbook of Children's Rights, edited by B. Franklin. London: Routledge.

Kwak, C. W. and Ickovics, J. R.(2019). Adolescent suicide in South Korea: Risk factors and proposed multi-dimensional solution. Asian Journal of Psychiatry, 43, 150-153.

Leung, C., Moore, S., Karnilowicz, W. and Lung, C. L.(2011). Romantic relationships, relationship styles, coping strategies, and psychological distress among Chinese and Australian young adults. Social Development, 20(4), 783-804.

Lok, N., Bademli, K. and Canbaz, M.(2017). Factors affecting adolescent mental health. Journal of Depression and Anxiety, 6(4), 1-3.

Locke, J., Ishijima, E. H., Kasari, C. and London, N.(2010). Loneliness, friendship quality and social networks of adolescents with high-functioning autism in an inclusive school setting. Journal of Research in Special Education Needs, 10(2), 74-81.

Maxey, M. and Beckert, T. E.(2017). Adolescents with disabilities. Adolescent Research Review, 2, 59-75.

Moghaddam, H. T., Bahreini, A., Abbasi, M. A., Fazli, F. and Saeidi, M.(2016). Adolescence health: The needs, problems and attention. International Journal of Pediatrics, 4(2), 1423-1438.

Moore, A.(2017). How does poverty affect a teen's lifestyle?

https://healthfully.com/1007306-poverty-affect-teens-lifestyle.html

Moore, S.(2016). Teenagers in love. The psychologist, 29(7), 1-4.

National Association of School Psychologists(2013). Preventing youth suicide - Tips for parents and educators. NASP Resources. http://www.nasponline.org/resources/crisis_safety/suicideprevention.aspx

National Center for Children on Poverty(2017). Adolescent health and youth development. http://www.nccp.org/topics/adhealth&youthdev.html

National Institute of Child Health and Human Development(2016). What are the symptoms of puberty, precocious puberty, & delayed puberty? https://www.nichd.nih.gov/health/topics/puberty/conditioninfo/symptoms

National Institute of Child Health and Human Development(2017). About pregnancy. https://www.nichd.nih.gov/health/topics/pregnancy/conditioninfo

National Institute of Child Health and Human Development(2019). Puberty. https://medlineplus.gov/puberty.html

National Institute of Drug Abuse(2014). Principles of adolescent substance use disorder treatment: A research-based guide. N. Bethesda, MD: National Institute of Drug Abuse.

National Institute on Drug Abuse(2020). Mind matters: The body's response to nicotine, tobacco and vaping. https://teens.drugabuse.gov/teachers/mind-matters/nicotine

National Youth Council of Ireland(2010). Starting out. Dublin, Ireland: National Youth Council of Ireland.

Odgers, C. L., Moffitt, T. E., Tach, L. M., Sampson, R. J., Taylor, A., Matthews, C. L. and Caspi, A.(2009). The protective effects of neighborhood collective efficacy on British children growing up in deprivation: A developmental analysis. Developmental Psychology, 45(4), 942-957.

Office of Adolescent Health(2017a). Characteristics of adolescents with disabilities. https://www.hhs.gov/ash/oah/adolescent-development/physical-health-and-nutrition/chronic-conditions-and-disabilities/characteristics.html

Office of Adolescent Health(2017b). Targeted supports for youth with disabilities. https://www.hhs.gov/ash/oah/adolescent-development/physical-health-and-nutrition/chronic-conditions-and-disabilities/targeted-supports.html

Olwus, D. and Limber, S. P.(2010). The Olweus Bullying Prevention Program: Implementation and evaluation over two decades. In The Handbook of Bullying in Schools: An International Perspective, edited by S. R. Jimerson, S. M. Swearer and D. L. Espelage. New York: Routledge.

Oswalt, A.(2019). An introduction to adolescent development.

https://www.mentalhelp.net/articles/an-introduction-to-adolescent-development/

Park, A. L.(2015). The effects of intergenerational programmes on children and young people. International Journal of School and Cognitive Psychology, 2(1), 1-5.

Pedro, A.(2012). School violence and violence in school: A proposal for a teacher training curriculum. Education, 2(4), 73-83.

Pickhardt, C. E.(2011). Parents, adolescents, and the nature of conflict. https://www.psychologytoday.com/us/blog/surviving-your-childs-adolescence/201110/parents-adolescents-and-the-nature-conflict?_gsa=1

Raneri, L. G. and Wiemann, C. M.(2007). Social ecological predictors of repeat adolescent pregnancy. Perspectives on Sexual and Reproductive Health, 39(1), 39-47.

Reiss, F.(2013). Socioeconomic inequalities and mental health problems in children and adolescents: A systematic review. Social Science & Medicine, 90, 24-31.

Reitz-Krueger, C., Nagel, A. G., Guarnera, L. and Reppucci, N. D.(2015). Community influence on adolescent development. In Handbook of Adolescent Behavioral Problems: Evidence-Based Approaches to Prevention and Treatment, edited by T. P. Gullotta, R. W. Plant, and M. A. Evans. Switzerland: Springer.

Roberts, R. E., Roberts, C. R. and Chan, W.(2009). One-year incidence of psychiatric disorders and associated risk factors among adolescents in the community. Journal of Child Psychology and Psychiatry, 50(4), 405-415.

Ross, D. A., Hinton, R., Melles-Brewer, M., Engel, D., Zeck, W., Fagan, L., Herat, J., Phaladi, G., Imbago-Jácome, D., Anyona, P., Sanchez, A., Damji, N., Terki, F., Baltag, V., Patton, G., Silverman, A., Fogstad, H., Banerjee, A. and Mohan, A.(2020). Adolescent well-being: A definition and conceptual framework. The Journal of Adolescent Health, 67(4), 472-476.

Rounds, K. A. and Wike, A. T.(2011). Adolescents: pregnancy. In Volume 1 of Encyclopedia of Social Work(20th ed). Washington D.C. and New York: NASW Press and Oxford University Press.

San Francisco Municipal Transportation Agency(2018). Free muni for youth. https://www.sfmta.com/fares/free-muni-youth

Schreier, H. M., Schonert-Reichl, K. A. and Chen, E.(2013). Effect of volunteering on risk factors for cardiovascular disease in adolescents: A randomized controlled trial. JAMA Pediatrics, 167(4), 327-332.

Semantic Scholar(2018). Adolescent welfare. https://www.semanticscholar.org/topic/Adolescent-Welfare/508700

Slayter, E.(2016). Youth with disabilities in the United States Child Welfare System. Children and

Youth Services Review, 64, 155-165.

Source(2019). Adolescence and disability. http://www.asksource.info/topics/social-inclusion/adolescence-and-disability

Staller, K. M.(2011). Children's rights. In Volume 1 of Encyclopedia of Social Work(20th ed). Washington DC. and New York: NASW Press and Oxford University Press.

Stanford Children's Health(2021). Teen suicide. https://www.stanfordchildrens.org/en/topic/default?id=teen-suicide-90-P02584

Straussner, S. A. and Isralowitz, R.(2011). Alcohol and drug problems: Overview. In Volume 1 of Encyclopedia of Social Work(20th ed). Washington D.C. and New York: NASW Press and Oxford University Press.

Thapar, A., Collishaw, S., Pine, D. S. and Thapar, A. K.(2012). Depression in adolescence. Lancet, 379(9820), 1056-1067.

Toumbourou, J. W., Rowland, B., Williams, J., Smith, R. and Patton, G. C.(2019). Community intervention to prevent adolescent health behavior problems: Evaluation of communities that care in Australia. Health Psychology, 38(6), 536–544.

Troxel, N. and Hastings, P.(2014). Poverty during childhood and adolescence may predict long-term health. Policy Brief, 2(10), 1-2.

Truancy Prevention(2015). Truancy definition, facts and laws. http://www.truancyprevention.org/

Tulloch, T. and Kaufman, M.(2013). Adolescent sexuality. Pediatrics in Review, 34(1), 29-38.

UNICEF(2014). Understanding the CRC. http://www.unicef.org/crc/index_understanding.html

UNICEF(2017). The Convention on the Rights of the Child is the most rapidly and widely ratified international human rights treaty in history. https://www.unicef.org/crc/

UNICEF(2024). Children and adolescents with disabilities. https://www.unicef.org/lac/en/children-and-adolescents-disabilities

United Nations(2016). General comment No. 20 on the implementation of the rights of the child during adolescence. http://tbinternet.ohchr.org/_layouts/treatybodyexternal/Download.aspx?symbolno=CRC%2fC%2fGC%2f20&Lang=en

United Nations(2018). Human rights. http://www.un.org/en/sections/issues-depth/human-rights/

United Nations(2024). International Youth Day: 12 August. https://www.un.org/en/observances/youth-day

UN Department of Economic and Social Affairs (2016). Youth with disabilities. https://www.un.org/development/desa/disabilities/youth-with-disabilities.html

University of Minnesota Libraries(2016). Sociology: Understanding and Changing the Social World.

University of Minnesota Libraries Publishing.

University of Rochester Medical Center(2019). Sexually transmitted diseases in adolescents. Health Encyclopedia. https://www.urmc.rochester.edu/encyclopedia/content.aspx?contenttypeid=90&contentid=p01654

U.S. Department of Health & Human Services(2024a). Characteristics of adolescents with disabilities. https://opa.hhs.gov/adolescent-health/physical-health-developing-adolescents/characteristics-adolescents-disabilities

U.S. Department of Health & Human Services(2024b). Positive youth development. https://opa.hhs.gov/adolescent-health/positive-youth-development

U.S. Food and Drug Administration(2024). Drugs@FDA glossary of terms. https://www.fda.gov/drugs/drug-approvals-and-databases/drugsfda-glossary-terms#D

Venkatesan, S.(2022). Adolescence and disability. In Adolescence in India, edited by S. Patra. Singapore: Springer.

Vieno, A., Santinello, M., Pastore, M. and Perkins, D.(2007). Social support, sense of community in school, and self-efficacy as resources during early adolescence: An integrative model. American Journal of Community Psychology, 39(1/2), 177-190.

Wall-Wieler, E., Roos, L. L. and Nickel, N. C.(2016). Teenage pregnancy: the impact of maternal adolescent childbearing and older sister's teenage pregnancy on a younger sister. BMC Pregnancy and Childbirth, 16(120).

Wikipedia(2024a). Community youth development. https://en.m.wikipedia.org/wiki/Community_youth_development

Wikipedia(2024b). Dropping out. https://en.wikipedia.org/wiki/Dropping_out

Wikipedia(2024c). Puberty. https://en.wikipedia.org/wiki/Puberty#Puberty_onset

Wikipedia(2024d). School. https://en.wikipedia.org/wiki/School

Wilensky, H. L. and Lebeaux, C. N.(1965). Industrial Society and Social Welfare: The Impact of Industrialization on the Supply and Organization of Social Welfare Services in the United States. New York: Free Press.

World Health Organization(2017). Adolescent development. http://www.who.int/maternal_child_adolescent/topics/adolescence/dev/en/

World Health Organization(2018a). Adolescents and mental health. https://www.who.int/maternal_child_adolescent/topics/adolescence/mental_health/en/

World Health Organization(2018b). Adolescent pregnancy. https://www.who.int/en/news-room/fact-sheets/detail/adolescent-pregnancy

World Health Organization(2021). Disability in children and adolescents must be integrated into the global health agenda.

https://www.who.int/news/item/19-04-2021-disability-in-children-and-adolescents-must-be-integrated-into-the-global-health-agenda

World Health Organization(2022). Rights of adolescents to be treated fairly and with respect. https://www.who.int/tools/your-life-your-health/know-your-rights/rights-across-life-phases---adolescence-and-youth-10-24-years/rights-of-adolescents-to-be-treated-fairly-and-with-respect

Youth Community Service(2018). PAUSD Middle School Lunch Clubs.

http://youthcommunityservice.org/pausd-middle-school-lunch-clubs/

Yu, T., Xu, J., Jiang, Y., Hua, H., Zhou Y. and Guo, X.(2022). School educational models and child mental health among K-12 students: A scoping review. Child and Adolescent Psychiatry and Mental Health volume, 16(32), 1-16.

Zastrow, C.(2010). Introduction to Social Work and Social Welfare: Empowering People(10th ed). Belmont, CA: Thomson Brooks/Cole.

Zeedyk, S., Rodriguez, G., Tipton, L., Baker, B. and Blacher, J.(2014). Bullying of youth with autism spectrum disorder, intellectual disability, or typical development: Victim and parent perspectives. Research in Autism Spectrum Disorders, 8(9), 1173-1183.

찾아보기

저/자/소/개

■ 노 병 일

서울대학교 졸업(학사)
공주대학교 대학원 졸업(사회복지학 석사)
미국 뉴욕주립대학교 대학원 졸업(사회학 석사와 박사)
대전대학교 지역협력연구원장 역임
대전대학교 사회복지연구소장, 지역발전연구소장 역임
중앙공무원 사회복지학 시험문제 출제위원, 시험문제 선정위원 역임
사회복지공동모금회 대전광역시지부 배분위원 역임
전국 종합사회복지관 평가위원, 전국 지역아동센터 평가위원 역임
대전광역시 사회복지위원, 건강가정위원 역임
대전대학교 사회복지학과 교수 역임
유섭사회복지연구회 고문(현재)
동그라미발달연구소 사회적 협동조합 고문(현재)

[주요한 저서]
『학교사회복지론』(2024)
『사회복지조사론』(2023)
『사회문제론』(2022, 제2판)
『빈곤론』(2022, 제2판)
『청소년문제와 보호』(2022)
『사회복지정책론』(2021, 제3판)
『현대 산업복지론』(2021, 제3판)
『아동복지론』(2020, 제4판)
『노인복지론』(2020)
『사회보장론』(2020, 제4판)
『아동권리와 복지』(2018)
『가족정책론』(2인 공저, 2017) [대한민국 학술원 우수학술도서 선정]
『현대 사회복지의 이해』(2017)
『사회복지관련 지역 · 예술자원의 활용과 취약집단』(편저, 2011)
『취약지역의 사회적 배제』(2006)
『East Asian Cooperation in the Glocal Era』(영문 공저, 2006)
『지역 노인의 사회적 지지와 우울』(2인 공저, 2005)
『주거빈곤층의 삶과 터전』(2인 공저, 2004)

[주요한 논문]
"다양한 수준에서의 사회적 지지가 시설 청소년의 학교적응에 미치는 영향"
"다문화가족아동의 학교생활만족도에 영향을 미치는 요인"
"사회적 지지와 지역사회 사회자본이 미취학 아동의 자기효능감에 미치는 영향에 관한 탐색적 연구"
"지역사회빈곤과 사회적 유대가 도시주민의 우울증에 미치는 영향에 대한 다수준 분석"
"비정규직 근로자의 사회적 배제가 정신건강에 미치는 영향"
"요양보호사의 직무만족 결정 요인: 자아존중감과 사회적 지지를 중심으로"
"도시노숙자의 삶의 질 예측 요인"
"사회적 지지의 수준과 차원이 노인 우울에 미치는 영향"
"The Development and Prospect of East Asian Welfare Systems"

■ 노 대 겸

계원예술대학교 졸업(학사)
대전대학교 사회복지대학원 졸업(사회복지학 석사)
대전대학교 대학원 박사과정 수학(심리학)
늘봄미술심리문화원 사무국장 역임
대전평생교육진흥원 시민대학 강사 역임
하나둘셋 어린이집 운영위원 역임
사나래(직업재활 시설) 운영위원(현재)
빛결 대표(현재)
충남대학교 평생교육원 외래교수(현재)

[주요한 저서]
『가족정책론』(2인 공저, 2017) 대한민국 학술원 우수학술도서 선정]
『알기 쉬운 미술치료 · 사진치료』(2인 공저, 2017)
『현대 사회복지의 이해』(사진작업, 2017)
『지역사회복지 욕구조사와 사회복지 프로그램 개발』(4인 공저, 2015, 2016, 2017, 2018)
『대전광역시 지역아동센터 실태조사 보고서』(4인 공저, 2015, 2017, 2018)
『표류기(Nomadic Report: Part 2)』(사진작업, 2012)
『Wallpaper City Guide: Seoul』(Contributor, 2012, 영국 Phaidon Press 간행)

[주요한 논문]
"집단미술치료 프로그램이 여성청소년의 우울 감소에 미치는 영향"
"가족정책 모델의 유형화에 관한 일반적 논의"
"북유럽 가족정책의 특징과 이에 대한 비판"
"취약한 지역사회에 거주하는 주민의 사회적 지지"
"사례관리의 윤리적 문제에 관한 탐색적 연구"
"사진치료가 취약아동의 자아존중감 향상에 미치는 영향"
"개인미술치료 프로그램이 선택적 함묵증 아동의 표출 증진에 미치는 영향"
"지역아동센터 이용아동의 자아존중감 향상을 위한 정신분석 집단미술치료의 효과 분석"
"지역아동센터 이용 아동의 개인 특성이 서비스 만족도에 미치는 영향"
"유리공예 프로그램이 농촌 주민의 자기효능감에 미치는 영향"
"노인의 우울에 영향을 미치는 요인에 대한 연구"

[개정판]

청소년복지론

1판 1쇄 발행 — 2019년 8월 9일
2판 1쇄 발행 — 2024년 3월 5일

저　　자 - 노병일 · 노대겸
발 행 인 - 강철원
발 행 처 - 양성원
주　　소 - 경기도 파주시 검산로 173번길 29-12
전　　화 - 031-946-3861(代)
팩　　스 - 031-946-3864
이 메 일 - tnwpub@naver.com
홈페이지 - tnwpub.co.kr
출판등록 - 2015년 8월 31일 제 2015-000211 호

ISBN 979-11-6126-574-2

정가 23,000원